英格兰银行

THE BANK:Inside The Bank of England

〔英〕丹·科纳汉 ◎ 著　王立鹏 ◎ 译

中国 友谊出版公司

图书在版编目（CIP）数据

英格兰银行 /（英）科纳汉著；王立鹏译. -- 北京:
中国友谊出版公司, 2015.2（2020.10重印）

ISBN 978-7-5057-3467-8

Ⅰ.①英… Ⅱ.①科… ②王… Ⅲ.①英格兰银行 –
概况 Ⅳ.①F835.613

中国版本图书馆CIP数据核字（2015）第020260号

著作权合同登记号　图字：01-2015-0810

Copyright © Dan Noel Conaghan 2012
Published by arrangement with Watson Little Ltd, through The Grayhawk Agency Ltd.

书名　**英格兰银行**
作者　〔英〕丹·科纳汉 著　　王立鹏 译
出版　中国友谊出版公司
发行　中国友谊出版公司
经销　北京时代华语国际传媒股份有限公司　010-83670231
印刷　北京盛通印刷股份有限公司
规格　700×1000 毫米　16 开
　　　18 印张　230 千字
版次　2015 年 3 月第 1 版
印次　2020 年 10 月第 2 次印刷
书号　ISBN 978-7-5057-3467-8
定价　68.00 元
地址　北京市朝阳区西坝河南里 17 号楼
邮编　100028
电话　（010）64678009

"第一，唯一可以确定的事情就是根本不存在所谓的确定性；第二，决策就是个权衡问题，或者如我们平常所说，就是平衡风险；第三，尽管存在不确定性，但我们还是要做出决策并采取行动；第四，判断决策的质量不能只依赖于结果，还要考虑决策的过程。"

——默文·金爵士引自罗伯特·鲁宾的《决策的原则》

1999 年 5 月，贝尔法斯特女王大学

目录
CONTENTS

第三部分
THE BANK

第四部分
THE BANK

第五部分
THE BANK

"我们的工作就是营造稳定的环境，让其他人能够从事有趣的事业。人们会充满乐趣，但是我们不会，而且我们的存在是无形的……但我们既无趣也无新闻价值这点十分重要，这也是衡量我们工作是否成功的标志。"

——默文·金，2004 年 1 月 27 日，经济事务委员会

"希望我 2018 年离任时没有入职时那么引人注目。"

——马克·卡尼，2013 年向财政委员会做的报告

每一届英格兰银行行长在任期内，总会有一段时期用高度发达的大脑额叶思考这样一个问题："英格兰银行的使命是什么？"2014 年 3 月，马克·卡尼在担任英格兰银行行长八个月后也提出了这一问题。最后，他做了如下回答：1694 年的创始宪章中已有说明——"促进公共利益，增进人民福祉……"卡尼的前任默文·金以及艾迪·乔治也无数次问过自己这个问题，他们俩肯定也会就这个核心宗旨取得共识。创始宪章走过了几百年的风风雨雨，而卡尼、金和乔治三人也见证了——设计了——自 1997年以来英格兰银行获得"独立"后 17 年间发生的翻天覆地的变化——"独立"是一个需要仔细权衡、准确定义、重新定义的概念。三巨头独特的个

性代表了英格兰银行本身的特征变化。20 世纪七八十年代，获过奖学金的学生乔治在英格兰银行森严的等级制里平步青云；在问鼎行长之后，乔治对英格兰银行进行着温和的家长式管理。20 世纪 90 年代和 21 世纪初，既是学术经济学家，也是现代税制专家的金，以技术型的中央银行家身份掌管英格兰银行；他不赞成全球化资本市场，而且与桀骜不驯的银行家关系不和。在后危机时代，睿智而坚定的投资银行家卡尼匆忙上任。如今这个时代的人联系紧密但缺乏耐心，且富有批判精神，卡尼的任务就是为这一代人改革英格兰银行。

不止一位英格兰银行行长说过，行长来了又走，但英格兰银行永远都在。当司机载着行长驶进罗斯柏瑞街（Lothbury）时，英格兰银行的身影矗立在视野中。鎏金的阿里尔雕像坐落于帝沃力角（Tivoli Corner）之上的穹顶，为周围的灰色建筑添上了一抹亮色。约翰·索恩爵士采用波特兰石做护墙，支撑这座高耸的城堡，保障了行长和他的 3600 名员工每天的正常工作。身穿红色马甲和粉红色燕尾服、头戴大礼帽的服务人员在门口迎接行长。行长轻快地穿过马赛克铺成的大厅，墙上挂着历届行长的画像，庄严而肃穆，两边陈列着 18 世纪的家具。大厅两边空旷的房间中电脑屏幕和彭博终端①不断闪烁，这派景象对任何一家投资银行的交易大厅来说都不陌生。这座建筑的每个角落都在倾诉着它 320 年的历史，然而，作为英国经济和全球资本市场的心脏，英格兰银行也扮演着极具现代性的角色。

走进银行大厅，穿过陈列着一排排书架的接待室，我们就来到了豪华的行长办公室。行长办公室安装着两重门，以防止别人偷听行长谈话。这间办公室和它两侧宽敞明亮的会议室见证了这家银行所有重大决定的抉择时刻。世界充满着不确定性，但是英格兰银行就在这里权衡各种可能性，

---

① 一套让专业人士访问"彭博专业服务"的计算机系统，用户可以通过"彭博专业服务"查阅和分析实时的金融市场数据以及进行金融交易。——译者注

平衡风险，做出决定并开展行动。

首先最重要的是，这是英国的中央银行，是政府的银行，管理这个国家包括黄金在内的官方储备。英格兰银行是英国钱袋子的守护神，同时由于英格兰银行拥有英格兰和威尔士的货币发行权，所以它也是英国大部分货币的来源。英格兰银行是英国商业银行的银行，而且在危机时刻，它还是这些银行的最后贷款人。不过，很快英格兰银行、英国财政部以及英国金融服务监管局（FSA）之间的三方体制就会终止，英格兰银行将会拥有全权监管整个银行业的权力。英格兰银行无限权力的背后，是它利用利率杠杆——"银行利率"——紧缩银根或者实行宽松货币政策，对英格兰银行货币政策进行控制，最近更是使出了百用不厌的量化宽松政策。

在这些会议室里形成的决定影响着每一个英国公民。鉴于世界经济联系日趋紧密，英格兰银行的决策也牵动着世界上其他许多国家人民的神经。虽然英国格兰银行依赖越来越复杂的方式，权力越来越大，但是"行长的眉毛"不论是在管理副行长还是批评国会议员时都还是分量十足。还是英格兰银行告诉自己员工的那句话，英格兰银行仍然拥有"独一无二的影响力"。

职责成就影响力和权力。英格兰银行向议会负责，虽然不向政客负责，但是要对其唯一的股东——财政部负责。严格来说，银行460万的股金总额由财政部法务官（Treasury Solicitor）保罗·詹金斯持有。在最近一段时期内，英格兰银行行长至少向女王汇报过一次工作。但是如果不考虑这些因素，英格兰银行显然是个独立的货币管理机构，几乎不受任何限制。英格兰银行受《皇家宪章》和《政府保密法》保护，并享受一些普通法律的豁免权。

保密性，或者说谨慎是英格兰银行的关键词，要想进入英格兰银行工作，必须签署《保密声明书》。英格兰银行冷冰冰的建筑和对媒体的厌恶让人觉得它有点疑神疑鬼。上层管理层崇尚"记录"，因此创造出了源源不断的信件、备忘录、便笺以及会议记录，每样一式三份；对于互联网以及邮件，英格兰银行内部也有严格的使用规定，并且警告说这一切"都可能被监控"。

英格兰银行的公开声明大多数都是以字斟句酌的演讲形式与外界见面，这确实是开创了演讲经济学的时代。英格兰银行的演讲偶尔也会面临观众不足的情况。来自偏远地区不知情的商务人士通常会听到有关银行近期经济政策的详细介绍。（英格兰银行董事会主席大卫·李爵士曾经对财政委员会这样说道："现在行里有这么多讲话，我觉得要听完是不可能的，就算行长的演讲，可能也无法全听。"）用英格兰银行前行长默文·金的话来说，大多数演讲内容夹杂着"陈词滥调，也就是人们所熟知的'银行术语'"。然而，银行在遣词造句方面慎之又慎。每个表述都经过精心设计，微妙之处拿捏准确：在2011年5月，行长说货币政策委员会的观点"比以往更宽泛"，在8月，措辞变成了"存在多种意见"。

£ £ £ £ £

英格兰银行文化富有独特的幽默感，同时也拥有悠久的集体记忆。1694年，英格兰银行成立。成立之初，它只是家私人银行。1946年，英格兰银行被收归国有，最终获得了有限制的独立。到1997年，这家银行已经历经三百多个春秋，见证了经济发展的起起伏伏。银行内部将危机时期称为"战争"，而相对平静的时期称为"和平"。最近，"战争"越来越频繁。在金的任期中，英格兰银行经历了英国最严重的金融灾难之一，使整个金融系统几乎处于崩溃边缘。2008年10月，英国几家主要银行的董事长站在英格兰银行的秘密地下会议室里，会议桌对面，是一脸严肃的英格兰银行行长，毫无疑问，他们意识到自己此刻就处在悬崖边上。只有英格兰银行采取大规模、前所未有以及不情愿的干预，才能避免危机的发生。一场表现为债券和股票市场的贷款和信任危机演变成了主权债务危机，尤以欧盟地区为甚。这场危机还将最近几个月一直疲于应对严重危机的英格兰银行卷入"战争"。

在国内，英格兰银行也需要为自己辩护。政治家和媒体人士从未停止过对央行的责难。虽然在一代又一代行长的精心打造下，英格兰银行被赋予了一层神秘色彩，但好像作用不是很明显。在经历了 2007 年以来的艰难时期后，财政委员会于 2011 年 6 月要求金上交一页总结书，里面要总结英格兰银行昏昏欲睡的管理机构——即董事会的实际作为及其督促行长和员工的方式。不过，批评英格兰银行的人也不全是不熟悉针线大街的人。一些货币政策委员会成员成立了经济学家小组，迫不及待地想要对自己的前任老板评头论足。与其说是前成员，不如说是元老的维拉姆·布伊特（Willem Buiter）开始对英格兰银行展开批评。紧接着，大卫·布兰弗罗、凯特·巴克以及苏希尔·瓦德瓦尼等人也加入了抨击英格兰银行的大军。布伊特在批判英格兰银行方面毫不留情，他将银行在 2007 年危机之前的所作所为称作"准备了三年的即兴表演"。甚至连前副行长约翰·吉弗爵士（Sir John Gieve）这样的英格兰银行忠诚维护者都承认，在 1997 年英格兰银行不再实行对其他银行监管时，它成了"一个半目标银行"，该行的重点越来越多放在了货币政策上；维护金融市场稳定则"跌落在议程之外"。就在近期，前英国财政大臣阿里斯泰尔·达林在其回忆录中透露其与英格兰银行，特别是和英格兰银行行长之间来往的不快。对英格兰银行最大的指责就是它在信贷紧缩出现兆头、市场面临巨大压力时，没能及时采取应对措施。受指责的还有英格兰银行处理危机的方式。在危机到来之时，其在展开相关内部调查时的不情愿和蔑视态度也引来诟病。

央行与外部世界关系不太融洽，部分原因是因为先天的差异。尽管开放式大办公室早已取代了迷宫般的走廊和小隔间，但是英格兰银行仍然继承了学术机构的风格，在这里，金教授是说一不二的校长，一帮精英经济学家则是他的得意门生。一名财政部高级官员在行长言语之中发现了金身上表现出来的校长式的个性，比如说当他在回想之前说过的一句话时，他会转动眼球，并开口说："让我们回想一下……"英格兰银行每天都要在市场上周转大量的现金、债券以及金银，但是在其管理层中，还是弥漫着一种学术交流式的气氛，有相互间的小争斗，也有情绪激动的管理层会议。行长和副行长们拥有各自的私人秘书，分别是"行长私人秘书（GPS）"和"副行长私人秘书（DGPS）"。有一位秘书这样形容说："我们要确保在行长们相互之间不直接对话的情况下，这个机构仍然能运行。"即使行长之间有交流，还是能从银行的大理石走廊里感觉到某种功能失灵。2011年，财政委员会展开了对英格兰银行责任制的调查，鲍伯·加勒特教授在调查后上交的文件中留下了这样的话语：

英格兰银行在国内乃至全球的地位都很高，可以说是地位显赫，但让我疑惑的是，我面前的文件却告诉我，似乎感觉不到这是一家机构。这些文件更像是不同的人在争夺国内宏观经济权力……

金是学者经济学家家族中的"最后一任行长"。他个头不高，身材微胖，一头银发，架着镜框，俨然一副学者派头。不过，在英格兰银行工作多年之后，金也拥有了央行行长特有的蹙眉神态。在这个特殊的领域，与其说金手握权力，不如说他拥有强大的影响力。二战后出生的金拥有典型的英式幽默，略带顽皮的幽默总是让大家忍俊不禁。在2011年1月份的一次演讲中，面对大多数是知名人士的观众席，金引用了一句话——"衡量成功的标准，不是金钱，而是幸福。"——这句话立刻风靡全球，也毫无疑问地让法兰克福的央行行长和东京的证券交易者感到疑惑不解。金的幽默也让人感觉到英国人的亲和力。很难想象，马克·卡尼会像金那样不厌其烦地招呼来自梅瑟蒂德菲尔、韦克菲尔德以及朴次茅斯的显要人物，或是在国际板球特别锦标赛中与亨利·布洛菲尔德交流很早之前的板球比赛比分，抑或是找时间去跟《海伯敦桥时报》的编辑进行交流。默文·金的离开，留下了带有他印记的烙印。金的离开也让某些人拍手称快。

银行内部人人都称他"行长先生"（员工们也叫他默文）。金强硬而且往往有些刻板的个性已经成为人们对银行的印象之一。金做事严谨缜密，但在涉及货币政策的最高地位时他却倔强坚决。前财政大臣阿里斯泰尔·达林曾经用"冥顽不灵"来形容金。事实上，据同事们说，只要行长做了决定，九头牛也拉不回来。如果公司的高层团队想要推广与货币政策没有直接联系的计划，他们不得不对金有所隐瞒。而且，金的秉性让他们变成了马基雅维利主义者①。金的命令从办公室传出，穿过大厅，到达银行各个部门时，可以想象，通常留给员工们的就是睡前的愤怒、绝望和泪水了。

保罗·塔克一直被认为是金的接班人，最后却不得不为卡尼让路。金和塔克的关系其实很微妙。据银行一位高层人士描述说，英格兰银行有时恍若"战场"，有关政策、发展方向以及公司结构方面的话题都有可能引发争论。这两人在一起就是个炸弹组合，两人性格、学识迥异，对于英国中央银行未来发展的愿景，两人也各持己见。在英格兰银行所肩负的使命和应该采取何种行动上，两人也是意见相左。其实，作为伦敦金融城的领头羊，英格兰银行到底应该由理论经济学主导还是以实用的中央银行学为主，该行内部一直分歧重重。

---

① 马基雅利是15世纪文艺复兴时期意大利著名的政治思想家和哲学家，其主要理论是"政治无道德"的政治权术思想，人们把那些为达目的不顾道德的，不惜在人际关系中使用欺诈和机会主义手段审视和摆布别人的人被称为"马基雅维利主义者"。——译者注

金从不把事情藏在心里。2011年3月在接受英国《每日电讯报》采访时，该报前编辑查尔斯·摩尔问他："你享受这一切吗？"金的回答是："工作压力大，用'享受'这个词不准确。"一些与他共事最久的同事更是公开地质疑，压力加上独裁方式——用一个词来形容，那就是"命令"管理——有没有给行长施加太多压力。

致命的是，也许金从来不是——他也不想成为——伦敦金融城的内部人士。尽管英格兰银行历史悠久，是"银行中的银行"，但他却鲜有时间和高管们闲谈。之前，世界上三大投资银行之一的行长到访伦敦，希望能跟金见一面，最后英格兰银行只派出了一名级别较低的高管。这种轻蔑会伤害感情，并且时间很难弥合由此带来的伤害。尽管金比大型商业银行和投资银行的行长更明白风险，更别说数量经济，但是他把这些机构——特别是投资银行——看成是无可救药的短期主义者，贪得无厌，毫无责任感。"大而不倒"的观念，或者说金更愿意称之为"太重要而不能倒"——已经在行长那儿受到了冷遇。"让它们倒，让它们尝尝失败的滋味"是金的口头禅。金更看好中部或者东北部诚实和勤劳的制造业企业，他认为它们应得到央行更多的关注。同样，金坚持不做有"道德风险"的事情，因而人们只能指望第三方帮忙化解危机。在英格兰银行处理银行业事务时，金经常以此为由拒绝干预。

然而，退休之后，刚被授予罗斯柏瑞爵士爵位的金与曾经激烈批判过的银行业巨头实现和解。英国上议院详细保存了《上议院议员收入登记》，金最近的收入登记详细记录了他在为高盛、摩根大通、野村证券，甚至野心勃勃的对冲基金布里文霍华德资产管理公司发表付费演讲，收入颇丰。

金于2013年7月卸任以来，英格兰银行已经发生了很多改变。总体来说，马克·卡尼在英格兰银行任期的第一年很成功。他上任后的第一把火就是"前瞻性指导"。从表面看来，"前瞻性指导"的唯一缺陷就是卡尼对作为推断利率上调标准的失业率标准过于悲观。这位行长可以轻易无视批评者，说他们应该庆祝才是。他也是幸运的。他上任以来，随着经济危机过去，英国经济有了比较脆弱但缓慢的恢复，经济气候回暖。作为衡量中产阶级满意度的晴雨表，房产价格已经稳定"放晴"。不过，也不是什么过失都没有。

英格兰银行还陷在操纵伦敦同业拆借利率和操纵外汇汇率指控的调查旋涡里。英格兰银行兼并银行监管业务和审慎监管委员会（Prudential Regulation Authority）也因为金融市场行为监管局（Financial Conduct Authority）的失败而黯然失色。虽然金融市场行为监管局不归英格兰银行直接领导，却是噱头十足的"三大监管机构"重组后的一部分。金融市场行为监管局局长马丁·惠特利在 2012 年秋曾说过："我们有权先斩后奏。"现在这个局长看起来有点聪明过头了，特别是在出现一些引人注目的失礼之后。总而言之，卡尼比前两任行长更看好英格兰银行的发展前景。在 2014 年 3 月份的梅思讲座（Mais Lecture）上，卡尼在回顾英格兰银行 1997 年独立以来的这段时期时，直言不讳地指出：

在我看来，虽然在这段时期取得了很多具有持久价值的巨大创新，但是削减央行职能是严重错误的，虽然这一观点在全球范围内不断被采纳。

这种观点最突出的缺点就是它没有意识到，在宏观经济政策目标中，金融稳定的重要性不亚于价格稳定，而这种观点也忽视了二者之间的关联性。

回头来看，历史留下了很多教训。但是从 1997 年开始的这段历程漫长而艰难。这段历程最初的发展堪称是革命性的。

PART **1**

第一部分

央行独立：货币政策不再遵从政府的意愿

> **"修改英格兰银行条例，无可厚非。"**
>
> ——沃尔特·白芝浩，《经济论坛》

英格兰银行的大厅里正在酝酿着什么。1997 年春，英格兰银行行长和他的副手以及最高级别的顾问办公室所在的内堂里似乎在密谋着什么。虽然央行里的其他人员都不可能知道他们的密谋，但是很多人都感觉到艾迪·乔治要采取举动了。这位整洁壮实的行长几乎烟不离手。他最近经常和副行长霍华德·戴维斯、总经济师默文·金、银行新星之一的保罗·塔克长时间密谈。大家看到他们离开央行去开会，但是他们私人秘书的日志上却没有记录会议内容。英格兰银行的走廊里笼罩着一股神秘的气息。

3 月 17 日，周一，时任首相约翰·梅杰宣布 5 月 1 日举行大选。英格兰银行内的一些人意识到原来乔治和他的同事这段时间是在为大选做准备。众所周知，内阁变更将会对英格兰银行产生影响。几个月前公布的工党竞选纲领里面展示了大量的"新工党"政策，里面包含这样一段：

我们将改革英格兰银行，确保货币政策的决策更有效、更公开，提高追责性，减少短期政治操纵对货币政策的影响。

这与英格兰银行的想法不谋而合。毕竟，英格兰银行 300 年的历史从来没有摆脱"短期政治操纵"。为了给穷困的威廉三世筹款，英格兰银行于 1694 年成立。自成立之日起，英格兰银行就处于政府的管理之下。詹姆斯·基拉里在一幅名为《政治强奸》的漫画中给英格兰银行起了个绰号——"针线街的老太太"。在漫画中，小威廉·皮特抢光了英格兰银行的黄金。这家银行在谋取私利的政客手中多次惨遭蹂躏。进入现代，英格兰银行划归财政部管辖，战后政府国有化央行，央行官员由首相、财政大臣和常务副大臣（Permanent secretary）领导。只要政府继续指导英国的货币政策——特别是利率的话——英格兰银行就是政府的仆人和参谋，只是出谋划策而已。

现在有了一个可以改变这种状况的机会。乔治、戴维斯、金和塔克——还有跟他们一样的高级别官员，与远离针线街的工党高层之间举行秘密会见——计划在工党执政的内阁中完成这个改变。与此同时，这四个人撰写的秘密草稿陈述了英格兰银行的立场并要求一定程度的自治。他们考虑的核心问题是：工党会在这个问题上走多远？可以肯定的是，工党不会让英格兰银行完全独立，但是独立程度肯定高于正在执政的保守党内阁。保守党内阁依旧把英格兰银行视为自己的附庸。

财政大臣肯尼斯·克拉克已经给了英格兰银行一些自由，邀请乔治、戴维斯和金每个月和财政部官员一起讨论制定利率。这些会议的记录会在会议结束后的一定时期后公布，让公众了解决策过程。这样一来，乔治就成为克拉克所说的"公众人物"，当然这只是意想不到的结果：

突然，人们可以通过读会议记录了解他人观点了。这样做的好处有很多，最大的好处是，希望在我违背英格兰银行行长的意见调整利率时，不

会有人向我施加政治压力。

表面上，大家都认为克拉克和乔治的关系很融洽。"肯和艾迪搭档"似乎代表了刚刚走出 20 世纪 90 年代初经济衰退后的乐观精神。事实上，这个词是克拉克的一种讽刺说法；内阁和英格兰银行的意见经常相左。虽然克拉克后来回忆说，在利率问题上，"我和艾迪的分歧从来没有超过 25个基点（0.25%）"，但是金和戴维斯有时候是"伟大的异见者"。金其实是一个技术官僚。对于金交给他的复杂的经济计量模型，克拉克理解得也不是很清楚。

参加克拉克的会议，只是让乔治和他的同僚燃起了希望，然后又陷入失望。他们想要英格兰银行扮演更重要的角色，避免政客的日常干扰。托利党给英格兰银行许诺很多，但是口惠而实不至。从 20 世纪 80 年代后期以来，接连好几届财政大臣都表示要让英格兰银行完全独立。1988 年，尼格尔·劳森向玛格丽特·撒切尔提出了这个问题，向她提交了一份财政部高级官员迈克尔·斯格勒起草的长篇备忘录。由于担心公众会认为内阁在推卸制定货币政策的责任，撒切尔没有接受。四年后，也就是 1992 年秋，诺曼·拉蒙特又把英格兰银行独立的构想提交给约翰·梅杰。梅杰心有疑虑，他后来写道："从民主的角度考虑，我当时不喜欢这个想法，因为我觉得负责货币政策的人应当向下议院负责。我也担心独立央行的文化会导致利率上涨过快、降低太慢。"拉蒙特没有继续推动这个想法，但是据梅杰所说，"这个观点没有消失，虽然我不喜欢，财政部的特里·伯恩斯也不支持，但是一点也不奇怪的是，这个观点获得了英格兰银行的热情支持"。

随着时间的推移，英格兰银行领导层对托利党失去了耐心，他们开始在其他地方寻求支持。他们发现工党中有一个崛起的新团体，这个团体摆脱了工党传统保守的作风，对国家经济发展方向有强有力的见解。托尼·布莱尔勾勒出新工党的理念，他的影子财政大臣戈登·布朗提前召集了一支才华横溢的队伍管理经理事务。加入这支团队的有青年经济学家艾德·鲍尔斯（Ed Balls）和比鲍尔斯更年轻的埃德·米利班德。话多的鲍尔斯曾是《金融时报》的社论作家，米利班德之前在哈里特·哈曼 ① 的办公室工作。

鲍尔斯是《欧元货币主义：为什么说英国被算计了，它应该怎样逃脱》小册子的作者。这篇小册子1992年由费边社出版。在这本小册子里，鲍尔斯对自己眼中的20年经济失败进行了犀利地分析，呼吁重新定位英国在欧洲的地位。他还在这本册子里倡议成立独立的中央银行。在选举前期，布朗和他的团队还到国外考察对比。1997年2月，他们在华盛顿会见美联储主席艾伦·格林斯潘，征求他对重组英格兰银行的意见。

在伦敦，英格兰银行与布朗团队的最初接触都限制于特别安排的非正式谈话。没想到在1995年，当乔治询问自己能不能和反对党会见时，接触竟获得批准。在接下来的两年里，乔治经常与布朗和鲍尔斯会见，偶尔还与托尼·布莱尔会见。"它有两方面的重要性，"乔治在后来接受采访时说，"一方面是组织结构，另一方面是有助于增强我对戈登的信心。我知道自己不会跟一边说另一边的闲话。我也不会问'你什么时候做这件事'这样没有意义的问题。"在乔治对布朗的信心不断增长的时候——后来证明，他信错了人——金开始认识艾德·鲍尔斯。在这种尔虞我诈中，他们不大可能成为合作伙伴，但是金会溜出办公室和鲍尔斯进行秘密讨论，商量让英格兰银行更加独立的具体方法。

难就难在这里。乔治所说的"它"依然是个巨大的未知数，但是大选在即，央行的银行家和政客之间的对话更加紧迫。英格兰银行的诉求并不激进。乔治、戴维斯和金都希望英格兰银行组成"建议委员会"，为财政

---

① 哈里特·哈曼是英国政坛女强人，1982年当选为议员，后来曾担任社会保障部长和妇女事务大臣、副司法部长、制度事务部大臣等，是英国工党的重要人物。——译者注

大臣布朗提供货币政策方面的建议。如果这种安排进展顺利，顺理成章，新政府可能会愿意给英格兰银行终极奖励：独立制定货币政策，包括利率设定。布朗让乔治和他的同事一起筹备关于成立建议委员会的提案。乔治、戴维斯和金坐在行长办公室，汇聚各自想法，感觉他们正在创造历史。这起码是迈向独立的第一步。这个小组可能领导、影响甚至管理货币政策。他们一边讨论这个小组的结构、构成和运作方式，一边让年轻的同事保罗·塔克起草文件。塔克当时是英格兰银行货币评估与战略部门的主管。他后来说自己当时"手抓笔杆子"，心怀远大理想。

　　大选在六个吵吵闹闹的星期里进行，英格兰银行内部静静地观察等待着。保守党已经筋疲力尽，党内关于欧洲问题和英国是否应该加入欧元区争论不休。多年来，保守党一直遭到"不检点"的指责，虽然很多都是子虚乌有，但是它还是无法摆脱这一困扰。梅杰在自传中毫不留情地指出，大选中"没有一点团队精神"。他既要在内阁劝架，又要想办法不让年轻的保守党议员向通俗小报低头。梅杰的大部分时间都花费在了这种事情上。詹姆斯·戈德史密斯的公决党（Referendum Party）最后被证明毫无用处，分散了保守党选票，被媒体认为是托利党下台的又一个前奏。而工党则忙着把自己塑造成为"新工党"，成功地将本党领袖托尼·布莱尔塑造成英姿勃发、活力十足的形象。经济问题没有出现在竞选日程中，选举人不愿意把 1990 年代早期从衰退中复苏的成就归功于保守党。布朗被视为可信的影子财政部长，也被视为替代放任自流的克拉克的合适人选。竞选越来越激烈，双方怨恨越来越深。表面看来，英格兰银行完全置身事外。在针线街的大本营，英格兰银行保持了高贵的沉默，只是偶尔发表担心国库券发行的声明。

　　乔治焦虑地等待着，期待布朗能在报纸上描述可能产生的建议委员会的职能。就在这个过程中，布朗变得更加权术。他还会不会让乔治留在英

格兰银行都成了问题。可以担任英格兰银行行长的人选有几个：最有可能
的人选是加文·戴维斯（Gavyn Davies），他是布朗的好友兼顾问，同时
也是高盛公司最资深的经济学家之一。金融城的其他人物，包括巴克莱总
裁马丁·泰勒（Martin Taylor）和瑞银华宝公司（SBC Warburg）的前董事
长大卫·斯克雷爵士（Sir David Scholey），也在考虑之列。经过最终考虑，
布朗对更换英格兰行长的想法不够满意。如果更换英格兰银行行长，布朗
可能会被认为太过专横。布朗决定暂不更换英格兰银行行长。现任行长乔
治的五年任期到 1998 年 6 月份就会到期，布朗正好可以借此机会观察他
的表现，有必要的话，也可以在此期间物色替换人选。

£ £ £ £ £

5 月 1 日周四，大选日来临，乔治和他的三名同事都觉得英格兰银行
再次面临历史性的关键时期。1997 年，英格兰银行仍然背负着历史的负担，
亟须改革和重组。19 世纪 70 年代，英格兰银行的官僚机构曾一度膨胀到
拥有近 1 万名雇员。虽然央行雇员规模已经大幅减少，但仍然是一个步履
蹒跚的庞然大物。大约 3000 名职员分散在五个工作场所，包括在针线街
不断扩张的总部，还有很多人在伦敦其他街上没有挂牌的大楼里忙碌着。
不管是好还是坏，英格兰银行保留了一丝维多利亚时期的家长式风格：终
身工作制，丰厚的薪酬，与物价指数挂钩的养老金，还有无数额外津贴。
在针线街之外，英格兰银行的职员可以享受昂贵的绿茵场以及备受争论的
英格兰银行体育俱乐部的板球设备，也可以加入英格兰银行歌剧和戏剧协
会，或者通过抽签使用该协会在皇家阿尔伯特音乐厅的包厢。

英格兰银行的董事会被称为"理事会"。当董事会成员坐在富丽堂皇
的 18 世纪董事会大厅的红木圆桌旁时，行长要扮演"家长"的角色。艾迪·乔

治是一个健壮整洁的人，声音有点僵硬。他完美地扮演着这个角色。他被媒体称为"沉稳的艾迪"，他是从英格兰银行内部成长起来的。1962年，他以"三级试用职员（特聘）"的身份加入英格兰银行，当时的行长是克罗默伯爵。虽然乔治的级别很低，特别是在英格兰银行这种老官僚机构里面，但是他有很强的学术背景——获得过德威学院奖学金，拥有剑桥大学伊曼纽学院经济学本科学位。此外，乔治的眼光非常犀利。银行里的上司很快就发现了乔治的才华：

他的言谈之中透露着睿智，自信中流露出谦虚。他兴趣广泛。似乎很快就能胜任需要责任、勤奋、远见和高智商的职务。很显然，他希望实现远大的理想，正在寻找实现理想的基础。

1980年，乔治已经成为英格兰银行公债部门的主管，职务高到可以接受玛格丽特·撒切尔的亲自问询。在接下来的10年里，他成为公认的货币和外汇市场权威，被尼格尔·劳森称为"英格兰银行真正的货币专家"。1990年，他被任命为副行长，行长是曾经当过律师和银行家的罗宾·利·彭伯顿。两年后，乔治被宣布将接任行长。他的任命没有获得全票通过。彼得·海恩（Peter Hain）当时还是年轻的后排工党议员，他在1993年1月发起早期动议（Early Day Motion）①，并毫不客气地说：

本院对新任命的英格兰银行行长艾迪·乔治先生毫无信心，他从1962年开始就是英格兰银行陈旧低效文化的一部分。在其担任英格兰银行高层时，该行没有履行监管责任，导致了一系列的银行丑闻，比如庄信万丰

---

① 早期动议是指英国国会议员对于无固定日期的辩论所提出的动议通知，用于公开议员的意见并允许议员们将他们的意见的特殊原因及观点记录下来。——译者注

（Johnson Matthey）和蓝箭，最大的丑闻就是国际信贷商业银行（BCCI）……
所以我更加坚信应该邀请议院提名支持一位可以确保该行真诚有效地履行
监督职责、保护英国金融信誉和普通公民利益的新行长。

　　持海恩这种观点的是少数派，但是关于庄信万丰、蓝箭和国际信贷商
业银行的评论言之有据。这些丑闻都是乔治的污点。1984年，英格兰银
行被迫救助庄信万丰，这是一家严重扩张的银行。三年后，也就是1987
年，蓝箭公司这家庞大的招聘企业与其担保人国民西敏寺银行（County
Natwest）卷入金融丑闻；国际信贷商业银行的倒闭是一场大型的监管纠
纷，将继续困扰乔治——和后来的默文·金——直到下个十年中期。除
了这些问题之外，英国1992年9月退出欧洲汇率机制（Exchange Rate
Mechanism）时，也产生了类似的不快经历。

　　虽然乔治仍需要努力拼搏，但是他基本上保护了英格兰银行的声誉。
乔治轻松游走在金融城的大亨之间，但是保持了自嘲的幽默感：有一次，
有一位记者在康沃尔郡的一次午宴上无意中听到乔治说"我们要加入欧元
（euro）"；等国家级报纸获得这个夺人耳目的新闻后，问他是不是属实，
乔治不得不让他们失望：他实际上是说他要去"特鲁罗（Truro）"。每
次提起这件事情，乔治都显得很高兴。

　　1995年3月，乔治有一项不光彩的任务，就是处理英格兰银行史上首
个性丑闻。这个性丑闻跟他的副行长鲁伯特·潘内特-雷有关。潘内特-雷
在英格兰银行的第一个任期是在19世纪70年代，后来去《经济学人》杂
志做编辑，1993年又回到针线街。他的丑闻被很好地记录了下来。这个
看起来不像是色鬼的人，在严重缺乏判断的情况下，允许他的情妇——爱
尔兰籍美国记者玛丽·艾伦·辛诺到英格兰银行找他。据说，有一次，他
们还在行长更衣室的地毯上做爱。（据说，行长后来让人把地毯剪了。）

自然，这场绯闻被媒体曝光后，"英格兰性爱（The Bonk of England）"成了小报争相报道的话题，潘内特–雷唯一的选择就是辞职。乔治的处理非常老练，但是辛诺就差一点。"作为英格兰银行副行长，"她对报纸说，"即便甩女友也不能甩财经记者。这太愚蠢了。"

英格兰银行行长和财政大臣找到了一个可以替代潘内特–雷的可靠人选，他们任命霍华德·戴维斯为新的副行长。虽然戴维斯不是银行内部人员，但是很可靠。他在加入英格兰银行之前曾在外交部、财政部、麦肯锡咨询公司和审计署工作。最近的职务是在 1992~1995 年担任英国工业联合会的会长。他在就任之前就得到提醒，英格兰银行与他之前的所有雇主有所不同：

财政部邀请我参加一场通报会，这场通报会无异于对英格兰银行的长篇批判，包括过度保密、闭塞的工作方式，以及银行在就任何实际问题发表观点之前必须请示行长。

等戴维斯 1995 年 4 月上任时，他发现银行的总经济师默文·金站在行长身旁。金当时 47 岁，身上带着一点教授的威严。他之前在学术界非常成功，来银行之前执教于伦敦政治经济学院，此时已经在银行工作五个年头（对于他的很多同事而言，一点都不算长）。在英格兰银行担任过一段时期的非执行董事后，金于 1991 年成为该行的首席经济师。金最初只是把首席经济师当作是从伦敦政治经济学院有趣的"借调"。进入英格兰银行后，他很快便赢得了艾迪·乔治的信任。实际上，乔治后来说，在他 1993 年被任命为行长之后首先做的事情之一，就是说服从伦敦政治经济学院"借调"过来的金留在英格兰银行。乔治给予金很高的赞许，认为他很有可能成为诺贝尔经济学奖的人选。

起草"建议委员会"文件的保罗·塔克也成为行长的亲信。1997年，塔克已经在英格兰银行工作了17年。在剑桥大学三一学院获得数学和哲学学位后，塔克加入英格兰银行，首先在银行监管部工作，负责监管"小银行和问题银行"。塔克的特殊之处在于他能够在金融城的大背景下看待英格兰银行，他对金融城有着第一手的经验。1985~1986年，他被借调到巴林兄弟公司（Baring Brother & Co.），进入这家贵族银行的企业金融部。1985年，也就是在被证券部的明星交易员之一尼克·李森（Nick Leeson）弄垮的10年前，巴林兄弟公司正忙于政府的委派任务，包括英国利兰（British Leyland）的私有化。塔克详细的借调报告让我们可以很好地一览古老银行和不断进取的金融城公司之间的鸿沟。虽然巴林兄弟公司表面上从事所谓的"绅士资本主义"，但其仍是"残忍的"工作——"我知道这是个非常敏感的问题，"塔克写道——他说自己一直在努力理解：

刚开始接触公司融资的奥秘时，我感到十分困难。我知道的东西甚至少于自己的预期。很显然，由于我在英格兰银行有过4年的工作经历，所以中低管理层（至少）希望我一进来就能做出贡献。到任的第一天，就有一位经理要我准备一份关于乙公司的简介，以及乙公司适不适合成为甲公司的目标，甲公司是该行的客户。此外，还要包括对商业适合度的评估，以及甲公司的股票会不会因收购条件而利益稀释或者导致其他可能的结果。我手上只有之前的一份记录和截止日期（次日上午）。我匆匆购买了一本入门读物，在该部门一位老朋友的帮助下，我还是没赶上截止日期，三天后才完成。

塔克冷冷地说："学习曲线很陡峭，这种紧张的感觉持续了一个来月。"

除了被安排处理这种残酷的任务之外，塔克还要应对新引进的信息技术，信息技术快速改变着伦敦金融城现代投行的面貌。在他的报告中，塔克承认金融界广泛使用的系统，诸如 Topic、Textline、Datastream，甚至 Lotus Notes 系统"完全都是进口货"。虽然经历了这么多痛苦，但是塔克还是撑了过去，他于 1986 年末回到了英格兰银行的舒适环境。他的报告写于 1987 年 1 月 30 日，报告得出结论（因为巴林兄弟公司八年后轰然倒闭，所以塔克的报告也有一些预见性）：

我希望这次借调经历可以帮助我成长。如果确实有所帮助的话，很大程度上是因为这段借调经历要求我必须进行判断，做出决定，对事和人承担责任，而且还需要应对一系列紧急情况。从某种程度上讲，公司融资就是持续不断的危机管理。

塔克的报告在英格兰银行高级管理层中广为传阅。已逝的罗德尼·高平（Rodney Galpin）评论道："非常有意思，而且很有意义的借调。你有没有给约翰·巴林爵士一份报告？"塔克在巴林兄弟公司的任职经历对他很有帮助。等到 20 世纪 90 年代，他在跟金融城的同行相处时更加自如。他开始专注于英格兰银行的市场情报工作，从英格兰银行走出去，到金融城的各家公司走访，收集他们对市场的看法。塔克和同事一样，都意识到英格兰银行独立的重要意义，也明白随之而来的权力转移。2007 年回忆往事时，塔克说："把这样一个具有政治敏感性的杠杆交给非选举产生的技术人员——从某种意义上说是结构性脱离，可能只有司法部门预见到了——可真是一件开天辟地的大事。"

£ £ £ £ £

在 1997 年 4 月份的最后几天，当白厅①进行喧闹的权力重组时，针线街上"非选举的技术人员"都屏住了呼吸。在 5 月 1 日星期四举行的投票选举中，新工党大获全胜，获得 419 个席位，而保守党仅获得 165 席。一批保守党领袖——瑞夫金德（Rifkind）、波尔蒂略（Portillo）、兰恩（Lang）、弗尔西斯和拉蒙特——都失去了席位，留下来的也大伤元气。43 岁的托尼·布莱尔成为 20 世纪最年轻的首相。伴随着 D: Ream 乐队的《只会越来越好》（Things Can Only Get Better），工党在皇家节日音乐厅举办盛大的庆祝晚会，更加烘托出了托尼·布莱尔的活力。

星期五早上，新任财政大臣戈登·布朗已经来到财政部，宣布关于英格兰银行未来的详细计划。布朗决定让英格兰银行独立，这引起一阵轰动。"建议委员会"的想法被货币政策委员会（MPC）取代，该委员会主席由英格兰银行行长担任。该委员会将负责指导货币政策、确定利率，不用害怕任何人也不必讨好谁。

在财政部，正式声明的准备工作落到了汤姆·斯格勒身上。当年尼格尔·劳森向玛格丽特·撒切尔提交的关于英格兰银行独立的文件就是他的父亲迈克尔·斯格勒撰写的。汤姆需要在英格兰银行放假的周末加班来撰写声明。人们很快就发现，在让英格兰银行独立的时候，布朗有自己的计划，包括取消该行的银行监管权和管理政府债务的权力。常务副大臣（permanent secretary）特伦斯·伯恩斯爵士认为这样的改革力度太大，速度太快。他说服布朗放缓步骤，将第一次声明限制在主要问题上。周日，

---

① 白厅是伦敦市内的一条街，连接着议会大厦和唐宁街，由于在这条街上和附近聚集着众多英国政府机关，所以白厅已经成为英国行政机关的代称。——译者注

布朗和他的团队完成了给乔治的两封信，第一封信——称该行为 EC1，而不是正确的 EC2——标题为"新的货币政策委员会框架"，信中有一份内阁对英格兰银行的详细计划，其中包括成立货币政策委员会和解散英格兰银行的国债管理部。第二封信提供了一份关于审查银行监管的简洁提案，仅此而已。

默文·金回忆说，5 月 5 日周日那天是银行假日，上午 8 点，他看完一场早间网球比赛后，正在回家的路上，这个时候，他接到乔治的电话："我是艾迪。你能不能尽快到银行见我一下？"等金到行长办公室后，乔治宣布了这个爆炸性新闻，说英格兰银行明天就要获得独立了。金本来还不确定自己会不会留在针线街工作，这个时候确定要留下来了。乔治看着他说："你现在应该不会离开了吧？"金后来回忆说：

我这才看了看太阳。我们坐在办公室里，带着一丝兴奋，认为我们终于有机会展示英格兰银行和价格稳定性能给这个国家带来什么了。艾迪让我准备思考新委员会——货币政策委员会——决定和确立利率的方式。

世界上最主要的央行之一赢得独立，自然会带来极大的满足感和创造历史的感觉。除此之外，这也是权力平衡发生转移的时刻。就是金也无比兴奋。10 年后，也就是 2007 年 5 月，金回想说：

1997 年那个银行假日的上午，阳光明媚，我和艾迪·乔治坐在行长办公室。我们知道我们获得了改进货币政策的机会。我们需要用双手紧紧把握住这个机会。

翌日，即 5 月 6 日星期二，布朗和乔治会见，同意把基准利率上调 25

个基点,涨到6.25%。这是两个人分别作为首相和行长在历史上的首次——后来证明也是最后一次——正式会面。这种会面将会被保持每月一次的常规会面所取代。会见结束后,布朗马上召开新闻发布会,宣布英格兰银行独立,并成立货币政策委员会,到场记者无不惊讶。

这些看起来宽宏大度的姿态隐藏了对细节的精心控制。布朗和鲍尔斯想要英格兰银行独立,但是要按照他们的要求独立。为了实现这一目的,财政大臣保留了确立通货膨胀目标——不超过2.5%——的权力和任命新成立的货币政策委员会外部成员的权力,委员会外部成员的任期为每期3年。这种设计的另一个重要方面是通胀目标会是"对称"目标。如果通货膨胀与目标偏离程度达到1%,英格兰银行行长就需要向财政大臣写一封公开信。换言之,2.5%的通胀目标不是通胀的上限,货币政策委员会在确保通胀不超过目标的同时要确保通胀水平不低于这个目标。这样既能降低通胀风险,也能降低紧缩风险。政客们还决定,在衡量通胀指数时采用RPIX指数,即去除"X"(按揭利率支付)的零售价格指数(Retail Prices Index)。布朗和鲍尔斯最终敲定了货币政策委员会的运转方式,每月召开例会,会议之后马上发布利率决定,同时公开会议记录。

这个新闻发布会让布朗名声大震,更重要的事,虽然这个举动获得了首相的支持,但是却让布朗创办了属于自己的专有办公室,几乎成为唐宁街10号的有力对手。发布会上自然少不了豪言壮语。布朗表示自己想要"英国的经济成功建立在审慎连续的经济管理所构成的坚硬石头上,而不是繁荣衰退周期的流沙上",接着他说:

为了我们国家的长期利益和繁荣,是时候做出艰难的决定了。为了长期稳定的经济增长,我不会在艰难决定面前退缩。所以,我决定赋予英格兰银行设定利率的责任,立即生效。

货币政策委员会成立时有九位成员，其中五位是英格兰银行成员，另外四位是财政大臣挑选的外部人员。为了挑选外部成员，给英格兰银行注入新鲜血液，让英格兰行长和他的手下认真负责，财政大臣可谓是煞费苦心。关于怎么挑选"外部"成员，有很多建议。经济评论家塞缪尔·布里坦认为"最糟糕"的提议就是从不同代表群里寻找，这些群体包括"妇女、制造业、北部和南部"。这个提议很快就被推翻，最后被采纳的提议是从具备经济学专业知识的人员中挑选。所以，英格兰银行最终选定了行长、戴维斯和金（分别是副行长和提名副行长）以及两位执行董事，查尔斯·古德哈特（Charles Goodhart）、德安·朱利亚斯（Dean Julias）、艾伦·巴德爵士（Sir Alan Budd）和维拉姆·布伊特（Willem Buiter）被选定为"外部成员"。古德哈特是伦敦政治经济学院颇有声望的学者，而且与英格兰银行有很深的渊源，在英格兰银行担任了 20 年的货币顾问。他在针线大街很受欢迎，曾经在英格兰银行担任经济师的安东尼·霍斯顿（Anthony Hoston）这样回忆道：

查尔斯·古德哈特不是典型的央行员工。其他高级官员都不愿意抛头露面，行事带着几分神秘，但是查尔斯却扮演着货币政策里的塞缪尔·约翰逊（或者鲍里斯·约翰逊），与学者和企业家保持半公开的对话。当国际清算银行（BIS）和其他国际机构想要讨论新确立的货币目标时，他们都更愿意邀请查尔斯，而不是经常看到的手持介绍材料的国际部代表。

巴德自 1991 年以来，一直担任财政部首席经济师，具备扎实的经济学背景，1997 年刚被授爵。朱利亚斯相对要另类一些，她是美国人，获得经济学学位后去中央情报局工作，在那里担任一段时间经济分析师后去了位于华盛顿的世界银行。之后，她穿越大西洋，先后担任皇家壳牌石油公司和英国航空公司的首席经济师，一直工作到1997年。第四个人是荷兰经济学家布伊特。布伊特在耶鲁、剑桥、布里斯托和伦敦政治经济学院等学术机构稳步提升，1994年成为剑桥大学国际宏观经济学教授。

在正式面见艾迪·乔治之前，这四位外部成员在唐宁街召开了一系列会议。布伊特曾在5月30日周五接受巴德和艾德·鲍尔斯的采访，他有理由相信自己在英国的银行界声名狼藉，因为他之前曾发表文章公开反对乔治关于欧洲货币联盟的观点。乔治认为"真正的经济聚合"是成功联盟的前提，而布伊特把乔治的观点批评得一无是处。除此之外，布伊特还在6月2日被召集到针线街：

14点30分，我在行长豪华的办公室跟他见面……他热情洋溢。我戴上伊曼纽学院的领带来缓和他对我的态度……艾迪不仅马上提起了那篇文章，而且还提起另外一篇文章（我已经想不起来了），在那篇文章里，我说他对经济学的了解还不如温斯顿·丘吉尔（这是因为丘吉尔在1925年让英国回归金本位）。艾迪笑了笑说他之所以提这个是想摒弃前嫌，开始共同工作。我回答说，把一个人比作丘吉尔绝对算不上是一种侮辱。

布伊特的任命如期获得确认，赶上了货币政策委员会第一次会议的最后筹备工作。第一次会议将于6月5日和6日举行，这两天分别是周四和周五。根据金回忆说，"开场"之前的准备工作忙得一塌糊涂。货币政策委员会前期安排了各种介绍会，英格兰银行的经济学家要向委员会成员介绍最近的经济数据，并决定实际投票过程的形式。筹备的高潮阶段是英格兰银行职员扮演委员会成员进行排练。金回忆说：

时间非常紧迫，很多排练都没有准备时间。大家都很激动，在一次排练中讨论如果委员会出现两方得票相等的情况，针对如何处理这种情况出现了争论。

　　临时货币政策委员会在英格兰银行一层的委员会办公室召开了最初两天的会议，成员依然没有全部出席。桌边坐着七个人：代表英格兰银行一方的艾迪·乔治、霍华德·戴维斯、默文·金、伊恩·普伦德莱斯（Ian Plenderleith），外部成员维拉姆·布伊特和查尔斯·古德哈特，还有财政部代表艾伦·巴德。会议室墙上挂着奥古斯·约翰画的英格兰银行1920~1944年间传奇人物蒙塔古·诺曼行长的画像。临时货币委员会成员在诺曼眼神的注视下开始讨论英国货币政策的方向。

　　货币政策委员会的首次会议议题包括，委员会决策中是采用"积极主义"还是"渐进主义"更合适。金后来回忆说，这场"热烈争论"的核心问题是"我们应该多么积极"，换言之，货币政策委员会实际调整利率的频率应该有多大，是渐进调整还是一步到位地调整？实际上，金回忆说，这个问题没有进入讨论范围："（委员会）从来没有刻意延缓。它实际上已经准备调整利率了。"但是委员会面临的主要问题是提高"官方交易利率"（Official dealing rate）的提案。在针线街，官方交易利率通常被称为"银行利率"，一般保持在0.25%~6.50%。周五上午，委员会举行了最后三小时会议进行决策，在临近中午时进行投票。这个主张全票通过，英格兰银行的管理车轮开始运转，现在已经成为一个严肃的传统：委员会决议要变成书面文字，经过两遍检查之后装入印有"秘密"红字的信封，再快速转到英格兰银行的交易室，也就是该行的市场运营中心。英格兰银行最高级别的交易员在交易室把重要的数据输入屏幕，按下按钮，把数据传播出去。

££££

英格兰银行与工党的蜜月期没有持续很长时间。在送出独立的花环两个星期后，戈登·布朗的办公室打来电话。乔治被召到唐宁街11号，提醒他关于之前收到的第二封信。虽然乔治认为这封信只是表示对银行监管进行一段时间的协商，但是布朗告诉他，议院将于次日发表声明。新一届内阁决定将银行监管权——长期以来都由英格兰银行负责——和投资服务管理权划归现存的证券和投资委员会（SIB）。一个新的组织将会组建，代号新管理组织（New Regulatory Organisation），媒体更倾向于称之为"超级SIB"。该机构最终命名为金融服务监管局。SIB成立于1985年，逐渐吞并了老的金融中间商、经理人和代理人管理协会（FIMBRA）以及私人投资管理局（PIA）。这个庞大的机构亟须改革。金融服务监管局最终于1997年10月成立，至少涵盖了包括英格兰银行在内九家机构的监管职能。金融服务监管局是新工党内阁的样板工程。

虽然广大民众对新机构成立的新闻没有任何反应，但英格兰银行却惊愕不已。乔治怒不可遏。他之前得到的保证是工党内阁对英格兰银行进行任何改革都会与他进行充分协商，他本人也向同事做出了同样的保证。乔治找到内阁办公室的高层官员，要求撤销这一看起来武断的决定，甚至以辞职相威胁。据曼德尔森勋爵回忆，乔治威胁辞职的消息传到托尼·布莱尔耳中后，布莱尔感到很"震惊"，他给乔治打电话，"把他从边缘劝了回来"。

乔治闷闷不乐地回到英格兰银行，准备向同事们公布这个坏消息。监督管理部是英格兰银行最大的部门，有500名雇员，其中有450人将会脱离英格兰银行系统，转入位于伦敦多克兰区金丝雀码头的庞大机构，这个机构由很多不同的部门组合而成。1997年时，金丝雀码头的大部分地区都还是尘土飞扬的建筑工地和道路维修点，轻轨经常会莫名其妙突然停车。那个时候的金丝雀码头跟富丽堂皇的针线街相比，简直就像是荒郊野外。英格兰银行召开紧急会议，宣布了这个消息，最震惊的莫过于执行董事迈克尔·伏特。他基本上算得上是英格兰银行里的传奇人物。伏特1969年加入英格兰银行，一步步爬升，当上了包括外汇部、欧洲部和银行监督部等部门的主管。声明发布后，他长久以来的行长梦就此破灭了，他惊恐地意识到自己的未来在金融服务监管局。银行里的人都把那一天称为"迈克尔·伏特哭泣的日子"。

这个冲击的一部分来自内部，所以更加残酷。布朗和他的同事越过乔治，直接就他们成立新管理机构的计划征求副行长霍华德·戴维斯的看法。戴维斯和乔治相处融洽，但据同事们讲，对英格兰银行复杂的官僚体制越来越不满的戴维斯曾拒绝当SIB的主席。但是当工党计划成立单一的大监管机构时，他又提起了兴趣。布朗邀请戴维斯出任主席，戴维斯在和乔治进行长时间对话后接受了邀请。这个时候，乔治从长远角度看待英格兰银行失去银行监管职能因而又恢复了往日的幽默。他给了戴维斯一英镑的钞票，上面写着："一块钱：送给霍华德，你会获得我的全力支持和最美好的祝愿。艾迪。"这张钞票传给了戴维斯，戴维斯清理了办公桌，准备搬到金丝雀码头。就在行长思索为独立付出的昂贵代价时，他的同事默文·金却不这么认为。英格兰银行摆脱了监管桀骜不驯的银行和保险公司的责任，这让他感到高兴。而且戴维斯的离开留下了一个明显的职位空缺。按照一位前同事的说法："你差不多可以听到他在背地里偷笑。"

金融服务监管局的诞生伴随着一份谅解备忘录的起草，这份备忘录列出了三方关系，指明了财政部、英格兰银行和新的监管局之间的合作方式。帮助起草这份备忘录的戴维斯生动地指出了英格兰银行和财政部之间的紧张关系：

1997 年，内部争论的焦点在于英格兰银行在不通知财政部的情况下采取支持运营的自主权限应该有多大。在备忘录的首稿中，财政部可以建议英格兰银行扩大流动性支持，但是不能要求英格兰银行这么做。这份草稿反映了财政部和英格兰银行之间的历史关系。财政部担心英格兰银行扩大对不良机构（比如庄信万丰）的支持，来保护与自身关系密切的银行或者掩盖自己在监管方面的失败。

虽然英格兰银行称这份备忘录是"英格兰银行和金融服务监管局之间合作的可行框架，也是英格兰银行、金融服务管理和财政部在面对金融危机时进行协调的可行框架"，但这份备忘录其实毫无意义。法律界观察人士，比如 Farrer & Co 律师事务所，后来表示：

（谅解备忘录）的最大特点在于精心设计的简短和模糊，尤其是关于危机应对方面的陈述。这份备忘录的意图在于尽量宽泛，为实际运营提供最大的灵活性。

数年后，在财政部特别委员会的一次听证会上，彼得·魏格斯对这场政治交易更不客气地说：

真实的情况是这样，1997 年，工党内阁取得压倒性多数，胸怀远大理想，摩拳擦掌，让英格兰银行独立。在这份 1997 年的谅解备忘录的第二段写道："英格兰银行的职责：英格兰银行负责金融体系的整体稳定。"财政部立刻开始反击："上帝，我们做了什么啊？"

实际上，这份谅解备忘录迫使英格兰银行和财政部承认它们自此拥有了泾渭分明的地盘，开始分庭抗礼。即使到了 2009 年，财政部还在重申是英格兰银行的失败才催生了三大机构分立的情况。财政部常务副大臣尼克·马克菲尔斯爵士说，有"观点认为英格兰银行不足以成为银行业监管机构"，而且"英格兰银行成为独立货币政策权威机构的新角色与之前的银行监管责任之间存在利益冲突"。

这份没有法律效力的谅解备忘录的实际用处不大，且在 2006 年被全面修改。而且就在 2007 年 7 月份出现备忘录设计之初预想的"金融危机"时，它也没有产生作用。但是回到 1997 年，这份备忘录中模棱两可的语言却抓住了三方关系的实质，虽然是协调三方合作，但是这三方很快就各自决定不相往来。

虽然如此，戴维斯依然决定要让金融服务监管局成为模范项目。首先，他明确表示不会复制英格兰银行繁琐的等级制度，准备要在新单位钢铁玻璃组成的新总部建立一个全新的现代工作环境。他还要在新单位总部设立开放式办公室，与针线大街拥挤的小办公室截然不同。在麦肯锡咨询公司工作期间，戴维斯创立了一套扁平式管理结构，自己担任行政主席，但是不设行政主管。相反，他任命了三位管理总监——英格兰银行的迈克尔·伏特、前证券和期货管理局局长理查德·法兰特（也曾就职于英格兰银行），还有英国投资监管管理组织主席菲利普·索伯（Philip Thorpe）。金融服务监管局的工作环境也与英格兰银行存在着天壤之别。虽然三方谅解备忘录将两家机构联系在一起，但是两者很快就分道扬镳。

在失去银行监管部门后，英格兰银行也在准备剥离另外一个业务：政府债务管理。工党认为该业务可能会产生利益冲突（英格兰银行既设定利率又发行政府债券），所以要英格兰银行剥离这一业务。一家直接向财政部报告的机构产生了，这就是英国债务管理办公室（UK Debt Management Office）。这对英格兰银行声望的打击比失去银行监管部门更大，因为英格兰银行的政府债务管理部实际上失去了最大客户。政府债务管理部在英格兰银行内部有着很高的威望，是很多新聘用人员最向往的部门。失去政府债务管理部沉重打击了"老太太"的骄傲。债务管理办公室如期成立，于1998年4月1日正式开门，由财政部金融管理和产业司的副司长迈克·威廉姆斯担任第一届主任。威廉姆斯从各个部门招人，从财政部和英格兰银行各借调了一些，然后搬到了齐普赛街上的普通办公室。

艾迪认为批准英格兰银行独立是"拼图的最后一块"，但是他和他的副手在分析工党选举获胜后的影响时，发现有一两块拼图不见了。不过对于默文·金和他的经济学家团队而言，这个代价非常值得。一个名叫罗伯特·乔特的记者在一篇文章中捕捉到了当时的时代潮流。他将在2010年时被任命为预算责任办公室主任，可谓人生得意。他当时在文章中这样写道：

> 英格兰银行改革的赢家是货币分析部门。货币分析部门的160名职员再也不会因为向财政部大臣提议而遭受批评，而财政大臣经常无视这些分析家提交的建议。现在，他们只要服务于一个内部的货币政策委员会，这个委员会负责制定基准利率。一名前英格兰银行官员表示，这对英格兰银行的经济学家来说是件大好事——他们的生活突然变得更有意义了。因为害怕出错，所以这些经济学家都在拼命地工作。

布朗-鲍尔斯-米利班德小组很快就在唐宁街11号站稳脚跟。1997年10月，艾德·鲍尔斯在爱丁堡按照皇家国际问题研究所发言规则为苏格兰经济协会（Scottish Economic Society）发表了一篇自信的演讲，题为《开放经济中的开放宏观经济学》。之后，一篇经过改动的发言稿被发表在该协会的期刊上。鲍尔斯热情感谢了对发言稿提出建议的同事，其中包括默文·金（金谨慎地看到了鲍尔斯形容英格兰银行"通过裁量权保持了金融稳定"，建议将其改成"通过强制裁量权保持金融稳定"——"强制"就是压倒一切的通货膨胀目标）。鲍尔斯不忘吹嘘一番，重申了政府改革的根本思路，把监管职能交给金融服务管理局，以及把政府债务管理权交给债务管理办公室之后，银行在负责"金融稳定"的同时，货币政策的监管和制定之间"没有动机不纯或破坏声誉的风险"。作为最后的借贷方，英格兰银行的责任和道德风险都消失了，防患问题的责任落到了金融服务监管局身上。

鲍尔斯继续担任乔治和金的重要联系人，金发现这位年轻的政客讲话颇似经济学家。到1999年，鲍尔斯已经升任财政部首席经济咨询师，成为财政部和财政大臣实际沟通的渠道。他的影响力和对经济学术语的喜好很快就体现在布朗的讲话里。布朗演讲中曾提到的"新经典内生增长理论"，迈克尔·赫尔塞廷（Michael Heseltine）指出："这不是出自布朗，而是出自鲍尔斯！"

工党政府改革的核心都包含在了《英格兰银行法案》中，该法案于1998年6月生效，距离工党选举获胜和宣布英格兰银行独立整整一年。新法案对1946年的旧法案进行了大幅调整，通过加强内部治理，明确其在货币政策中的新职权，使得这个法案更像是一个现代央行的章程。英格兰银行的目标被列举如下："（1）维持价格稳定；（2）在此基础上，支持女王政府的经济政策，包括经济增长和就业目标。"

新法案还对英格兰银行董事会有所规定。董事会长期以来就是老资历官员的养老院。新法案规定，董事会的某些职能应该转交给非执行董事小组委员会。非执行董事会从金融城和公职部门招揽了一大批成员。成员名单上有一些熟悉的名字，比如柯林·索斯盖特爵士、奇普思·凯瑟克爵士和大卫·库克西爵士；还有一些不太熟悉的名字：印刷产业资深人士罗伊·拜莱（Roy Bailie）、一家大型水务公司首席执行官格拉哈姆·霍克（Graham

Hawker）、消费者协会会长谢拉·麦克基尼（Sheila McKechnie）。其他成员还有运输和普通工人联合会总干事比尔·莫里斯（Bill Morris）、标准人寿保险公司首席执行官吉姆·斯特拉顿（Jim Stratton）。有些人觉得这是"各种人才的荟萃"，其他人却对此嗤之以鼻，认为这是金融大佬、白领、几个善人和一个工会老板的大杂烩。

董事会和非执行董事会共聘请了19个人的大队伍，一开始就有点尾大不掉（2009年，董事会规模缩减到12人，成员包括默文·金、查理·比恩和保罗·塔克）。2012年初，董事会仍然有一个工会老板，不过换成了英国工会联合会（TUC）的秘书长——身材魁梧的布伦丹·巴博（Brendan Barber）。

在一连串的任命中，艾迪·乔治的第二个5年任期获得确认，从1998年7月1日算起。默文·金和大卫·克莱曼蒂（David Clementi）一同被任命为副行长。默文·金主管货币稳定，大卫·克莱曼蒂接替霍华德·戴维斯。金的任命非常重要，因为它明确了货币政策主管的职务，该角色与主持日常事务的另一位副行长的行政职能完全不同。如此一来，英格兰银行实际上就把行长当作了董事长，副行长就是首席执行官。第二个副行长的加入将英格兰银行一分为二。很快，英格兰银行就出现了金"阵营"，主要由专门负责制定和宣传货币政策的经济学家组成。这个阵营很快就完全主导了英格兰银行，苏希尔·瓦德瓦尼于1999年被任命到货币政策委员会，他回忆说：

当我在英格兰银行货币政策委员会工作时，该委员会对金融市场相关问题缺乏兴趣的程度令我感到惊讶。实际上，他们似乎故意消耗金融稳定部门的资源。

事实上，金一心只关注货币政策委员会的平稳运行。货币政策委员会的运行不乏棘手问题，有一些问题是因为同一个屋檐下的经济学家太多。在货币政策委员会初期的几次会议上，一位外部成员建议委员会规定每次会议都对利率进行调整，哪怕只是几个基点。他认为人们过分关注利率变不变，制定这样的规定后就能去除这种过分关注。在另外一次会议上，维拉姆·布伊特放弃了关于官方交易利率（Bank Rate）调整幅度为0.25%的共识，投票支持将调整幅度改为0.4%；会议认为没有人能够真正区分这么微小的差别。外部成员的建议有时可以传达到英格兰银行的决策层，但是很少获得支持：瓦德瓦尼提议对英格兰银行主要的宏观经济模型进行适度修正，结果引来的只有嘲弄。

货币政策委员会成立18个月后，4个外部成员（瓦德瓦尼、查尔斯·古德哈特、维拉姆·布伊特和德安·朱利亚斯）可能需要一些独立的研究协助，（比如博士研究生）帮助他们在每月例会之间进行数据分析。这个初衷非常简单的问题却引发了一场轩然大波。布伊特后来在《金融时报》撰文回忆道：

艾迪·乔治把我们这些货币政策委员会外部成员对独立、专门资源的请求视为对他本人和英格兰银行的不信任。乔治感觉这是在指责他没有诚意让外部成员接触英格兰银行内部资源。他强烈地以为我们要分裂甚至瓜分他的英格兰银行。艾迪·乔治认为这是对英格兰银行统一的蓄意攻击，所以怒不可遏。他单独对我进行了面对面的训斥。他大声斥责，非常生气。

这场争论愈演愈烈。据布伊特讲，艾迪·乔治还与大卫·克莱曼蒂和默文·金进行了不愉快的争吵。争论未果后，布伊特和他的同事们采取大胆举措，把这个问题提交到英格兰银行董事会。没多久，报刊披露了这场争论，外部成员赢得胜利。在为委员会进行准备期间，每个外部成员都配备了一名硕士学位和博士水平的研究人员协助工作。英格兰银行成立一个部门专门协调这支研究团队，被称为外部货币政策委员会小组（External MPC Unit）。

迈克尔·法伦议员将这场争论精辟地概括为"走读生应不应该使用图书馆"之争。尽管有这样一段不愉快的时光，但是货币政策委员会的实际决策过程相对顺畅。该委员会成立两年后，金对此颇感骄傲。1999 年 5 月，金在贝尔法斯特女王大学的一次演讲中，提出与美国前财长罗伯特·鲁宾（Robert Robin）支持的决策四原则相对应的原则：

他们准确阐释了货币政策委员会的哲学。首先，唯一确定的就是没有确定性。第二，每个决策都是权衡各种可能，或者平衡各种风险的结果。第三，虽然存在不确定性，但是我们仍然要做出决策，采取行动。第四，评判决策时不应仅看结果，还要看它是怎样制定出来的。前三个原则指导了货币政策委员会的每一场会议。第四个原则是我向每个想要对货币政策委员会成立两年来进行评论的人提出的建议。

毫无疑问，1997 年是辞旧迎新的一年。在此之前，货币政策很神秘，是由不透明的政治部门制定之后再由英格兰银行盲目执行。正如默文·金所言，更糟糕的是，之前的内阁处理货币政策的方式是"随机应变，即兴发挥"。现在的货币政策有了目标性，即使没有全部开放在公众眼前（货币政策委员会公布的会议记录仍然非常简明扼要），至少开始接受公众的审查。所有这些都增强了默文·金在英格兰银行的地位。等到 1998 年末，虽然乔治仍然牢牢把握局势，但是作为新任副行长的金却处于上升势头。

央行与财政部角力：卖了黄金买美元

"我们英格兰银行和财政部从来没有幻想这个决定会得到黄金生产商和投资者的欢迎。"

——大卫·克莱曼蒂，《金融时报》世界黄金大会

1999 年 6 月 4 日，伦敦

在伊安·弗莱明的小说《金手指》中，英格兰银行令人敬畏的史密瑟斯上校告诉詹姆斯·邦德说，他的部门负责"监控流出英国的黄金"，如果发现有黄金"试图流出，我们会追缴回来，阻断流出渠道，逮捕相关责任人"。邦德被史密瑟斯捍卫英格兰银行黄金储备神圣不可侵犯的雄辩所征服（但是对史密瑟斯的秘书却没有这么敬佩，他的秘书"看起来好像曾经是大学的优等生"）。

如果史密瑟斯知道新工党内阁的下一个计划是要剥夺公认的英格兰银行最安全的资产的话，肯定会暴跳如雷。在密谋英格兰银行未来的时候，布朗、鲍尔斯和米利班德查阅了一份被称为《外汇平衡账户》（Exchange Equalisation Account，EEA）的文件，这份文件是一份典型的不署名白厅文件，每年由财政部审计官员整理成册。实际上，EEA 追踪了英国的外汇

和黄金储备——二者被统称为英国的"储备资产"，由英格兰银行负责管理。

EEA 文件指出，储备的金条和金币"都存放在英格兰银行的地基里"。这些黄金除了作为储备资产之外，对公众来说还有图腾一样的意义，有了这些黄金的存在，英国才能在晚上安稳地入睡。几个世纪以来，这些金块都存储在英格兰银行宽大地下室的台架上。这些地下室用水泥砌成，大门非常结实。这是仅次于纽约美联储地下室金库的世界第二大黄金储备库。英格兰银行的金库自 1901 年以来基本没有什么变化。阿瑟·比万（Arthur Beawan）在《帝国伦敦》（Imperial London）记述他在这一年参观英格兰银行地下金库的经历：

窄小的罗斯巴瑞（Lothbury）街口内有个院子，这个院子通往金库，这里是访客禁区，即使有特殊许可，也会有一名董事或其他政府官员陪同访客一同进入。在这个院子里经常可以看到满载清一色的银锭或者长 8 英寸、宽 3 英寸、高 1 英寸金条的卡车，每根金条价值约 800 英镑。但是这些金银太重，无法用人工搬运，所以需要用卡车搬运。卡车要进入金库需要打开一把锁，打开这把锁需要好几把钥匙，钥匙由不同的人分别保管。打开锁之后，卡车需要穿过很多扇大铁门，地下室的顶部拱形弧度很大，里面光线昏暗，小隔间都刷成白色，里面存放着无数的财富，成袋的金币都在墙边，一袋一袋分得清清楚楚，通常存放着 3500 万～4000 万镑。运到英格兰银行的每块金币都会在精巧的小自动机器上称量，有些机器自从 1951 年万国博览会首次展出以来就一直在使用。

进入现代以后，金库的保密性依然如旧，但是安保措施得到升级。英格兰银行服务中心（Central Services）总监描述说金库"深藏地下，如果你走进走廊，将会碰到各种金属栅栏、摄像头和持机枪的守卫人员"。

英格兰银行没有骄傲地守着自己的黄金储备，而是对它进行积极管理。英格兰银行向自己的商业黄金客户提供"特别划分方式"的"账户管理服务"。这意味着客户名义上持有某些金条，但是对英格兰银行本身没有持有关系（银行本身是"非划分"的）。除了对黄金的持有权之外，客户还可以通过"电子登记输入转移"（eletronic book entry transfers）在英格兰银行账户和其他银行账户之间转移自己所持有的黄金。黄金本身的位置没有变动，但是持有人可以发生变动。换句话说，英格兰银行通过一种独特的方式促成了一种基本形式的黄金交易，并且收取服务费。其他收入来自黄金出借，这些钱通常会回到黄金生产商手里，生产商想要对冲未来生产的风险。

考虑到英格兰银行监管的很多金融交易的综合特性，其黄金储备——包括金条和金币——都让人感到放心，尽管这种担保方式有点古老。英格兰银行储备的金条被称为"伦敦认可的可交割黄金"（London Good Delivery），这种称谓虽然古老，却代表了金银行业的坚定基准和全球认可的质量标准。除了质量上乘——纯度不低于99.5%——每块伦敦认可的可交割金条上都刻有序列号，这个序列号代表了伦敦认可的可交割黄金名单上的"被认可的熔铸商"。也就是说，英格兰银行坐拥英国和包括其他国家央行等储户在内的黄金储备。实际上，这些黄金的存储、管理甚至出借都是英格兰银行收入的重要来源。

工党执政团队在1998年指出，英国在历史上曾持有大量黄金。1948年，英国的黄金储备约为1432吨，这一数字在1958~1965年间增长到2000~2500吨。1966~1972年间，英国出售了1356吨黄金。20世纪70年代后期，英国的黄金储备又开始增长，基本维持在715吨左右。工党执政时的情况就是这样。这715吨黄金相当于约2 300万金衡制盎司，当时市值约为65亿美元。当时英国总储备资产为370亿美元，黄金储备约占 1/6。

布朗团队年轻的经济学家提出的问题是：这些黄金与执行货币政策有什么关系？为什么不拿它变现呢？与其干守着这些黄金，为什么不用它来赚取收益呢？实际上，上届内阁财政大臣肯尼斯·克拉克已经提出过这个问题。他回忆了在英格兰银行几次"愉快的"回忆，有些银行官员试图说服他说英格兰银行的黄金神圣不可轻动。克拉克没有被说服："我记得他们当时经常用的理由就是：'大臣，如果发生第三次世界大战，这些黄金储备可能是我们唯一可以依赖的可兑换资产。'我觉得如果真的发生第三次世界大战的话，黄金并不是最大的问题。"

当工党的强势人物重提黄金储备问题时，英格兰银行多少有几分退让。1998 年 8 月 10 日，布朗的主要私人秘书汤姆·斯格勒要求财政部的同事开始和英格兰银行一同开启"黄金出售项目"。两个星期后，财政部和英格兰银行方面的人见了面，财政部要求主管英格兰银行金融市场运营的伊恩·普伦德莱斯协助撰写一份关于黄金出售程序的报告。双方之间的文件复印两份，分别发给了艾德·鲍尔斯和埃德·米利班德。

11 月末，这些讨论的结果提交给了布朗，但是似乎没有获得英格兰银行的支持，英格兰银行非常反对这个项目。这个项目好像是在侵犯英格兰银行的完整性，而且之前历届内阁从来没有支持过这种做法。英格兰银行自然与伦敦各大投行和老字号独立企业的黄金交易商之间保持着密切联系，认为他们如果得知英格兰银行将要在疲软停滞的市场抛售黄金储备的话，肯定会非常震惊。

布朗办公室冷静地看出了英格兰银行的不情愿。12 月 23 日，财政大臣的一位助手给财政部官员发去一封电子邮件：

财政大臣希望财政部和英格兰银行的官员能够达成一项联合提案。据我理解，最近的提案并不是联合提案。财政大臣需要了解提案的状态，达成联合提案所遇到的困难，以及如何才能推动联合提案的达成。

由于英格兰银行拒绝让步，联合提案难以达成。1999 年 1 月初，布朗和艾迪·乔治共进午餐，讨论销售黄金的计划。他们会谈的记录保留了下来，但是当这些文件最终于 2010 年公布时，乔治对此事的评论却被隐去。他们之间的交锋显然没有能够说服布朗。他手下的团队继续推进黄金出售计划。几个月后，伦敦市场上的主要黄金交易商被召集到英格兰银行的一个委员会办公室，普伦德莱恩宣布政府不久后将宣布一系列的黄金销售计划。交易商提出一些反对意见，主要的反对原因是如果提前公布黄金销售的具体时间和数量，将会导致金价大幅下跌。普伦德莱恩和他的同事表示理解交易商的担心，但是表示英格兰银行无力阻止黄金出售计划：布朗心意已定。

财政部最终于 5 月 7 日发布了这个公告。这一天是周五，下议院度过了漫长的一天，讨论了工党议员艾弗·卡普林关于"政府投资"的问题。当时刚出任财政部副大臣没多久的帕特里夏·休伊特称出售黄金"可以调整英国储备结构，增加货币储备所占比率，使英国的储备资产更加均衡"。她还说，财政部准备从 1999 年 7 月份到 2010 年年中分 5 次竞拍出售 125 吨黄金，相当于"英国政府全部储备资产的 3%"。3% 这个数字一点都不准确，因为这个数字代表的是占"总储备"的百分比，而总储备还包括大量的外汇储备。休伊特也没有披露将要出售黄金的总量。后来才证实政府想要出售不少于 395 吨的黄金，占英国黄金储备的 55%，只给英格兰银行留下 320 吨储备。

当休伊特还在下议院的时候，英格兰银行和财政部敲定了黄金拍卖过程的信息备忘录。黄金将在单一或统一的价格基础上开始竞拍，出价最高者胜出，但是所有的竞标获胜者都要按照最低可接受叫价支付。只有伦敦黄金市场协会成员、央行、持有英格兰银行黄金账户的货币组织才有资格参加竞标，且要以美元为支付货币。虽然英格兰银行更青睐那些在英格兰银行拥有黄金账户的成功竞标者，但是并不限制"一手交钱一手取货"：备忘录指出"可以从位于伦敦的英格兰银行运走黄金"，但是按照"每根金条 3.35 英镑"的标准付费。

在信息备忘录发布几天后的 6 月 11 日，英格兰银行派副行长大卫·克莱曼蒂去伦敦梅菲尔区洲际酒店召开的《金融时报》世界黄金大会（FT World Gold Conference）安抚市场上的怒气：

> 财政部和我们英格兰银行都从来没有觉得这个决定会受到黄金生产商和投资者的欢迎。但是我可以向诸位保证，全部过程设计都将尽可能透明，提供黄金销售规模和时机的全部信息……我们将尽量减少市场上对我们出售黄金动机的不确定性；至于金价，我们和所有人（除了手头黄金短缺的人！）一样渴望它能从现在水平上有所回升。

现场的很多人其实手头都"短缺"。休伊特的声明在市场上回荡，交易商预测到黄金价格将会暴跌，所以纷纷开始采取空头头寸。不出所料，金价果然大跌，创下 20 年新低，被人们称为"布朗最低价"（Brown Bottom）。

世界黄金协会对此事持反对态度，该组织认为这显然是"财政部做出的政治决定"，与财政部声称的储备资产谨慎重组毫无关系。声明发表几天后，世界黄金协会表示英国出售黄金储备的举动对黄金价格产生了"立竿见影的破坏性"影响，金价下跌将近 7.5 美元至 281.5 美元。世界黄金协会批评称，"这样一场由英国财政部主导的象征性拍卖所带来的破坏性影响将持续数月"。该协会察觉到一场阴谋，认为英国出售黄金的背后动机是为英国加入欧洲货币联盟（European Monetary Union）和欧洲央行（European Central Bank）做准备：如果英国加入欧洲央行，根据欧洲央行的规定，英国的黄金和外汇储备将会被冻结，任何成员国央行如果想要出售黄金，都要受欧洲央行控制。"英国政府曾承诺将就英国是否加入欧元区进行全民公投。从某种意义上讲，这次行动有点抢先公投的意味"。

虽然英格兰银行加入欧洲央行的可能性非常小，但是它确实在步步接近，特别是在黄金储备政策方面。1999 年 9 月，英格兰银行和包括欧洲央行在内的 14 家其他央行签署联合声明，承诺"不会作为卖方进入市场，之前已经决定的销售除外"。这份公报还规定，"已经决定的黄金销售应当在未来五年内通过集体项目进行出售。未来五年内每年的出售量不得超过 400 吨，五年总出售量不得超过 2000 吨"。英国最终共出售 395 吨，几乎达到了出售上限。世界黄金协会的另一项指责可能更切中要点：其他央行也在酝酿出售计划，英国财政部想要"抢先一步"。瑞士国家银行（Swiss National Bank）准备将其黄金储备的 1/3，即约 1300 吨黄金出售。国际货币基金组织也在讨论是否要出售 300 吨黄金。

虽然世界黄金协会和其他各方批评不断，但是英格兰银行的销售计划还是如期进行。从 1999 年 7 月 6 日至 2002 年底，英格兰银行共举行了 17 场拍卖，售得 190 亿英镑。据休伊特透露，出售黄金的收益都被英格兰银行用来为财政部购买美元、欧元和日元等"生息资产"（interest-bearing assets）——包括企业债券和政府债券。在这场黄金销售中，英国黄金价格下跌严重。17 场拍卖的价格在每盎司 256 美元 ~ 296 美元之间，均价为每盎司 275 美元。没人预料到 1999 ~ 2000 年后黄金价格会一路飙升，2011 年年中时黄金价格涨到每盎司 1800 美元，主要原因是欧元区主权债务危机所引发的恐惧不断增强。相应的，英格兰银行剩余的黄金储备从金价上涨中获益颇多。外汇平准账户（EEA）最近的资产负债表显示，英格兰银行剩余的黄金储备在 2008 年 3 月价值 46.8 亿英镑，在 2009 年 3 月升至 63.7 亿英镑，2010 年涨到 73.4 亿英镑——2011 年 3 月份的数字显示已经达到 89.5 亿英镑。

£ £ £ £ £

到 2000 年的时候，货币政策委员会已经 3 岁了，基本上解决了英格兰银行和外部委员之间的争论。维拉姆·布伊特将双方的争论形象地比作青少年之间的斗嘴。货币委员会继续招募外部委员，这些新委员通常来自学术机构，其中有一位就是伦敦政治经济学院的斯蒂芬·尼克尔（Stephen Nickel）。尼克尔是首个连任两个三年任期的外部委员。他回忆了当初的招聘过程，招聘始于 2000 年初，当时他先是突然接到时任财政部常务副大臣的电话，然后与奥唐奈和艾德·鲍尔斯在财政部见面。接着，尼克尔接到了货币委员会的聘任通知并接受聘请。此外，尼克尔还要与艾迪·乔治进行"谈话"，准备在财政委员会和媒体面前做"任命听证会"，这场听证会让人望而生畏。但是，尼克尔首先要完成一份"关于货币政策制定方面"的长篇试卷，出卷者是时任财政委员会顾问的查理·比恩。后来，查理·比恩也被招募到英格兰银行工作。

尼克尔开始进入委员会的正式程序过程，包括决策过程都严格遵循"少数服从多数"投票：

每周二上午，行长邀请每一位委员根据自己的理由提出利率建议，每个委员大约谈 10 分钟。负责货币分析的副行长一般会首先发言，剩下的 7 位委员随机发言，行长通常最后发言。

尼克尔认为投票程序运转良好：

内部委员和外部委员都不存在集体投票一致的情况；比如，副行长经常会投票反对行长。实际上，委员会并不追求成员达成一致，投票不一致的现象非常普遍，行长在投票中曾两次失败。因为行长通常最后投票，他们可以选择支持获胜的一方或者失败的一方，只有前八位委员投票四比四持平的时候，行长的票才可以决定胜负。

货币政策委员的规模也让外部委员感到惊讶。在货币委员会成立之初，其货币分析部就已经有120名经济学家。除了履行在英格兰银行的职责外，货币政策委员会早期成员还被派出从事辛苦地区访问项目：

一年大约有10来次，我都要去英国一些偏远的地方，一方面聆听，一方面解释。这类访问通常为期两天，其间的吃饭应酬很多。一般都是和许多商人、行业工会、学者等见面，午餐、晚餐、早餐和午餐……一个应酬接着一个应酬。

地方上的人员都涌过来与货币政策的巡视成员见面，但是他们更有兴趣的话题是政府条例和制造业衰退——"货币政策对这类问题几乎没有影响"。尼克尔回忆说，虽然如此，人们还是会热烈欢迎英格兰银行的人，北爱尔兰尤其如此：

奥马格商会年会晚宴最令人难忘：我晚上7点到场参加餐前酒会，坐到9点半开餐，午夜左右站起来发表货币政策演讲，次日凌晨3点离开的时候宴会气氛依然活跃。

尼克尔和他在货币政策委员的同事都习惯了这些应酬，但英格兰银行也邀请了美联储元老唐·科恩来货币政策委员会。科恩当时担任美联储货币事务部主管，在美联储工作的资历很老。他们邀请科恩过来对货币政策委员会的运转状况和英格兰银行其他部门的互动方式进行评估。科恩扮演了督学的角色，在英格兰银行的办公室待了七个星期，与委员会全体成员和英格兰银行职员进行面谈。

很多人都直言不讳地表达自己的感觉。科恩的报告于2000年10月提交，类似于"期末报告"，足以让英格兰银行董事会惴惴不安。

总而言之，科恩的报告突出了英格兰银行的很多职能都屈从于货币政策委员会以及它完成政府通胀目标的职权。在英格兰银行的整个大系统内，由九个严重缺乏数据和研究的人组成的货币政策委员会，对所有银行来说显然是一种冲击。首先，科恩认为，从一般协议和"普遍推荐"的角度来看，货币政策委员会开会的次数太过频繁。他写道："几乎所有人都建议改变规定，减少每年的会议次数。每月一次会议不能保证在两次会议之间获取充足的信息，所以会给决策者和委员会成员带来很大的不必要的压力。"实际上，科恩认为货币政策委员会的基本构成，即由九个负责任的委员组成，"极大地妨碍了委员会的透明度"。他在报告中还提到决策过程中鲜有人知的一个小环节，那就是"货币政策委员会会前"通报会议。在通报会议上，货币政策委员会委员可以有半天时间分析研究经济发展的"最新信息"，包括英格兰银行的地方分行送来的报告。虽然这些通报会确实有用，但是科恩却指出"这项工作的任务很重，但是人员相对较少，这就给需要每月做货币政策委员会会前通报的人带来了很大的工作负担"。在谈到英格兰银行每季度的《通货膨胀报告》时，科恩发现了该委员会通胀预测——通常被称为"专业人员共识"原则（best collective judgment）——的本质性问题以及其建构方式。科恩指出，货币政策委员会研究日程的"紧凑性"

让英格兰银行的一些年轻经济学家感到筋疲力尽，导致的后果是：

职员和货币政策委员会都认为，相对于满足货币分析部（Monetary Analysis）和货币政策委员会的目标，职员流动率高，造成的成本也很高。尤其是这些职员相对年轻，虽然非常有才华，但是流动性高表示整体经验不足，不利于培养经验判断能力。

他还发现英格兰银行职员和货币政策委员职员之间存在一些敌意：

一个更麻烦的问题是如何定义与货币政策委员会之间的关系。虽然货币政策委员会的委员经常说他们希望职员们多做分析性的报告，但是很多职员都认为委员们其实不喜欢他们做分析。在职员们看来，货币政策委员会更倾向于把职员看作数据提供者，而不是分析专家。专家的意见通常很受重视和尊重。

英格兰银行竟然把科恩的报告和自己礼貌性的答复一起发表了，承认自身存在很多不足。

据报道，英格兰银行执行了科恩的一些建议。科恩后来在小布什政府担任美联储副主席，仍然是英格兰银行可信赖的盟友。2011年2月，英格兰银行聘请科恩到新成立的金融政策委员会（Financial Policy Committee）担任委员。这个委员会负责监管英国金融系统和英格兰银行的金融稳定职能。在科恩看来，谢天谢地，这个委员会每年只开四次会议。

金对于自己在成立货币政策委员会中的贡献理所应当地感到骄傲。在他看来，货币政策委员会的运转非常成功。货币政策委员会在刚成立的几年里成功地把扣除抵押付款后的零售物价指数（RPIX）控制在2.5%的目标区间内，加上良好的宏观经济环境，该指标与目标的偏差基本上在 0.5%之内。虽然面临一些新机构的常见问题，但是委员会还是成为了英格兰银行的核心部门。货币政策委员会也滋生了一些相对于其他公共部门的优越感，一方面是因为其本身工作的重要性，另一方面也是因为英格兰银行固有的自信。比如，上议院经济事务委员会（Economics Affairs Committee）就发现货币政策委员会在任命新的外部委员时，不屑于遵守任命官员的诺伦规则（Nolan rules）等规定。上议院议员帕斯顿（Lord Peston）曾这样描述道："我们作为一个委员会，从来没有觉得货币政策委员会有什么特殊之处，他们拿起电话就说：'想成为货币委员会委员吗？''想。''好的。'他们显然没有把我们当回事。"

不过行长和他的亲密幕僚都不在乎这些吹毛求疵的指责。总而言之，货币政策委员会被认为是巨大的成功，这也成为了副行长晋升的资本。

行长的产生：从学者到银行家

> "英格兰银行行长应该是英格兰最伟大的人物之一。他是伦敦金融城的'小君主'……他是英格兰银行的形象代言人；他具有崇高的声望。"
>
> ——1873 年，沃尔特·白芝浩，朗伯德街①

2002 年初，英格兰银行独立五周年的日子即将来临，英格兰银行以及白厅开始将谁接任艾迪·乔治提上议程。乔治将在 9 月迎来 65 岁生日。大家都心知肚明，这是乔治执掌英格兰银行的最后一年。在英格兰银行，大家都觉得行长行将退休，他将被授予贵族头衔，被称为康沃尔郡圣·图迪（St Tudy in the County of Cornwall）的乔治爵士。同样引人注意的是，金作为乔治的两位副行长之一，不仅扮演着银行法定继承人的角色，同时选择他担任行长也是众望所归。事实上，5 月 22 日，在英国皇家病理医师学院内的商业经济学家协会上，是金而不是乔治作了题为《货币政策委员会这五年》的演讲。金表现不错，从板球记分员的口吻对货币政策委员会的角色进行分析（"自 1998 年 1 月份以来的

---

① 伦敦金融中心。——译者注

54 次会议中，平均每六次中有四次投反对票"），分析中不乏历史趣闻和恰到好处的自嘲。

他说货币政策委员由九个人组成，让他开始思考在此之前有没有九个人组成一个团体的先例，并且提到位于伯明翰一座名叫阿斯顿大厅的房子，这座房子具有詹姆士一世时期的风格，房子雕带上刻着九个"战士"：

人们称他们为"九贤"，人们形容他们"个性鲜明，形态各异"，这句话很好地诠释了货币政策委员会。具有骑士精神的九贤由三组人构成，即三位诚实的异教徒、三位《旧约》英雄以及三位基督教拥护者……但是，等一下，雕带上还有两个人物。其中一个是伯尔修斯——大概是记录员。另外一个则"至今身份未明"，肯定是后来拼凑的——这个肯定就是财政部代表。

金的演讲算得上经典，展露些许自得，并挖苦财政部，这也是公众所熟知的标志性形象。鉴于谁将接任乔治这件事已经提上日程，金偶尔讨好大众也无伤大雅。一些人仍然将金定位为学者——很多人现在还这样认为——金自己则在竭力展现自己更加人性的一面。乔治曾在银行内部成功营造了家长式作风，现在金所做的就是努力向乔治靠近。

2002 年 11 月，时任财政大臣的戈登·布朗接到了来自财政部一篇名为《英格兰银行人员任命》的长篇备忘录，主要谈到了行长任期以及副行长任期。备忘录认为这两个角色"市场敏感度极高"。备忘录还简要描述了英格兰银行行长应该具备的"核心素质"：

· 正确的判断以及在艰难时期坚持自己判断的决心；
· 具备一定声望，在国际和国内金融市场上拥有良好信誉；

・非凡的沟通技能；

・卓越的领导才能；

・货币政策方面的专业技能；

・管理英格兰银行的才能。

综上所述，备忘录提到"行长职位候选人可选范围较小。我们选出了六位大致能满足上述要求的人士"。尽管这六位人士的名字一直未公开，但是金、安德鲁·克罗克特以及霍华德·戴维斯肯定在名单之列。很多人认为真正的竞争是在金和克罗克特之间。这二人都是剑桥经济学家，又一起共事多年，但两人又非常不同。

克罗克特友好和善，来自苏格兰的他虽然离开英格兰银行已经快十年了，但英格兰银行的很多人还是倾向于选择他。当英格兰银行正在考虑继任者问题时，克罗克特则在总部位于瑞士巴塞尔的国际清算银行担任总经理。克罗克特年长金5岁，于1966年进入英格兰银行工作。1972年，他离开英格兰银行去国际货币基金组织工作。时隔多年，他于1989年以执行董事的身份重回针线大街。克罗克特赞成英国加入欧元区，这一观点与英国政府主张相左，同时也和默文·金所持的欧洲怀疑论分歧重重。

尽管希望克罗克特重返英格兰银行担任行长的游说队伍庞大，但是大家心知肚明的是，金想要而且也能够留在英格兰银行，他依然是第一人选。同时，财政部备忘录也提到很多关于金升职的猜测。备忘录最后的结束语是："种种迹象表明，任命将是意料之中且被大家认可的。这对保证银行平稳顺利换届来说意义非凡。"克罗克特退出了竞选，他在国际清算公司又工作了一年后接受了投行摩根大通国际总裁的职位。

2002年11月27日，金被财政部任命为英格兰银行行长，知情人士说这是为了在某种程度上抵消有关高贷款利率以及经济前景低迷不振等不太乐观消息的负面影响。

按照传统，英格兰银行应该由皇室任命，女王正式颁布委任状，确认"我们值得信赖的、深受爱戴的默文·阿利斯特·金教授将出任英格兰银行行长一职"，并于2003年7月1日履职。

除官方任命之外，一篇名为《新任行长看点》的简介资料也发到了财政部新闻发言人手中。这也包含着一个潜在的空头陷阱（bear-trap）：在利率问题上，金是个鹰派。金升职意味着利率将会上升，而不是下降。官方对此的回应是："金的任命代表了任何短期内的利率政策调整（这个结论）是没有事实根据的。金在货币政策方面的决策能力无人能敌，在其接任行长职位后，他将继续发挥自己在这方面的专长。"

£ £ £ £ £

在接任英格兰银行行长一职之前，金已经在该行工作了11年，担任副行长也已经四年。回首过去53年的成就，金有理由自豪：在一系列高端学术机构、知名智库和英格兰银行的官僚机制里稳步上升。但是到最后，谁能当上新行长呢？

金的个人奋斗史可以用三个词来形容：自制、好学和勤奋。1948年3月30日，金出生于白金汉郡的阿默舍姆，父亲是埃里克·金，母亲凯思琳（娘家姓帕辛汉姆）之前有过五年的婚史。埃里克·金是一名铁路工人，二战时加入了皇家工兵部队，成为1944年7月诺曼底登陆计划中的一员。1945年复员后，埃里克加入军方培训计划，成为了一名地理老师。20世纪50年代中期，埃里克带着家人来到了位于约克郡的卡尔德达尔，并在米索尔姆洛伊德镇卡尔德高中找到一份教职。卡尔德高中建于1952年5月，是约克郡第一所综合高中（也是第一所向牛津输入接受过综合教育毕业生的学校）。

默文在卡尔德达尔度过了他的少年时光。20 世纪 50 年代，卡尔德河谷的工业城镇和荒野村庄是卫理公会的堡垒，金的父亲是一名卫理公会牧师，在当地几座零星散落的简朴石头教堂内讲道。默文进入古镇小学就读，学校为正方形维多利亚式建筑，"男生"和"女生"的入口分开。学校建在经常刮风的荒野，地处海伯敦桥之上，海伯敦山谷景色尽收眼底，视野一直伸向赫伯顿斯塔尔（Heptonstall）。金在这所学校打下了坚实的基础，同时，这里也培养了金对当地一项主要体育运动——板球的热爱。1957 年 6 月，金还是一名 9 岁的小学生，他对于国家运动场地协会主席特雷夫加恩爵士的到来欣喜若狂。特雷夫加恩此行是为古镇板球俱乐部新场地而来。他打算在波士顿山——约克郡最高山峰之一——上新建三英亩场地——得益于当地积极的募资和移土工程。当天身着纯白板球服和运动夹克的俱乐部会员和他们的家属们在一所普通木制场馆内参加了开幕仪式，大家欢聚一堂，喝茶庆祝。新建的板球场地为当地带来了无上荣耀。在第一个赛季，就是在那里，支持者们在海伯顿桥联赛中将古镇送上了附加赛决赛的奖台。一年之后，在阴雨连绵的 1958 年的夏天，金的父亲带着金去利兹市海丁利体育场观看了金有生以来第一场国际板球锦标赛，比赛双方为英国和新西兰，这场比赛对金产生了深远影响：

周四和周五连着下了两天雨，周日下午三点左右比赛开始时，赛场的水已经干得差不多了，莱克和洛克的投球将新西兰击败，得分 67 分。自那之后，我便成为了一名投球手。古镇小学校长阿尔弗雷德·斯蒂芬森是我的教练——他教我应该如何投球——用左手，要慢一点。上午一到休息时间，校长就会在操场上用粉笔摆出三柱门的形状，并且画一个非常标准的圆。如果我们的投球不越出那个圆，他就会给我们一个法新。① 随着我们球技渐长，校长要奖给我们的法新数量一天天增长，早上休息的时间变得越来越短暂——这是我学到有关经济激励的第一课，也就是业内人士所熟知的"道德风险"。

撇开"道德风险"——知道另外一方会承受损失，因此冒风险——的危险不说，金显然非常享受自己在古镇小学度过的时光。2006年，行长——《海伯顿时报》用"曾拥有雄心壮志的学生"来形容他——给将要退休的小学校长送去了告别信，认为这一切"非常特别。孩童，家长，甚至是校友都对您充满感激"。

金在约克郡打下了板球基础。在那里，金也学习到一些经济理论的基础知识。然而，金又一次面临搬家的现实。在山地要塞西区的生活结束后，金来到了相对繁华的位于斯坦福德郡的伍尔弗汉普顿。埃里克·金成功拿下了位于达德利低格诺村莱德霍尔中学校长一职。1958年初，金一家搬到了位于伍尔弗汉普顿郊区的佩恩，他们的房子坐落在特伯雷街，是一座普通的半独立洋房。狼队足球队员巴比·汤森和尼格尔·西姆斯的到来给这个安静的街区带来了勃勃生机，他们就住在俱乐部房子里，离金的家不远。汤森和西姆森虽然都已离开狼队，转而为强大的竞争对手阿斯顿维拉队效力，但是他们仍然住在坎特伯雷街。对于年轻的金来说，这两位当地名人——汤森成为维拉队的最佳射手，而身强力壮的西姆斯则是同时代最优秀的守门员之一——带给他莫大的幸福感。维拉队教练祖·梅沙（前阿森纳球员）会定期到俩人的住所看望"小梅沙队"，这更让金兴奋无比。金自然而然成为阿斯顿维拉队的忠实球迷，直到今天，金还能回想

---

① 法新，1961年以前的英国铜币，等于1/4便士。——译者注

起 1960 年 10 月在伯明翰中心地带的维拉公园第一次观看比赛的场景。如果金不密切关注汤森和西姆斯住所附近人来人往的话，那他从家走到学校就用不了多长时间。他在沃斯顿初中上学，学校楼层不高，用砖砌成，并且依然保留着二战时期的防空洞。在这里，金参加了十分关键的升学考试，这将是他进入文法学校的敲门砖。

一旦通过考试，金就会获得在伍尔弗汉普顿文法学校学习的珍贵机会，要知道，伍尔弗汉普顿文法学校历史悠久，学术声望卓著，同时，该校还跟伦敦同业公会麦钱特泰勒斯学校拥有紧密的合作关系。学校主楼是维多利亚式实心砖结构，最上面是防卫墙塔，俯视伍尔弗汉普顿的坎普顿街，对于金和在 20 世纪 50 年代末期初次踏进该学校的其他男孩子来说，这是一座令他们望而却步的建筑。众所周知，伍尔弗汉普顿文法学校每个学科都是高标准。金后来回忆说，入校第一天，他首先就被要求参加歌唱测试：

进校第一天，学校就要求所有新生挨个唱出高音阶和低音阶。所有新生排着队，轮到我的时候，我努力张嘴，愣是没成功。然后我被告知，在绵羊和山羊的选拔中，我是山羊①。我不是学校合唱队的一员，中午学生分两批吃饭，我永远只能第二批上餐桌，有人说我"没有乐感"。根据有无乐感，新生分成了两组——有乐感是一组，没有乐感的是另外一组。

尽管早期遭受了这样的打击，但金的学生生涯并没有因此暗淡，金其他学科成绩都不错，尤其擅长数学和物理。当时，经济学主要还是一门大

---

① 绵羊和山羊，出自《圣经·新约·马太福音》25:31-33："万民都要聚集在他面前，他要把他们分别出来，好像牧羊的分别绵羊、山羊一般"，现代英语里常用 "separate the sheep from the goats" 和 "sheep and goats" 来告诫人们要分辨坏人，识别真正的朋友。——译者注

学课程，中学并没有教授这个课程。伍尔弗汉普顿文法学校采取不折不扣的传统式教育，为学生进入大学和社会做好铺垫，学生们基本上是两耳不闻窗外事。有位大概和金同龄的人曾在一篇文章中大胆预测，称中国也将成为一个全球强国；这并没有打动校长，他不得不向校长解释自己的共产主义情结。就像当时所有的学校传统一样，虽然课程安排死板，但是学生却可以无拘无束享受对体育的热爱——冬天是橄榄球的季节，夏天则是板球的世界。板球一直都是金的最爱，从未改变过，金还担任校某板球队队长。1965 年夏天那场与什鲁斯伯里学校板球队的精彩对抗令金至今难忘。谈起这场比赛，金还是无比自豪，一场比赛下来，金使对方 7 个击球手出局。离开学校后，金经常会乘坐公交车去伍斯特附近的伍斯特郡板球俱乐部（现在金是该俱乐部的赞助人）。在俱乐部里，金可以观看自己的偶像——出色的击球手、旋转球投球手汤姆·格雷夫尼和全能运动员巴兹尔·德·奥利弗的比赛。1968 年，奥利弗作为英国板球队一员参加了英国对自己出生国南非的比赛，这一事实让奥利弗处在了风口浪尖。1963 年 9 月，金和父亲前往伦敦罗德板球场观看了激烈的英杯板球联赛决赛，这对父子二人来说，算是少有的一次经历。比赛是金钟爱的伍斯特郡队对苏塞克斯郡队，虽然苏塞克斯郡队以 14 分赢得比赛，但伍斯特郡的诺曼·吉福德（另外一位金钟爱的球星）却获得了最佳球员的称号。还是学生的金，对于板球统计数据，有自己的一套方法，甚至在 40 年后，应亨利·布洛菲尔德邀请，金在英国广播公司国际板球特别锦标赛担任评论嘉宾时，还是能够脱口说出伍斯特郡队以前的各种细节。

20 世纪 60 年代的伍尔弗汉普顿仍然保留着昔日繁华的集市城镇风采，固特异轮胎、阳光以及诺顿-维列尔斯这样的工业产业是镇上居民的生计来源。体积庞大的购物中心将取代旧的购物中心，城市规划者依然在考虑新的计划，无数个像格拉多克斯（Craddocks）、阿瑟·达德公司（Arthur

Dodd & Co.)以及推蒂斯(Tweedies,"体育和野营装备,郊游和指南商店")的小商店排列在街道两侧。穿着绿色和米色相间制服的无轨电车职员走进了约翰·贝杰曼爵士笔下的一幅画面,展现了体面、勤奋、直率的英格兰人民和他们生活的一角。正是这种环境培育了金口中的"自立和自强精神"。这幅激动人心的工业景观给金留下了深刻印象:"我记得在我小时候,会坐上从伍尔弗汉普顿开往伯明翰的短途列车,穿过黑乡①中心地带,开启一段段领略制造业发展的旅程。一座座高炉冒出的火苗照亮了冬日下午沉闷的天空。"

从政治情况来看,伍尔弗汉普顿显然是激进保守党议员因诺克·鲍威尔的地盘,鲍威尔于1950年大选中获得议员席位,任期一直延续到1974年。1958年,为了表示对麦克米伦政府增长的支出计划表示抗议,鲍威尔与财政大臣彼得·霍尼戈夫分别辞去财政部财务秘书,也就是财政部副大臣和财政大臣一职,成为当时轰动一时的事件。金当时14岁。鲍威尔在1959年10月的大选中获胜连任,一直到1964年,鲍威尔都是爱德华·希斯保守党影子内阁中一股不可忽视的力量。鲍威尔关于经济的观点——他本质上是一位货币主义者(当时还没有这个词),主张通货紧缩和自由市场观点——随着时间流逝,越来越成熟。在伍尔弗汉普顿长大的金应该对鲍威尔有所关注,看他为竞选活动造势而登上头条,为自由市场据理力争,同时折服于鲍威尔在邮局以及电话网络私有化方面的先见之明。

在伍尔弗汉普顿学校学习的最后一年,学生时代的金开始考虑未来升学和职业的问题。当时,金对宇宙学产生了浓厚的兴趣,但是天体方面的大学课程并不多,十分稀少。因此,金做了一个相对保守的决定,他成功

---

① 黑乡,英格兰的密集工业区。——译者注

申请并进入英皇学院数学系就读。1966 年 10 月份，金开始了他在剑桥大学国王学院的学生生涯，参加了新生跟导师的第一次见面会，当然也没有落下一年一度的"大学壁球"之类的社团招新和社交活动。虽然在市维多利亚舞厅会有"开学舞会"，但当时的社会在很大程度上还是男性主宰：一直到 1970 年，国王学院才选举了首位女性教员。而在两年之后，校园里才有了第一个女学生的身影。虽然学校里只有男生，学生们在大厅内吃正餐还得穿黑色礼服，正餐礼节繁琐，可国王学院还是给学生们营造了一个开明的环境。学校实行精英式管理，来自顶尖公立学校优秀学生——有些甚至是破格录取——的比例异常之高。已过世的托尼·朱特教授是金当时国王学院的同窗，他曾说："国王（学院）以拥有拥抱改变和彻底变革的热情为荣。"可能是觉得有比数学学位考试更有意义的东西，所以金选择换系。他找到学院，要求转到经济学。作为约翰·梅纳德·凯恩斯的母校，经济学是学院最引以为傲的学科。在招收学生时，学院会有相应的选择性。不过，学院对金的选择表示支持，从此开启了金的经济学生涯；金发现自己很快爱上了这个学科。

在这里从不缺少榜样的力量。虽然凯恩斯于 1946 年辞世，但这个伟大的经济学家的学生和合作者还活跃于国王学院。提出了"乘数概念"的经济学家理查德·卡恩教授就是其中之一。"乘数概念"是衡量一个变量改变带来的另一个变量的变化——这成为宏观经济学的基本原则。卡恩的讲座——以及每周一在他房间举办的只对最优秀经济学家开放的"秘密研讨会"——拥有大批追随者；后来，金回忆说，"在剑桥学习的岁月里，印象最深刻的记忆之一……就是听理查德勋爵讲课……他会提醒我们'潜在性通货膨胀'的风险"。与卡恩并肩作战的还有像布赖恩·雷德韦教授这样更年轻的经济学家，他师承卡恩和凯恩斯，现在是应用经济学系的主任，金后来也选择攻读应用经济学系的硕士研究生。雷德韦在英格兰银行工作过一小段时间，他曾游历俄国和澳大利亚，之后就致力于学术生涯。雷德韦在剑桥发现了一个虽精英但是氛围很轻松的系（有同窗回忆说"他曾讽刺地说我们学者需要支持每年工作 40 个小时的想法"）。雷德韦鼓励自己的研究团队专注于研究外国投资对英国经济产生的影响。1966年，随着尼古拉斯·卡尔多教授被任命为国王大学经济学教授，团队研究重心也拓展到税收。卡尔多出生于匈牙利，曾在唐宁街任职，担任英国哈罗德·威尔逊工党政府的经济顾问。选择性就业税——针对服务业征税——自 1966 年以来就几乎占据了卡尔多所有的时间。卡尔多的一个朋友曾说他"担心自己工作生涯即将结束"。结果，1970 年，即将上任的爱德华·希斯保守党政府废除了选择性就业税（被增值税取而代之）。学术和政治从来就不融洽。毫无疑问，这跟这代经济学家们不无关系。卡恩、雷德韦、卡尔多以及颇具传奇色彩的理查德·"迪克"·史东——他是财务和会计教授，后来都获得了诺贝尔奖，他们推动凯恩斯的遗产以及他们个人的创新高速发展，使得剑桥能稳坐新经济观点前沿的宝座。

这种国际化思维以及启发思考的环境让金如鱼得水。人人都知道金是一个模范学生。据托尼·朱特回忆，在金的大学生涯后期，他被认为是"我们这一代最有前途的经济学家"。虽然经济学课程不轻松，但金还是要投入丰富的大学生活。他热衷于学生政治，大学期间加入了剑桥大学自由俱乐部，并在 1968 年春季和秋季学期担任俱乐部助理会计的职位。剑桥大学自由俱乐部简称 CULC，始创于 1886 年，威廉·格莱斯顿担任主席，凯恩斯和伯特兰·罗素是其早期成员。金读大学时，CULC 仍然是严肃的政治辩论平台，学校内追随者众多，要想在里面得到一官半职，就要迎接异常激烈的竞争：大学生主席最多只能干一个学期。金担任助理会计时需要管理俱乐部每天的账目，经过整理整合，交给高级会计师——唐宁学院历史系教师约翰·德里——他会做核查并且签字。

　　和现在一样，剑桥大学的政治学会吸引着议员和政府大臣们源源不断前来。金应该也参与组织了此类活动，慕名而来的有奇德尔①自由党议员迈克尔·温斯坦利，他同时也是一名普通医师。20 世纪 60 年代，温斯坦利以医生的身份上了无数次电视，广播的听众对他也并不陌生，这在某些方面有助于他的政治生涯。除此之外，俱乐部还开展各种讨论会，议题也具有一定严肃性，举例来说，1967 年 11 月，自由俱乐部一场关于政策的会议讨论了"一系列议题，其中包括：航空、公务改革、大卫·斯蒂尔、欧洲、上议会改革、移民、人口、罗得西亚②和浪费性开支"。

　　虽然大部分的学生政治活动井然有序，学生可以进行有价值的交流，并且争取到研究生资格，但剑桥也不得不面对学生日益增长的浮躁情绪这个问题。在 1968 年 3 月，时任英国国防大臣的丹尼士·希利来到剑桥大学做演讲时，就有一大群学生聚集在一起，抗议越南战争，同时，学生分为左和右两派，打得不可开交。两年后的 1970 年 2 月，金刚毕业不久，发生了臭名昭著的花园别墅暴动，当时有个希腊流亡政治家计划在花园别墅演讲，所以大学生们捣毁了花园别墅。暴动后的场面不堪入目，十几个学生被逮捕，遭到正式落案起诉，法官是梅尔福德·史蒂文森先生（他以执行严格纪律著称，"警棍"是他乡间住宅的名称）。6 名学生被判入狱，面临不同刑期，虽然进行了上诉，但法官还是维持了原判。

　　金没有参加过这种暴力集会，他所有的心思都放在了同窗好友们不以为然却代表了最高水准的学术工作上。1969 年 7 月，金毕业，并获得一级荣誉学士。很显然，在剑桥大学学习让金如虎添翼。毕业之前，他已经考取了剑桥大学应用经济学系研究生，成为一名助理研究员。金专攻剑

---

　　① 英国国会一自治市选区，位于大曼彻斯特郡东南部。设于 1950 年，历史上是保守党和自由党竞争的选区。——译者注

　　② 津巴布韦的旧称（1965-1979），1965 年前称作南罗得西亚，为英国殖民地。——译者注

桥增长项目（CGP）——剑桥最具声望的项目之一。剑桥增长项目创建于 1960 年，创始人是理查德·史东和同样是剑桥经济学家的艾伦·布朗。简言之，他们致力于建立一个通过不同方法和预测方式，计算出产出和消费之间关系的英国经济模型。20 世纪 80 年代末期，这个模型已经足够庞大——拥有至少 5686 个变量——同时，影响力也达到了高峰。在实用性方面，这个模型也毫不逊色，比如说，经济学家们可以通过对过去十年增长率的研究，预测经济在未来十年的走势。史东是国王学院教授兼研究员，因此，默文·金得以与史东相见。1969 年，剑桥增长项目已经成长为一个拥有 12 名经济学家的团队，金抓住了跟史东一起致力于 CGP 发展的机会。那时候，布朗已经离开了 CGP，谋得了一份布里斯托尔的教授职位，史东干劲十足地继续运转 CGP。金和其他四位新成员的加入给 CGP 研究项目注入了新的活力，与金一起共事的是一群有才华的年轻经济学家，其中特别值得一提的是从事计量经济学研究的经济学家，他们是基于计算机经济模型的开路人。安格斯·迪顿和后来成为杰出学者的大卫·利夫以及剑桥大学最令人敬畏的数学家西露西·斯莱特都是金的同事。迪顿后来回忆说，在茶歇时间，像卡尔多这样的巨头跟研究生们进行着慷慨激昂的辩论，一派生气勃勃的景象：

讨论的内容很多，有些是泛泛而听，有些则聚精会神地听，该掌握的我一个也没落下。其中很著名的一课便是经济学的广度；大家各持己见，想法深思熟虑，辩论义正词严，呈现出来的并不是不和谐或是尖锐的辩论……卡尔多的智慧、口才以及其在经济学领域的渊博知识让他在这个人才济济的团队中已然成为了一道亮丽的风景线。卡尔多是我见过最优秀的辩手，言语间蕴藏的智慧给大家带来了欢乐，但是他的骄傲和争辩有时也会伤到人。如果你不太能享受这样的生活，那么茶歇间的氛围可能会让你感觉不自在。

　　除了跟好辩的同窗们交流，金也常常跟定期来剑桥大学访问的学者打成一片。与让·克洛德·特里谢这个年轻法国人的邂逅改变了金。特里谢刚从法国国家行政学院这所精英学校毕业，在法国财政部工作，负责检查公共机构的账目。特里谢来英国是为了实地考察英国的征税方式（包括乔治·蓬皮杜一心想推广到法国的资本收益税）。在剑桥大学与尼古拉斯·卡尔多见面后，特里谢在美丽的圣约翰学院遇见了金。两个年轻的经济学家成为了一辈子的好朋友（40年后，在特里谢卸任欧洲央行行长一职后不久，他脑海中"深厚学术氛围"的圣约翰学院、金的好客以及学院的红葡萄酒和波提葡萄酒的画面依然清晰）。

　　一直到1977年，金一直跟CGP或多或少保持着联系，这也给了他追求自己爱好的自由。1971年，金成功申请并成为了一名哈佛大学肯尼迪学者，之后，金在哈佛大学继续深造了一年。为了纪念被刺杀的总统肯尼迪，肯尼迪奖学金计划于1964年开始实施，每年会有十余名学者赴哈佛大学和麻省理工学院（MIT）深造。1971～1972学年和金一起学习的还有毕业于剑桥大学圣约翰学院的彼得·亨尼西，亨尼西后来成为金的密友和最亲近的朋友之一。这些年轻的研究生聚集在位于伦敦市中心尤斯顿的一家酒店，即将要踏上飞往波士顿的旅程，大家都无比兴奋，兴奋不仅仅是因为这是他们第一次去美国，相对充分的自由和未来一年足够诱人的津贴也让他们激动不已。

　　金和其他的肯尼迪学者作为哈佛大学内年纪稍长的访问学者，基本上置身于学生圈子之外，但他们还是见证了这所让人肃然起敬学府最激进、最自由的时期。毫无疑问，金志向更高，但他不可能没有注意到一位美国同龄人——72级的肯尼斯·瑞佛斯（日后的马萨诸塞州剑桥市长）在

1997 年 6 月接受《哈佛大学校报》采访时生动描述的一些活动：

这是最好的时代，也是最坏的时代。说它是最好的时代，因为哈佛大学学生拥有很多自由——房价合理，联系教授和导师相对便捷，都位于大波士顿地区范围内，靠近旅游景点。哈佛广场一改往日稳重形象，变成了嬉皮士、瘾君子、政客、乞丐以及想要大饱眼福的城里人的狂欢场所。在我们的大学时代，美国社会经历了翻天覆地的变化。汽车城音乐、披头士、劳拉·尼罗，再到斯莱。软性毒品、大麻、安非他命（兴奋剂）、镇静剂、迷幻药是大学生活的一部分。也不是每个人都吸食毒品，但大多数人都饮酒，对于吸烟，大家都习以为常。学生之间有性关系也是普遍现象，关于"自由性爱"、公共生活（以及）黑人独立州的讨论从未停止过。

也许是为了暂时远离这种狂欢的生活，1972 年夏，金和同样是肯尼迪学者的克里斯多夫·皮科克踏上了持续数周的旅程，以进一步了解美国。到达拉斯维加斯之后，他们度过了几天美好时光，也体验了赌城光环背后的生活。皮科克没有赌博，但金的数学才能在赌城的吃角子老虎机、21 点扑克游戏以及轮盘赌桌上发挥得淋漓尽致。当时的猫王达到了事业生涯的顶峰，但是金和皮科克却决定不去听他的演唱会，而是与多人聚集在拉斯维加斯希尔顿酒店，高唱《美国人三部曲》以及《燃烧的爱》。令人遗憾的是，金和猫王没有碰面。两个学生租了辆奥尔兹莫比尔牌汽车，开始了穿越内华达沙漠到亚利桑那州的两周公路旅行，沿途领略了国家公园广袤的风景、灼热天气以及险峻的峡谷。金开着车，一路畅通，行走里程数达到了数百英里，两人也静享了不少谈心时光。皮科克对经济学也有浓厚的兴趣，他记得当时的金意气风发、一丝不苟。毫无疑问，金拥有远大的抱负，他特别想发表自己的作品（《经济研究评论》已经登过他的文章，同时，金还向英国下议院特别委员会递交了一份备忘录）。当有本杂志的编辑拒绝发表他的稿件时，金感到十分沮丧。金的出身和所接受的典型英式教育影响了他的性格，尽管美国带给了他欢乐——金后来自己说这次经历"解放了思想，非常过瘾"——但金坚定地认为自己的未来在英国，只有在英国，他的学术生涯才能开花结果。然而，至今为止，金并没有想要谋得一官半职——皮科克相信金立志于研究理论经济学，而不是中央银行的实际操作，更别提当时还处于雏形时期的新兴金融服务业。

　　金于秋天返回剑桥大学，回到应用经济学系后，他开始担任"研究员"（比"助理研究员"高一个级别）。同时，金也当选成为圣约翰学院研究员，进一步加深了金与这所学院的联系，圣约翰为金开启了授课与寻求新机会的大门。按理说研究员虽说不多但聊胜于无的津贴，再加上一连串的奖学金收入——来之不易的伦伯里奖学金以及国王学院的一等奖学金——应该能改善金的经济状况，但事实却不是这样，金的住所内几乎没有任何奢侈品。金后来回忆说当时自己有个"小巧的唱机，里面常会播放伊迪丝·琵雅芙的歌曲《不，我一点也不后悔》"。琵雅芙沙哑的嗓音给金留下了深刻的印象：

　　她的歌声余音绕梁，三日不绝。歌如其人……自信，勇于追随自己内心的自信。她从不后悔。她会勇往直前。即使这个世界过去没有善待她，她依然对自己没有过片刻迟疑。

　　金的未来全靠他本人的学术成就，得益于他一直以来的刻苦精神，当然也少不了幸运女神的拜访。就在从美国回来后不久，他听说要成立名为英国财政研究所（IFS）的智囊机构，这将有助于金在新圣约翰学院的研究。

在剑桥大学学习研究期间，英国财政研究所（IFS）成为金走上更加国际化舞台的跳板，在那里，伦敦金融家和商人们齐聚一堂，除此之外，由于金所在的剑桥经济学系左翼政治色彩较浓，金的朋友透露，这让金觉得这令人沮丧，而英国财政研究所（IFS）则让金耳目一新。

建立英国财政研究所的想法是由四位商人提出的——尼斯·陶布、威尔·霍珀、鲍勃·布斯特和约翰·乔恩——他们联合起来，强烈反对1965 年的《财政法案》。时任财政大臣的詹姆斯·卡拉汉在一次演讲中提到了大刀阔斧的税制改革，其中就包括引进资本收益税和企业所得税，这被认为是《法案》的起源。年轻的股票经纪人、日后大名鼎鼎的基金经理陶布请剑桥经济学家和税务专家乔恩对卡拉汉的演讲提出批评。乔恩称"预算报告、考虑欠周的提议以及财政法案都是换汤不换药，起草人手中好像拿着卡拉汉的演讲词，只是将它稍作修改，改成了法律用语而已"。

陶布和同事们没有认真考虑过将他们的集体活动正式化。位于白金汉郡的阿斯顿克林顿村庄田园风光秀美，1967 年，陶布和同事们相聚在这里的贝尔酒店，共同探讨如何能够促成更正式的合作。几个月后，也就是1968 年 7 月，他们在伦敦梅费尔北奥得利街的史黛拉阿尔皮纳餐厅再次相聚。这次，他们最终决定要成立一个经济学研究机构。英国财政研究所成立于 1969 年，陶布推荐曾在罗伊·詹金斯任财政大臣时担任财政部财务秘书的塔佛恩（现在是爵士）为第一届所长。塔佛恩雄心勃勃：

财政研究所这个概念十分吸引我。（在担任罗伊·詹金斯的财政部财务秘书期间）我就清楚地意识到当时除了英国税务局，其他地方基本上没什么税务方面的专业人才。税务局垄断了专业人员和他们所持有的专业知识，并且认为任何税务局之外人员所建议的大刀阔斧的税制改革不论在技术层面上或是管理层面上都站不住脚，他们觉得这个想法无可置疑。显而易见，现在需要的是"影子"税务局和财政部。

创建伊始，财政研究所就雄心勃勃，除了出版研究报告和对英国税务局和财政部问责之外，财政研究所还试图改革英国的财政战略。首先，财政研究所认为政治家和官僚主义者拼凑的税制摇摇欲坠、杂乱无章，他们则力求理顺税制。财政研究所获得资金相对容易。研究所的四位创始人游说有意向的律师、会计师以及如玛莎百货这样的公司为研究所提供经济支持。

财政研究所刚成立的两三年间，以理查德·鲍威尔爵士为中心，研究所充实人员，与潜在支持者建立联系，为委员会打下了良好的基础。1974年，研究所提出了塔佛恩所谓的"我们大构想妙策"——成立一个负责审查英国整个税收制度的委员会。从某些方面来说是受了卡特委员会的启发，卡特委员会已经在加拿大进行了类似的调查，委员会为财政研究所提供了一个施展才华的平台，给了它扬名天下的机会。因此，1975年，委员会委任剑桥大学政治经济学荣誉教授詹姆斯·米德"从根本上审查英国的税收结构"。塔佛恩回想这个项目的起源时说：

现在回想起来，当时的我们雄心勃勃，一往无前。委员会成立后不久，书写了大部分报告内容的詹姆斯·米德——也是一位有感召力的主席，他跟我说："现在我才意识到我接手的是什么，您将这样一项艰巨的任务交给我，我感到很震惊，也很受宠若惊。您也知道的，我已经年逾古稀。"

米德召集起来的委员会工作人员得是具备一定资格的研究员或者助理研究员。塔佛恩这样回忆说：

另一个（造就委员会成功的）因素就是我们在择人方面具有先见之明，特别是我们招录了三位年轻的经济学顾问，后来他们都成了委员会正式成员。最开始招的是约翰·弗莱明（日后担任了英格兰银行的首席经济学家）和年轻的默文·金，金对我来说并不陌生，我也非常看重他。默文推荐了另外一位年轻的经济学家约翰·凯，他是哈佛大学教授，看上去只有16岁。金和凯其实是同年，俩人当时都是27岁。金和凯的友谊也成就了一段长久的专业联盟。凯可以说是个神童，在年仅21岁时，他就获得了哈佛大学终身教职，同时，他还是圣约翰学院的一名研究员。凯在哈佛大学的六年间，潜心研究学术，致力于完成自己的第一本书——《现代工业集中化》。凯很幸运地得到金的推荐，他一路高升，后来成为研究所所长。

1975年10月，米德指定金、凯、弗莱明和肯特大学税法讲师格雷姆·麦克唐纳做他的"科研秘书"并制订方案，在此后的两年间，这个方案占据了他们大部分的时间。米德称他们为"少壮派"，鼓励四个人相互交流，展开辩论。金认为该计划意义非凡，他后来回忆说这段经历"被证明是对我职业生涯最有影响意义的经历之一"。融入这个小圈子之后，金写出了引以为傲的第一本书——《通胀指数》。《通胀指数》是有关指数调整法的文集（这个过程就是采用支付指数，以保障其不受通货膨胀冲击），由金和研究所的研究室主任西尔玛·利斯纳共同编辑，海涅曼出版社出版。

1977年夏天，随着米德的报告委员会得出最后结论，金终于有了片刻清闲。现在，他已是剑桥大学经济学系讲师，这是他叩响剑桥长期学术生涯的敲门砖。《公共政策和企业》这本书的出版更是大大提升了金的知名度，这本书写于1976年，1977年由查普曼霍尔公司出版。在出版社眼里，金是个香饽饽，他为各种主流报纸撰写文章，其中就有《金融时报》和《卫报》。同时，金还加入了颇具影响力的克莱尔社团（CLARE Group，有人说这个社团的名称是"剑桥、伦敦以及英国其他地区"的首字母缩略词），这个社团是由剑桥大学克莱尔学院院长罗宾·马修斯教授组织发起的，持中立观点的经济学家们在这里相聚一堂。

金拥有别人梦寐以求的圣约翰学院的职位，也收到了剑桥大学经济学精英纷至沓来的邀请，他却一直梦想着能踏上一个更加宽广的舞台，在一个更广阔的空间施展自己的才华。1977 年，机会来了，伯明翰大学邀请金担任埃斯米·费尔贝恩投资讲座的教授。如果接受，29 岁的金将成为英国最年轻的教授。据金的同事们介绍，做这个决定并不容易，深思熟虑后，他决定重回西米德兰兹郡。金告别了剑桥——圣约翰学院并没有忘记他，20 年后，他们给予金荣誉研究员称号——并于 1977 年 10 月开始了人生新旅程。

1978 年初，也就是金到达伯明翰大学后的前几个月，新上任的金教授将米德报告出版成书，书名为《直接税的体制和改革》，并成为了委员会的一员。这份报告获得了巨大成功。塔佛恩后来提到说，该报告"得益于一个重要的皇家专门调查委员会，获得了人们普遍的尊重。事实上，人们都认为它就是个皇家专门调查委员会。《金融时报》大篇幅刊登该委员会的分析"。当然，更多的掌声给了米德，时隔不久，他就获得了诺贝尔经济学奖——尽管美国总统吉米·卡特给米德的贺电中称赞他"在税收方面的工作"，但其实这个奖是为了奖励他在贸易方面所做的努力。

米德报告获得了无数好评，这位年轻的教授肯定也成为伯明翰大学经济学系的风云人物。然而，塔佛恩很清楚金的朋友约翰·凯才是"继米德之后做出最重要学术贡献的人"。塔佛恩回忆说，报告出版后举行了一系列的研讨会，"一遇到棘手的问题，詹姆斯·米德就会说：'我觉得应该由约翰·凯来回答这个问题'"。

即使金和凯之间存在专业方面的竞争，但没能阻止两人继续合作。凯和牛津大学出版社签约，于 1978 年出版了《英国税收制度》，两人的名字都出现在了封面上。这本书以通俗易懂的方式阐述了错综复杂的税收，主要目标群体是学生。两个年轻人基于之前和米德合作的经验，开创了一条富有成效的道路，这个经历对金来说更非同寻常，因为它更加奠定了金作为一名税务专家的地位。

在伯明翰大学，金醉心于学术。20 世纪 70 年代后期的英国学界，学术的衡量标准还是在相应的期刊上发表文章的数量、课堂上的受欢迎程度以及在学者会议上的演讲稿厚度。金还是将研究重心放在税务上，在之后的几年里，金更加游刃有余，教学和发表文章一样都没落下。同时，金也利用自己在美国的人脉促进了该系的发展。1979 年初，著名经济学家、美国国家经济研究院院长马丁·菲尔斯坦跟金取得了联系，他建议金在《公共政策和企业》一书中提供一个比较各个国家税制的新方法。菲尔斯坦的想法最终在《资本收益征税》一书中得到实现，这本书是由普林斯顿大学经济学教授唐·福尔顿和金共同编写的。这本书耗时五年，对美国、英国、瑞典和德国资本收益征税制度的不同作了比较。各个国家的经济学精英汇聚一堂，这其中包括金曾经在财政研究所的年轻同事约翰·弗莱明，弗莱明当时在英格兰银行上班。该项目资金充足，金也得以到处旅游，伯明翰、剑桥、马萨诸塞州、斯德哥尔摩以及慕尼黑都留下了他的足迹。1982 年，金以访问教授的身份重回哈佛大学，看到又有一批整洁体面的毕业生为了能在华尔街谋得一份工作而奔忙。第二年，金又以客座教授的身份回到了麻省理工学院。在麻省理工，金遇到了当时还是助教的本·伯南克。两个年轻的经济学家一见如故，时间见证了两人的成长，金在英格兰银行步步高升，而伯南克也凭自己的努力，成了美联储主席。

1984 年，《资本收益征税》一书终于出版，这大大增加了金在伯明翰以及更广范围内的知名度。同年秋天，伦敦政治经济学院向金投来了橄榄枝，邀请他去伦敦担任经济学教授一职。金无法拒绝这样一份美差，他欣然同意，而且一干就是整整10年。金告别了伯明翰的同事，将自己的书籍打包，重返首都。

1984年，伦敦政治经济学院创始人罗宾斯爵士逝世，学院表示沉痛哀悼，但是对于金的学生来说，这个人好像并不能引起他们很多共鸣。在他们脑海中印象较深的是1984年离职的魅力院长拉尔夫·达伦多夫，还有就是新上任的院长I.G. 帕特尔。卸任印度储备银行行长一职后，帕特尔博士来到伦敦，这将显著增强政治经济学院在亚洲的影响力和知名度。

到达伦敦政治经济学院位于贺本的校区后，金和新同事查尔斯·古德哈特一见如故。古德哈特温文尔雅，从伊顿公学毕业后，他选择在剑桥大学攻读经济学专业，之后，他在伦敦政治经济学院担任货币经济学讲师，并迎来了事业发展黄金时期。古德哈特与英格兰银行也息息相关，他与英格兰银行的命运从1969年就连在了一起，20世纪八九十年代，古德哈特担任英格兰银行首席顾问期间，两者关系有了突飞猛进的发展。在金的帮助下，古德哈特在1997 ~ 2000年期间成为了刚成立不久的货币政策委员会的外部专家。

在参加工作后的头几年，金与古德哈特建立了一个某种意义上的专业联盟，即金融市场研究中心（FMG）。伦敦金融商业区大洗牌成为金融市场研究中心成立的催化剂。1986年10月，金融城"大爆炸"之后[①]，因循守旧的做法被摒弃，现代证券经纪、投资银行以及新型金融企业家开始崭露头角。

---

① 1986年，撒切尔政府对金融业政策进行了改革，大幅减少了监管，并允许外国财团购买英国上市企业，导致金融城投资银行、经济公司的构成和所有权发生了翻天覆地的变化，并使得电子交易数量大幅增加，竞争更加激烈。——译者注

"大爆炸"过后，证券批发商和经纪人（制造旺市者和证券交易人）之间不再有区别，特别值得注意的是，外资无需得到英格兰银行正式批准就可以控股股票经纪公司。与此同时，贴现行^①垄断发行政府债券的时代也一去不复返了。在伦敦证券交易所内，传统的场内交易系统已被基于电脑屏幕的电子网络系统所替代。未出10年，英国几乎已经不存在国有商业银行或者证券公司，这成为这场剧变的句点。美国人为英国的"绅士资本主义"敲响了丧钟，伦敦也从此奠定了国际金融中心的地位。

所以说，金和古德哈特在伦敦政治经济学院创建的金融市场研究中心是那个时代的产物，带有鲜明的时代特色。该中心于1986年成立，由前财政部官员、时任英格兰银行董事的大卫·沃克担任主席并负责运营，该中心着眼于缩小伦敦政治经济学院与正在大举开拓国际市场的伦敦金融城之间的鸿沟。中心的使命就是进行"实践性的"研究和分析。古德哈特安装了彭博终端，这样学生们就能够实时观察并对市场展开研究，这是古德哈特迈出的革命性的一步。大家围坐在闪着绿光的屏幕前，观察着各个市场的波动，甚至还注意到了日本交易者中午就餐离开时市场走低的情形。一位金融市场研究中心校友回忆说，为了防止有人试图按下终端设备上的"交易"键，中心严厉警告学生不要这么做。渐渐地，金和古德哈特培养了一批对数据如饥似渴的学生，他们终日与数字打交道，建立了一个又一个愈加昂贵的模型。很多学生后来被伦敦金融城的投资银行招去，成为首批量化分析员。银行对这些量化分析员的数学和模型技能需求很大，具有讽刺意味的是，正是这些量化分析员创造了复杂衍生品工具，在未来的几年里将金融市场引入深渊。经济数据，而不是经济理论，受重视的程度越

---

① 贴现行（Discount Houses）是英国特有的金融机构。贴现银行积极参与国库券市场，是英格兰银行从事金融调控的重要中介。贴现银行的职能是以国库券和其他票据作担保向银行系统借入短期资金。——译者注

来越高。同时期也在伦敦政治经济学院的理查德·夏皮罗回忆说，金当时如鱼得水。据夏皮罗回忆说，金当时是"一个非常聪明的年轻人，精力充沛，总是忙个不停"。

金显然很喜欢跟伦敦政治经济学院的同事和学生互动，他发现这里的氛围能促进学术发展。有一次，金的学生惊讶地发现他在听法国客座学者罗杰·格斯奈里的课程，讲的是经济特点与太阳黑子的"平衡"。伦敦政治经济学院也给金提供了出名的机会，特别是在政府制定预算的时候，金细致入微的分析很快就会被金融城的人和媒体广泛引用。

£ £ £ £ £

伦敦政治经济学院的同事没有人会想到——更不用说他的学生——金会离开学术界，但是金融市场研究中心成了他走向外界的踏脚石。英格兰银行显然是金的可能归宿，他已经从古德哈特和伦敦政治经济学院老朋友约翰·弗莱明那里听到很多英格兰银行内部工作的情况。弗莱明在英格兰银行平步青云，1980年成为首席经济咨询师，在这个位子工作8年后成为执行董事。他很有可能向时任英格兰银行行长的罗宾·利彭波顿推荐金来英格兰银行工作。这种情况迟早会发生。1990年3月，金被任命为英格兰银行的非执行董事。这是一份兼职工作，可以让金更好地了解英格兰银行——同样，英格兰银行也可以更加深入地了解金。这一过程没有持续太长时间。1991年初春，欧洲复兴开发银行聘任弗莱明为首席经济学家。欧洲复兴开发银行的伦敦分行刚刚设立不久。这样一来，英格兰银行就出现了一个重要的职位空缺。金是最合适的人选。这个机会可能来得比金的预期要早。他似乎有些犹豫，便找到曾经陪自己去拉斯维加斯旅行的老朋友克里斯多夫·皮科克征求意见。他们在位于霍本（Holborn）的一家咖啡店坐了一个多小时，金列举了这一职务的优缺点。他当时 42 岁，正处于学术生涯的关键时期，很可能重返剑桥大学任教，而且很快就能获得教授职称。但是，分析过后，他还是觉得不能错过英格兰银行这个享有声望的职务。金和伦敦政治经济学院达成延长公休的协议（学院就当他 1991 年至 1995 年期间 "休假"），之后，金接受了英格兰银行的职务邀请。此时的金仍然不想放弃学术，表示自己把在英格兰银行的工作当作是 "有趣的借调"，而不是永远离开伦敦政治经济学院。1991 年 3 月 1 日上午，当金作为英格兰银行的首席经济学家汇报工作时，他并没有想到自己会在英格兰银行工作 20 多年。

那个 3 月的上午，等他来到英格兰银行的时候才发现英格兰银行经济学部（Economics Division, 被称为 ED）的位置非常偏僻，经济学家地位非常低。这个部门隐藏在英格兰银行迷宫式的走廊里，据研究英格兰银行历史的史学家安东尼·霍森（Anthony Hotson）描述，英格兰银行经济学部门的房间距离英格兰银行领导办公室非常遥远，仅次于五层阁楼的房屋管理部。不仅地方偏僻，经济学部基本上被政府官员所忽视，只是在行长和财政大臣每月例会之前提出建议。虽然如此，这里的员工有的还是很有才华的，这里面就有这个部门的主管莱昂内尔·普莱斯（Lionel Price）。普莱斯于 1967 年加入英格兰银行，持有剑桥大学全日制经济学本科学位。他和金建立了良好的工作关系，两人的计划之一就是招募高素质的年轻经济学家组成一个团队。他们两人奠定了金 "现代银行" 的基础，这个雏形出现在 20 世纪 90 年代初，90 年代后期英格兰银行实现独立后加速发展。1997 年，普莱斯决定在这个关键时刻离开英格兰银行，去惠誉国际担任首席经济学家。但是正如他的一位前同事所言，普莱斯在让 "经济学成为英格兰银行的主要语言" 中发挥了关键性作用。虽然这一信条不乏支持者，但是也有人提出质疑，他们认为英格兰银行充满理论经济学家是倒退回孤立的学术领域。沃尔特·白芝浩形容这些经济理论学家"就像是从来没有见过星星的天文学家"。

金选择了一个非常有意思的时机加入英格兰银行。1991 年，英格兰银行的老行长罗宾·利彭波顿正在努力解决所谓的"小银行危机"。受经济衰退影响，借贷者偿债能力下降，大宗存款不足，英国的中小银行面临着巨大的压力。7 月 5 日，英格兰银行宣布以国际商业信贷银行可能存在欺诈为由将其关闭——这个问题持续了很长时间——丝毫没能挽回市场对银行业的信心。英格兰银行曾一度对 40 家小银行进行密切监督，帮助其中一些获得长期资金，同时也帮助一些失败的银行有序破产。1991 年中期，英格兰银行宣布开展一个名为"紧急流动性支持"的项目，这一决定体现出了问题的严重性。对于英格兰银行的这个决定，政府是知情的，但是并没有提供担保。

后来，英格兰银行某份报告的匿名撰写者指出："英格兰银行这么做并非没有风险。少数银行获得了英格兰银行的资金救助，英格兰银行需要就其提供的补偿做出规定。补偿金额在 1993 年最高达到 1.15 亿英镑。"

20 世纪 90 年代，英国共有 25 家小银行倒闭，其中国家按揭银行无力偿债，英格兰银行最终以 1 英镑的价格将其收购。回过头来看，这场银行业危机比 2007 ~ 2008 年的危机更加触目惊心。

金本可以不关心救助小银行的细枝末节。但是，一年后，他担任了更加重要的角色。1992 年夏末，英国脱离欧洲汇率机制。在经历过保守党政府上下一番激烈争斗后，英国于 1990 年加入汇率机制。在英国正式加入这个机制的前一年，尼格尔·劳森辞去财政大臣的职务，把这个未完成的计划交给了约翰·梅杰。根据这个项目计划，英镑汇率将和其他欧洲货币——主要是强大的德国马克——绑定在一起，拥有 6% 的上下浮动空间，这样实际上是把英国的货币政策和其他欧洲国家的货币政策连在了一起。

英国加入汇率机制时，英镑对德国马克的汇率是 1 英镑兑 2.95 德国马克，但是这一汇率很快就因为德国的高利率水平和美元下跌而缩水。政治问题也给经济问题造成了压力。1992 年春，丹麦全民公投否决了《马斯特里赫特条约》，外汇交易商嗅到了血腥味，开始对弱势货币展开突然袭击。另一场公投——9 月份将在法国举行——会带来货币市场的进一步动荡。在 7 月之前，英镑仍然维持在宽松的汇率机制浮动空间内，相对安全。但是到 8 月份，英镑汇率持续骤跌给英格兰银行敲响了"严重警钟"。英格兰银行隐约感觉到一场危机正在酝酿：

考虑到当下美元和英镑所面临的市场情绪，我们必须要问，我们能不能够坚持到 9 月 20 日（法国就《马斯特赫特条约》进行公投的日期），让英镑对德国马克汇率达不到需要官方考虑介入的最低界限。

此外，英格兰银行业也指出，其实自己是在跟货币市场进行一场"冒险的博弈"：

如果我们没有采取有力措施守住（1 英镑兑 2.80 德国马克的底线，那么市场）会认为我们不在乎德国马克对英镑的汇率跌到政府规定的干涉界限，很有可能会认为我们欢迎他们来测试我们维持这个界限的决心。如果真的开战，那么被抛售的英镑数量将有可能远远超过我们现有的外汇储备总额。

英格兰银行非常不愿意看到这种危险情况出现，银行想在"公开"干预（有必要的话可能需要借外汇）之前，进行"不公开"干预，即买入英镑，以提振其汇率。政府的另一个重磅武器就是提高利率，梅杰和财政大臣诺曼·拉蒙特将利率提高到10%。他们还授权英格兰银行买入数十亿英镑。在8月中下旬,英格兰银行进行了超过10亿英镑的不公开支持行动(成功地避开了市场参与者和媒体)。8月26日,英格兰银行开始进行公开行动,买入了约10亿英镑,同时拉蒙特宣布英国不会让英镑贬值,也不会退出汇率机制。

但是到9月14日那个星期,这些措施都没能阻挡英镑汇率下跌。在这个星期,金也做了自己分内的工作。那个星期一上午,金去法兰克福访问了德意志联邦银行。他来到德意志联邦银行宏伟的总部时,天空正下着瓦格纳式暴风雨,还不时划过几道闪电。他在这里见到了德国央行资历最老的人物之一奥特马尔·伊辛(金最终和这个人成为了很好的朋友)。在英镑不断贬值的背景下,金列出了英格兰银行认为1英镑对2.95德国马克的汇率——最核心和最初的目标——是合适的,以及为什么要保持德国马克和英镑的汇率关系:"我用了很多张彩色图表向奥特马尔解释我的观点。他仔细聆听,但是最后看着我说:'金先生,答案不错,但遗憾的是问题不对。'"

金承认失败。他后来反思说,这个问题本来就是个"理论问题",换言之,德国那时候的短期利率水平的适合程度与英国类似。金垂头丧气地返回伦敦,向行长和其他上级汇报工作。不过,汇率机制问题还没有结束,更糟糕的问题还在后面。9月15日周二晚上,新闻报道了德国财经报纸《德国商报》之前对德意志联邦银行行长施莱辛格(Helmut Schlesinger)的采访:

施莱辛格表示,即使德国调整降低利率水平,仍不排除会有一两种货币会在法国公投之前遭受压力的可能性。他在一次采访中透露,眼下的措施显然无法完全解决问题。

据说，施莱辛格教授在采访中对汇率机制能不能维持下去提出了质疑。意大利里拉最近刚刚被迫贬值，声名狼藉。如果英镑步里拉的后尘，那么后果将会非常明显。由于担心次日开市英镑大跌，英格兰银行致电德意志联邦银行，要求其收回报道言论。德意志联邦银行仓促发表声明，表示："新闻稿未经授权。（施莱辛格）没有说过这样的话，这不是他的本意。"

但是这无法平息市场风波。次日，也就是 16 日星期三上午——后来这一天被称为"黑色星期三"——迎接英格兰银行的是铺天盖地的指责。英格兰银行的某官员对一家英国报纸讲："这一代英格兰银行人从来没有见过这样的情况，就好像一场雪崩向我们袭来。"就在这一天，英格兰银行进一步采取"强力"干预措施捍卫英镑。英格兰银行的净储备（8月初为 266 亿美元）减少了 277.1 亿美元，变成负 153.4 亿美元。政府方面做了最后努力，将利率从 10% 上调到 12%，希望能够劝服投资者购买英镑。虽然利率还有可能进一步增长到 15% 的高值，但是仍然未能阻挡英镑进一步贬值。经过一系列紧急会议后，诺曼·拉蒙特于当天晚 7 时宣布英国全面退出汇率机制（到 9 月底，英镑汇率跌破了 1 英镑对 2.78 德国马克的汇率机制最低值，至 1 英镑对 2.50 德国马克）。金在风暴中白去法兰克福走了一趟，他后来回忆说，"很多评论员都说那次访问是史上最不成功的外交使团出访"。

除了自尊心受挫和政治声誉受损之外，这次汇率机制失败的经济代价也是巨大的。1992 年 8 月和 9 月，英格兰银行在储备行动中损失了约 8 亿英镑，为挽救英镑而干预货币市场损失了 24 亿英镑的"机会成本"。在接下来的几周时间里，英格兰银行慌忙重建央行储备，并对出现的"货币结构严重失衡"进行了调整。

英格兰银行勉强站稳了阵脚。对于金而言，英国推出汇率机制的时间给他很好地上了一课，让他了解到了央行工作的残酷现实，也让他认识到在英格兰银行的高墙之外，越来越国际化的市场上存在强大的群体本能（pack instinct）。毫无疑问，他肯定铭记了英格兰银行在应对此次危机中采用的战略，特别是不公开干预行动，这种战略在 2008 年再次受到关注。

这位英格兰银行的新首席经济学家也经历了一些较为平稳的时期。金最早显现成效的计划之一就是英格兰银行每个季度发表的《通货膨胀报告》获得更广泛的传播，这份报告始于 1993 年 2 月。这份报告出现得很及时：随着英国 9 月退出汇率机制，保守党内阁就开始在货币政策中制定公开的通胀目标，最初是 1% ~ 4%，后来又定为不超过 2.5%。随着新的通胀目标机制的出现，英格兰银行的《通货膨胀报告》也制定了两个目标：首先，对英国的通货膨胀进行评估——用金的话来说，"关于通货膨胀，你想知道但又不敢问的一切方面"；第二，推动辩论，树立英格兰银行在这方面问题上的权威声誉。金称之为"对内阁决议具有影响意义的评论"，后来又用更谨慎的措辞说其是"对货币政策委员会决议的一种阐释"。在最初的几年时间里，这份报告引起了很大的轰动，主要是它似乎对政府起了监督作用。首次公开发表时，下午 5 点半刚出版就被送往全国各地的书店，每本售价 4 英镑（具有讽刺意味的是，这份报告现在售价只有 3 英镑）。也许是公众对于这种对通货膨胀标准细致分析的热情消退，所以不再排队购买这份报告。没过多久，《通货膨胀报告》开始上传到英格兰银行网站。不管怎么说，这份报告还是给金——现在依然是这份期刊的编辑——和英格兰银行其他经济学家赢得了一定声誉。事实证明，这份期刊经久不衰，现在仍然在出版，就算公众已经不怎么看了，伦敦金融城的分析师还是会仔细研读。

英格兰银行的工作占用了金大量的时间，金基本上是两耳不闻窗外事。

但是，他却与肯尼迪纪念基金会保持着联系。肯尼迪纪念基金会负责管理肯尼迪奖学金。自 1990 年以来金就是该基金会的受托管理人之一。20 世纪 90 年代中期，金大部分时间都在担任英格兰银行首席经济学家，所以没有时间负责基金会事务。1995 年 6 月 22 日，金成为约翰·F. 肯尼迪投资有限公司的董事。这家公司最早在 1967 年于卡里福德（Clifford's Inn）工会成立。按照信托基金会的话说，管理这家公司主要是为了"承销证券"，虽然这家公司委托给了巴林银行，但是其拥有由受委托管理人组成的董事会。

通常来说，英格兰银行不太赞成内部员工从事这类兼职工作。实际上，英格兰银行的员工手册上写着"通常不允许员工担任贸易公司的董事，因为这样会导致一系列经济、法律和声誉风险"。严格来讲，约翰·F. 肯尼迪公司在 1994 年，也就是金升任副行长前一年基本停止了各项活动，但是约翰·F. 肯尼迪的董事会人员更迭很频繁。和金同在董事会的有西蒙·韦伯利。西蒙于 3 年前，也就是 1992 年 6 月成为该董事会董事。20 世纪 50 年代，韦伯利在都柏林三一学院读经济学，后来加入造纸和印刷企业里德国际公司。在里德的工作经历激发了他对商业道德的兴趣，这个兴趣持续了一生。1971 年，他发起了英国首次商人职业和道德行为调查，调查结果以《关于英国商人行为某些方面的调查》为题发表。从那以后，他就一直在从事商业道德领域的工作。他在城市商学院（现在叫卡斯商学院）担任了 10 年教职，现在担任位于伦敦的商业道德研究院研究主任。1995 年 10 月，彼得·亨尼西也加入了董事会。他是金在剑桥大学的老朋友，是一名成功的记者、历史学家和学者，并于 2010 年获得尼普斯菲尔德男爵（Baron Hennessy of Nympsfield）的贵族称号。亨尼西写了很多关于白厅和政府黑暗面的文章。金的讲话中经常出现对亨尼西著作的赞美之词。

不幸的是，约翰·F.肯尼迪公司的主要文件——简式会计报和公司1997年解体的记录——并没有提到这三个人的活动，也没有证据表明这家公司是不是成功地代表了肯尼迪纪念基金会。这家企业的其他人员只有公司秘书安娜·马森。当她不为约翰·F.肯尼迪投资公司董事会议做记录的时候，马森夫人——埃塞克斯莫尔登诸圣教会牧师的妻子，记录显示她是教堂道（Church Walk）诸圣教区（All Saints' Vicarage）的居民。这是金对商业世界的短暂涉足，他显然不想继续在商界发展。不过，他一直和肯尼迪纪念基金会保持着联系。

£ £ £ £ £

虽然金在英格兰银行担任首席经济学家也有其乐趣，但是直到20世纪90年代中期，他才有可能在英格兰银行长期工作，甚至有可能成为行长。接下来的五年是金的重要发展时期，他在英格兰银行和艾迪·乔治建立了工作关系。金对细节一丝不苟，在学术上非常严谨，而乔治看待这个世界更像政治家，更倾向于自上而下看待问题，不太注重细枝末节。金的个性很好地弥补了乔治的不足。金本人或许也觉得可以利用英格兰银行与外部世界关系缓和的机会。1996年10月，金在伦敦为经济和社会研究委员会年度研讨会做了一场精心准备的演讲。这场演讲不仅再次确定了其作为英格兰银行首席经济学家的地位，同时也表明48岁的他正处于事业的高峰期。这篇题为《货币稳定：个中缘由》的演讲认为价格稳定是成功管理英国经济的必要条件。这篇演讲旁征博引，处理得当，是金演讲作品中的精品。在针线大街工作了五年后，他已经成为一流的央行银行家，能够坦然面对货币政策的起起伏伏：

诸位设想一下，我们从这个房间往外走一段路程到河堤上，把价格水平比作泰晤士的水位高度。风力和天气变化会导致河水水位变化。1800年，泰晤士河的深度差不多是8英尺。从1800年到1914年，经济天气推动着这条通货膨胀的河水运动。大多数情况下，河水水位都介于5英尺到7英尺之间，从来没有低于4英尺，也从来没有高于10英尺。即使在两次世界大战的风暴和两次世界大战之间的通货膨胀和通货紧缩期间，水位也在6～13英尺之间。直到1945年，水位才达到10英尺，比1800年的水平高不了多少。但是从1945年开始，水位高度就超出了正常范围。价格上涨的大浪导致水位最近超过了200英尺，足以淹没所有没能预料到通胀的船只。

金的演讲发表在英格兰银行的《季度快报》上，这标志着他距离顶点又近了一步。1998年，金被任命为英格兰银行第二副行长，他接替乔治担任行长的可能性变得明朗起来。

在这几年间，几乎没有出现其他候选人。英格兰银行的另一位副行长大卫·克莱曼蒂对金几乎不构成威胁。克莱曼蒂是会计师，也是投资银行家。他之前在安达信会计事务所和克莱沃特–本森（Kleinwort Benson）稳步升迁。当玛格丽特·撒切尔内阁对包括英国电信在内的企业进行私有化时，克莱曼蒂曾在克莱沃特–本森对内阁提出过建议。1997年霍华德·戴维斯离开英格兰银行去金融服务监管局工作后，克莱曼蒂加入英格兰银行，在该行开始独立进程时站稳了脚跟。克莱曼蒂在英格兰银行工作非常低调，也非常勤勉。他按照要求做演讲，经常会使用自嘲的口吻，比如："虽然到英格兰银行工作三年了，但是经常有人问我在那里干什么。"作为负责监督金融稳定的央行副行长，他还和伦敦金融城保持了君子之交。但是他在英格兰银行为英国加入欧元区的筹备工作中无果而终。他在2002年一度成为媒体关注的焦点，因为他警告财政特别委员会，称房价将会大幅下跌——因为房价通胀水平已经超过18%，是不可持续的。他对委员会表示："借款人和放贷人都应该多加谨慎。"当然，他的警告后来被证明是正确的。2002年8月，克莱曼蒂离开英格兰银行，结束了五年的任期，重回私营领域。就算他曾经有过想当行长的野心，也丝毫没表现出来。他认为英格兰银行是个令人沮丧、官僚气息浓重的地方。接替克莱曼蒂的安德鲁·拉奇爵士跟他经历类似，遭遇也差不多。拉奇爵士是银行家和监管者，来英格兰银行之前在巴克莱银行担任副董事长。最后，他一个任期都没有结束就辞职离去，3年半后又重新回到私营领域。

　　克莱曼蒂和拉奇都是英格兰银行1997年以来工作重心转变的牺牲品。随着银行业监管的职能转移给金融服务监管局，英格兰银行对监管的兴趣消退，留下来负责金融稳定的人员地位大不如从前。货币政策和货币政策委员会的地位至高无上。克莱曼蒂看着金手下的经济学家一个个到来，就好像一个基督徒看见罗马竞技场的狮子越来越多一样："我们需要提高英格兰银行的分析能力，方法之一就是招更多经济学家。实际上，我们是全国最大的经济学家雇主之一。"这个自然是默文·金的地盘，也是权力越来越强大的领域。他的同事关注着金一步步的上升。艾迪·乔治为人和善，平易近人。当金升任副行长后，与英格兰银行职员，特别是和那些习惯了艾迪·乔治性格的职员发生了一些不愉快的经历。一位和这两个人都共过事的同事回忆说："艾迪喜欢好的观点，不在意争论中谁输谁赢，如果你争论输了，还可以再回去跟他理论。但是默文就完全不是这样了。他总是坚守自己的立场。如果你要是跟他争论，他就会觉得你是个调皮捣蛋的小孩子。"同样，金不愿在他认为没有意义的事情上花费时间。一位同事回忆说，曾经有一位年轻的分析师正在做一个关于西班牙银行业的演讲，金不耐烦地问："这有什么意义吗？"金会让别人觉得自己是在浪费他的时间："他可以让别人感觉自己很傻。"

£ £ £ £ £

2003 年夏，随着金升职的日期越来越临近，他得跟艾迪·乔治说一些告别的话。乔治在英格兰银行工作了 41 年，经历众多变革，离任时英格兰银行运转良好，通货膨胀率处于 30 年来的最低水平，这是他可以引以为傲的。不过，能够走到这一步的过程是漫长而坎坷的。一次接受《观察家报》采访时，乔治在谈到自己与历任财政部长的关系时非常老练，但是承认英国被驱逐出汇率机制（ERM）是他事业的一个低点——"一个非常灰暗的时刻"——想到国际商业信贷银行和巴林银行倒闭的事情，乔治仍然会不寒而栗。但是他也有自豪的地方，那就是自己为维护英国经济"稳定"所做的贡献。"稳定"是他的口头禅。退休后，乔治将要成为母校德威士学校管理委员会主席，并退出公众视线："我退休后不想成为政客……一个被任命的央行行长退休之后不能继续干政。"2003 年 6 月 18 日，乔治最后一次以英格兰银行行长的身份出席了在市政大厅举办的市长宴会。时任财政大臣戈登·布朗对乔治在英格兰银行的工作进行热情赞赏。布朗忘记了 1997 年不愉快的电话和辞职威胁，说："从我个人的经历来看，1997 年后，艾迪不仅积极欢迎并支持英格兰银行的独立，而且还监督了货币政策委员会的创立，并担任该委员会的主席，工作十分出色。"

虽然与新工党之间的妥协付出了高昂的代价，但是乔治不仅影响而且参与创造了历史上最伟大的时刻之一。

布朗说乔治"永远坚定不移""刚正不阿"。不管怎么说，乔治离开针线大街时，他的名声丝毫没有受到影响。在他本人的离职演说中，乔治保持了自己的谦虚，指出他的退休只是从"名人"变成了"普通人"。演讲结尾时，他对继任者默文·金致以祝福。坚定而稳健的乔治给后人树立了一个难以超越的榜样。

PART **2**

第二部分

变革：当中央银行成为被告

> "每一位英格兰行长准备辞职的时候都有一些犹豫。他是英格兰银行内阁的首相，当这么重要的一个职位换人的时候，其他很多方面都要跟着变化。"
>
> ——沃尔特·白芝浩，伦巴第街，1893 年

2003 年 7 月 1 日是周二，这天上午默文·金入主行长办公室。昨天晚上跟他问好的同事们还称呼他为"默文"或者"金先生"，现在就要叫他"行长先生"了。金丝毫没有改变这个传统的意思。金的新办公室非常大，里面放着约翰·索恩爵士设计的正方形书桌和几张椅子。金专门找人调整了天花板的高度，降低办公室内的回声。墙上挂着一幅出自威廉·马洛之手的 18 世纪油画——路德门山下的路德门街。透过落地窗可以看到花园，花园中央有一尊铜像。这尊铜像建成于 1921 年，是为了纪念第一次世界大战。这块地本是圣克里斯多福·勒·斯托克斯（St Christopher-le-Stocks）教堂的墓地，现在基本上成了英格兰银行行长的私人花园，除了特殊情况，其他人员不准进入。院子里有四棵桑树（最早的纸币就是以桑树叶子为原材料造成的），夏天的时候，行长可以在树荫下与客人私下交谈。总而言之，办公室布置得低调而奢华，尽显等级之森严，行长处于

中心地位。正如英格兰银行前经济学家安东尼·霍斯顿回忆的那样：

在其他机构，一般是级别越高，办公室所在的楼层越高，但是英格兰银行的办公楼却好像文艺复兴时期的宫殿。行长们的办公室在第一层，进入大楼前厅后，你可以看到行长办公室就在园子对面。部门主管和高级顾问的办公室在行长办公室两侧，从他们的办公室可以看到园子，除此之外，还有一个内室作为会客厅。英格兰银行传统运营部门——总出纳办公室、银行部和发行办公室——都在走廊附近，位于大楼一层，方便市场从业人员找寻。大楼的二层就是主楼层，是主会议室和其他重要会议室以及行长餐厅的所在地。所以在英格兰银行，距离会客厅越远，说明地位越低。

在安静高雅的环境中，金开始了一天的工作，他提出自己对建设现代化英格兰银行的构想。他想要维持，甚至是提高英格兰银行的地位，让英格兰银行成为 21 世纪央行的典范。后来的事实证明这是个非常个人化，甚至个性化的构想。虽然实行了麦肯锡式的"变更管理"、组织框架图、最佳实践（best practice），但是英格兰银行的规划上还是深深烙上了金的烙印。英格兰银行的"老职员"很快将会被各地大学和商学院有才华的年轻经济学家、交易员和风险经理人所取代。行长办公室里依然弥漫着 20 世纪 50 年代西米德兰兹郡人特有的刚毅。金的同事很快就意识到新行长的管理风格是独断专行——有一位同事说金是"通过命令"来管理——而且说话直来直去。

新行长在准备推行对英格兰银行的大构想时，也没忘了停下来思考一个"黑国"（Black Country，英国西米德兰兹郡小镇大得利的昵称）男孩的非凡成就——他感伤地说"一切都始于这里"。金担任英格兰银行行长后的首次正式出访不是去华盛顿的美联储，也不是去法兰克福的欧洲央行，而是去了伍尔弗汉普顿和韦克菲尔德，这算是衣锦还乡了。7月，也就是金履新一个月后，他就来到西米德兰兹的贝蒂百货公司（Beatties）、伍斯特郡板球场和伍尔弗汉普顿和达得利酿酒公司（Wolverhampton and Dudley Breweries）。六个星期后，他在韦克菲尔德访问了一家 T 恤生产商和另一家名为蒂莫西·泰勒的酿酒公司。金还抽出时间去老镇小学怀旧，这所小学位于西米德兰兹的迎风荒原上，这是他时隔 45 年后故地重游。他向学校的学生赠送了三本肯尼斯·格雷厄姆的《杨柳风》（格雷厄姆也是英格兰银行鼎鼎有名的人物，曾在英格兰银行有过一段喜忧参半的职业经历），他还回答了学生们的问题——英格兰银行地下仓库存放的黄金是不是真的。

金还腾出时间表达自己对板球和足球的热爱。那年夏天，他受邀参加了自己特别喜爱的英国广播公司（BBC）板球直播特别节目。金很放松，他耐心地向亨利·布洛菲尔德（剑桥大学国王学院毕业生，不是研究生就是本科生）解释自己的工作内容，还稍微介绍了自己的业余爱好。布洛菲尔德问金，他最想让谁当他的座上宾。他选择了周恩来——中华人民共和国的首任总理——以及切·格瓦拉和法国影星凯瑟琳·德纳芙：

周恩来——中国现在正在进行市场经济转型，作为曾担任中国领导人的他会怎么想呢？切·格瓦拉——你知道他曾经是一位央行行长吗？我想知道他在担任央行行长时的感想。最后一个可能比较轻松，是个艺术话题，我一直都渴望见一见凯瑟琳·德纳芙。她的美无与伦比。

这些都是很好的公关——金也许是第一个坦诚自己喜欢法国性感女影星的英格兰行长——也在"新"英格兰银行面前展现出了他人性化的一面。金还与自己从小就支持的阿斯顿维拉足球俱乐部保持联系。步入高层之后，金对俱乐部的支持促成了他与该俱乐部前主席道·艾利斯和几名主力球员之间的持久友谊。德国籍优秀中场球员托马斯·希策尔斯佩格就是其中之一。希策尔斯佩格于2002~2005年效力于阿斯顿维拉俱乐部，后来先后加入斯图加特俱乐部和西汉姆联俱乐部。在刚离开阿斯顿维拉后不久，他在一家周末报纸上谈到自己与金之间很多次的长时间对话：

我们会谈一些足球方面的事情，因为他热爱足球，我也会问一些与他工作相关的问题，比如说英格兰银行什么时候发布季度通货膨胀报告或者月度利率。他非常忙，我去英格兰银行找过他几次。在维拉球场比赛过后，我们也会小聚。我不会给他提什么建议。毕竟，他也没有试图告诉我该怎么踢球。

回到针线街，除了希策尔斯佩格偶尔过来拜访，新行长的日程上排满了为推动机构调整而召开的会议，艾迪·乔治遗留下来这个摊子亟需重组。金从最高层开始改革。首先，他"建议"应该区分英格兰银行理事会主席和主持日常业务的职责。从此时起，之前由英格兰银行的管理机构，即理事会负责的事务应该先由委员会非执行理事经手，可以邀请执行董事和其他官员出席。金在英格兰银行治理上做出"细微但重要的"改变后，开始"对英格兰银行的战略和目标进行根本性审视"。虽然他重申了英格兰银行的两项首要宗旨——货币政策和金融稳定——不过他还宣布该行有第三个主要宗旨，即维持金融体系的效率和功效。他说："虽然英格兰银行有时候想要支持金融领域的某些特定倡议，但是我们认为这种支持行为本身不是英格兰银行的宗旨所在。"随着英格兰银行精简职能，英格兰银行内部对货币政策的首要地位再也没有任何质疑。货币政策就是英格兰银行存在的理由。这一点得到了财政部的默许，财政部让新行长把以前的大机构精简成为专注于货币政策而不是金融管理的"小型"央行。明确原则之后，金就开始对英格兰银行的管理结构进行大刀阔斧的改革，砍掉了被大卫·克莱曼蒂称为"等级森严"的各种高级委员会和律师团。然后，行长召集自己最忠诚的支持者，组成了一支新的执行团队（Executive Team）——很快就被简称为"ET"，与斯皮尔伯格的知名电影重名，被大家引为笑谈。这支团队很快就称为金的禁卫军。

金升任行长后，主管货币政策的副行长一职就出现了空缺。这是个令人垂涎的职位，不过受金的影响也很大。最终，蕾切尔·洛马克斯（Rachel Lomax）获得了这一职位。洛马克斯是一名公务员，曾在包括财政部在内的多个政府部门工作。因为她是英格兰银行史上首位女副行长，所以她的同事马上就面临怎么称呼她的问题。应不应该根据前任的习惯，称其为"副行长夫人"？经过许多令这位新任副行长感觉有趣的"严肃"讨论后，最终确定称呼她为"洛马克斯夫人"。跟洛马克斯职位相同的还有安德鲁·拉奇爵士（Sir Andrew Large），他继续毫无争议地担任主管金融稳定的副行长。执行团队除了两位副行长之外，还有查理·比恩（货币政策部主管）、尼格尔·詹金森（金融稳定部主管）、保罗·塔克（市场部）、安德鲁·贝利（银行服务部）、约翰·福特曼（综合服务部），还有被称为"行长顾问"的阿里斯泰尔·克拉克，他是金最信任的盟友。

这个核心圈的外围还有三位行长顾问：金在伦敦政治经济学院的前同事查尔斯·古德哈特，主管英格兰银行法律事务部的律师迈克尔·格拉沃，最后还有阿根廷央行行长马里奥·布莱赫尔教授，布莱赫尔教授在央行领域见多识广，经历过各种风浪。

在审视英格兰银行高层新布局时，普通职员既感兴趣，又带着几分不安。《英格兰银行员工手册》的更改更加加剧了这种兴趣和不安——这也预示着麻烦的开始。在员工手册的前言部分，行长对同事们讲道："现在的环境是挑战与机遇并存，我希望也能有很多乐趣。"他鼓励员工阅读英格兰银行新出台的宗旨声明，毫无疑问，这份声明出于麦肯锡公司。这份声明指出了英格兰银行的"价值"："致力于公共服务""信任与诚实""追求卓越"和"团队合作"。

虽然有了这些高尚的理念，但是英格兰银行接下来几年的日子并不好过，转型引发了很多问题。很多部门被悄然关闭或重组，很多职员被解雇。2004 年 12 月，英格兰银行的注册部被关闭，其职能"被相应地转到新的服务部门"。这个部门自英格兰银行 1694 年成立以来就一直存在，现在就这样关闭了。战略重组的另一个牺牲品是负责协调英格兰银行与欧洲中央银行体系（ESCB）、欧盟委员会和其他欧盟机构的欧洲协调部。表面上看来，之所以砍掉这个部门是因为它的主要职责是为英国加入欧元区做筹备，但是英国加入欧元区的可能性越来越小，所以这个部门就过时了。这个部门为英格兰银行和其他欧洲央行搭建了沟通桥梁，虽然 2011 年可能会体现出其价值，但也被扫地出门了。英格兰银行裁员的消息毫无征兆地在食堂公布了，职员们记得那天吃午饭时，看见很多同事拿着纸巾盒在哭泣，都不敢相信自己的眼睛。在英格兰银行，这种场景闻所未闻，谁都没有想到。一代又一代以来，英格兰银行已经发展了一种家长式的家族精神，"终身职业"的观念已经植根于职工脑中。在英格兰银行内部，可以申请在各部门之间调动，但不会裁员。英格兰银行的一位职员说，英格兰银行确实早就需要改组，但是职员还没有准备好一下子应对这么大规模的改组，更别说看见"家里人被迫落泪"。

英格兰银行的工作模式还发生了很多其他变化，甚至办公大楼都进行了改造。以前包围银行内部工作场所的拥挤小隔间能拆的都拆了，取而代之的是开放式办公室。银行办公大院有很多建筑施工，拆掉了很多墙，也拆掉了很多令人羡慕的封闭小王国。建筑改造完成，安装上现代照明设施后，很多古董家具就显得格格不入。2003 年秋季，英格兰银行请佳士得拍卖行职员审核这里笨重的双人红木办公桌、皮垫餐椅、写字台、书架和衣帽架。每件东西上面都贴着英格兰银行财产登记编号，因历史久远而带着几分古色。2004 年 7 月，约有 300 件家具在佳士得拍卖，拍卖所得仅为26.6 万英镑。英格兰银行使用拍卖所得的资金来维护更精良的古董，这些古董得以躲过一劫，保留原位。英格兰银行重要分支机构的员工也感受到了总部的变化。位于埃塞克斯郡戴博登的英格兰银行印钞公司有 250 名雇员，本来每年为英格兰银行印制 10 亿英镑的钞票，由于英格兰银行现在将这一业务承包给了德拉罗印钞公司，所以英格兰银行印钞公司只得关门大吉。德拉罗公司后来以 1000 万英镑的价格并购了英格兰银行旗下的所有印钞部门。就连在"随时如数支付"（to pay the bearer on demand）的承诺下创造出复杂设计的英格兰银行三人设计团队也最终离去。

那些拥有储备账户的银行每天的支付交易额就可能达到几十亿英镑，这些银行是英格兰银行的核心客户。为了这些核心客户的利益，英格兰银行还要完成更多的技术性改革。在 2003 年 7 月份走马上任的那天，金就对保罗·塔克讲到英格兰银行英镑货币市场运营部门亟需改革，让英镑市场"运作更简单，隔夜利率更加稳定"——这是金的原话。

实际上，金接手的英格兰银行在每天的公开市场操作（即 OMO）上会产生偏差。英格兰银行定期向伦敦金融城的十几家以英镑为结算货币的银行提供公开市场操作贷款，这些银行必须和英格兰银行保持隔夜账户余额为正，如果透支，就需要按比例递交罚金。英格兰银行可以用这些贷款"调整"自己的系统，但同时这也使得银行利率不同于货币政策委员规定的商业银行向央行贷款的利率——这会带来不利"波动"。

金和塔克创立了一个新的简单系统，叫作"平均储备机制"。在这种系统下，英格兰银行的银行客户同意在平均的基础上，保证其英格兰银行的储备账户上的余额为正。这个平均值会在货币政策委员会两次月度会议期间计算出来。此外，英格兰银行史上首次向这些银行的"自愿储备金"支付一定数量的利息。英格兰银行英镑货币框架部的这些改革以及其所附带的其他改革于整整三年后，也就是 2006 年才最终完成。

但是，在刚担任行长的前几年，金不能完全按照自己的意愿行事。2003 年 12 月 10 日，英格兰银行遵照戈登·布朗的指示将通货膨胀目标定为 2.0%，且采用消费者物价指数（CPI）计算，不再使用之前的零售价格指数（RPIX）2.5% 的目标。当月，不太时髦的"调和消费者物价指数（HICP）"刚刚重命名为消费者物价指数。消费者物价指数与零售价格指数的区别主要在于前者不包括市政税（council tax）和居民自住用宅支出（后者虽然包括这两项开支，但是不包括按揭贷款利息支出）。虽然指数和目标变了，但是如果通货膨胀偏离目标达到 1 个百分点后，英格兰银行行长依然需要向财政大臣提交公开信。实际上，早在 1997 年 5 月把设定利率的权力移交给英格兰银行的时候，布朗就想把零售价格指数变更为消费者物价指数，但担心这样做会"扰乱新系统"，导致不确定性，所以最终放弃了这个想法。将近五年后，当这一变化最终降临到英格兰银行的时候，行长丝毫没有掩饰自己对这一新标准和唐宁街 11 号瞎搅和的不满，以及对英格兰银行要面临的巨大宣传任务的厌烦。金认为，"解释的难点"可能在于零售价格指数通常都高于英格兰银行定下的 2.5% 的目标，未来两年估计也保持在这个水平——货币政策委员的预算周期通常为两年。然而，新采用的消费者物价指数却导致了一个问题：2003 年 9 月，消费者物价指数为 1.3%。所以如果货币政策委员会在通胀率显然很低的时间段投票上调利率的话，可能会非常不合时宜。英格兰银行摆出勇敢面对难题的样子，提醒市场和公众需要关注两年的期限，应该在这个期限内对货币政策委员会的决策进行整体评价。对于新采用的消费者价格指数，金后来表示"我们对这个指数并不是特别热情",这差不多相当于公开批评改变通货膨胀标准,这也让他和布朗的关系越来越疏远。布朗在财政大臣任上工作了十年,这个时候才刚上任五年。

£ £ £ £ £

虽然金初步修剪了英格兰银行的多余枝蔓,但是仍然有一个挥之不去的问题困扰着他,那就是英格兰银行与国际商业信贷银行债权人之间纠缠不断的官司。国际商业信贷银行于1991年破产,作为其监管者的英格兰银行一直备受牵连。这个案子的复杂程度、时间跨度比之于詹狄士诉詹狄士案①有过之而无不及,成为最令英格兰银行困扰的一件事。这个案子没有惊天动地的重要时刻,但是久拖未决,令人疲倦。事情的经过大致是这样的,阿迦·哈桑·阿贝迪于1972年创建了国际商业信贷银行,阿贝迪是印度人,但是曾在巴基斯坦银行界工作。英格兰银行一位官员曾毫不客气地称其为现代版的尤那依·希普②。国际商业信贷银行很快就发展成为全球最大的私人银行之一。1980年,该行从英格兰银行获得银行牌照,在英国陆续开设了几十家分行。在接下来的十年间,国际商业信贷银行吸引了很多富有的存款人,同时也引起很多地区监管者的怀疑。1991年,国际商业信贷银行在英国的分支机构引起了时任英格兰银行行长罗宾·利彭伯顿(Robin Leigh-Pemberton)的怀疑,利彭伯顿委任普华永道会计事务所对这家银行开展所谓的"沙尘暴报告"。审查发现了一些问题,有些被媒体报道,除此之外,普华永道还发现该银行与恐怖组织阿布·尼达尔组织有联系。

① 指《荒凉山庄》中的情节,小说中的这场遗产诉讼案长达20年。——译者注
② 阴险虚伪的典型,狄更斯小说《大卫·科波菲尔》中的人物。——译者注

1991 年 7 月，监管者成功地申请位于卢森堡的一家法院判决对国际商业信贷银行进行破产清算。国际商业信贷银行在五个国家的分行随之倒闭，一百多万储户不知所措。在此次事件中，国际商业信贷银行似乎比包括英格兰银行在内的监管机构更胜一筹。1992 年，时任财政大臣约翰·梅杰宣布对英格兰银行监管国际商业信贷银行进行本汉姆官方质询（Binghamton inquiry），质询报告于年内晚些时候发布。保罗·塔克担任英格兰银行本汉姆质询组组长，主持质询工作。出人意料的是，这场调查引发国际商业信贷银行的清算方德勤会计师事务所对英格兰银行发起"过失"诉讼，指控英格兰银行存在故意过失行为。代表国际商业信贷银行英国分行 6500 名债权人的诉讼点名指控英格兰银行 21 名官员在监督工作中渎职。债权人要求英格兰银行赔偿损失 8.5 亿英镑。虽然 1997 年法院判决指控不成立，1998 年法院否决了德勤的上诉，但是国际商业信贷银行的风波并没有就此结束。2001 年，英国上议院规定，有关"公共部门过失"的诉讼，必须进行庭审。

英格兰银行并不习惯于被起诉，其实，这是英格兰银行成立 300 年来首次成为被告。更为严重的是，国际商业信贷银行债权人的行为挑战了英格兰银行的法定豁免权。虽然英格兰银行坚决否认自身存在过失，但是这场诉讼却给英格兰银行带来了巨大打击，也严重分散了新行长的工作精力。英格兰银行刚刚甩掉银行监督部门，现在却要揭开旧伤疤，这让金感到特别郁闷。

2004 年 1 月，该案在高级法院开庭，由汤姆林森法官主审，英格兰银行被完全推到公众面前。这场诉讼被称为"超级大案"，双方至少各有三位御用大律师，御用大律师戈登·布洛克担任德勤方面的首席律师，御用大律师尼古拉斯·斯塔登担任英格兰银行方面的首席律师。此外，双方还各自聘请了几十个初级出庭律师和事务律师协助御用大律师。73 号法庭摆满了电脑，满眼都是屏幕。双方律师团中间堆积着 200 多个文档夹，里面放着成千上万份英格兰银行和国际商业信贷银行的文件，由于文件堆得太高，很快就被人们称为"柏林墙"。这场庭审不愧是一场超级审判。布洛克先生的开庭陈述一共持续了 79 天，创下了英国法律史上最长纪录。在陈述一开始，他介绍了对英格兰银行这家"曾受人尊敬的机构"的诉讼案件。他的主要论点是，英格兰银行的银行监管部门明知国际商业信贷银行道德败坏，却不愿对这家"肆无忌惮的庞大机构"进行调查，也不愿将其取缔。布洛克展示了表明英格兰银行的银行业监督部门主管为了避免自己陷入"大麻烦"而极力逃避责任的文件。另一名底层官员警告称，国际商业信贷银行"本应被扼杀在成立之初"。这位官员后来因为不满愤然离开了英格兰银行。

当轮到斯塔登先生发言的时候已经进入 7 月份。他向法庭表示，清算人案件"存在根本上的不可能性，犹如一条断层线"，他认为布洛克对过失行为的指控是"夸大其词"。斯塔登指出，论证英格兰银行过失行为的过程"刻意回避了严重的损失风险"，所以德勤的指控无法自圆其说。至于对英格兰银行 22 名官员的过失指控，他表示："认为这 22 个毫不相干的人员发现了国际商业信贷公司的邪恶不法行为，不符合实际逻辑。"

夏季休庭结束后，9 月底重新开庭，斯塔登继续开庭陈述，总时长达 119 天——打破了布洛克之前的纪录。到了 2005 年，虽然疲于应付，但依然坚定的英格兰银行找来国际商业信贷银行倒闭时担任英格兰银行银行监管部主管的布莱恩·奎恩作为他们的首位证人。此时已经成为凯尔特人足球俱乐部主席的奎恩被要求就指控作出回答，原告指控他在国际商业信贷银行倒闭之前"故意误导和欺骗"行长，并"隐瞒信息"。奎恩向法庭表示："错已铸成，但是我没有说谎，也没有欺骗行长。这样说是在曲解英格兰银行的文化。"9 月，英格兰银行找来了它的第二位证人彼得·库克（Peter Cooke）。国际商业信贷银行在库克在任期间正式获得了最初的银行护照。就在对库克进行询问时，德勤曾三次尝试结案，都遭到了英格兰银行的拒绝。英格兰银行的态度十分坚定：我们已经多次声明，我们不会和你们进行任何交易和谈判。

11月2日，就在库克准备去法庭接受询问时，德勤律师团队宣布他们的客户要中断诉讼。英国法律史上最漫长、最昂贵的法律诉讼就这样戛然而止。对于那天坐在法庭后排的默文·金而言，这是个胜利的时刻。他的法律团队也获得胜利。面对这样的结果，斯塔登在声明中说："现在应该把聚光灯转向法庭的另一方，应该审视这个众所周知毫无希望的案子为什么还能拖延这么长时间。"当然，毫无希望是有代价的，英格兰银行的法律费用，包括内部律师费用、三名御用大律师和三名初级出庭律师的费用在内一共是7360万英镑，外加17万英镑的利息。诉讼费由败诉一方支付。

2006年4月，汤姆林森法官宣读了86页的判决书，基本上算是给国际商业信贷银行一案画上了句号。法院宣判英格兰银行及其职员无罪。汤姆林森法官的总结如下：

我对这个案子非常关切，所以就此咨询并提醒了首席大法官。我对时任首席大法官沃尔夫法官说这个案子是一场闹剧……我眼前的这场诉讼完全满足上议院审判条件。我提醒大法官说，这个案子有可能会破坏我们法律体系的名声。

汤姆林森在结案后的评论表明他对这个案子非常失望：

虽然清算方也提供了诸多披露材料，但是英格兰银行马上就表示，无论是从材料本身与本案的相关程度上看，还是从材料披露的方式上看，这些材料都毫无意义……实际上，我们的一位助理曾查看过一盒披露材料，最后发现盒子里面只有一根坏掉的椅子腿（摘自被告辩护律师 2005 年 11 月 17 日的一封信件）。布洛克先生有时对我粗鲁不逊，我对此完全无视。布洛克的话不是每一句都严肃，有时候，他出言不逊只是想要调节一下气氛，但是说话方式不对。

他还说：

布洛克对对手一直毫无礼貌，这完全是另外一回事。这不符合法庭传统，而且不合时宜，令人分心。我曾请布洛克的同事克制布洛克的行为，或许我应该再多做一些努力，但是我怀疑自己未必能够比布洛克的同事做得更好。至于本案符不符合赔偿要求，我根本不需要考虑。

案子终于结了，金心里的一块石头落地了。汤姆林森宣判当天，英格兰银行发表了媒体声明，里面附加上了金对这个案子的最终评论："法官的判决不言自明，我不需要再对此事做出任何评论了。"从言语间可以看出，金对这个案子的不满溢于言表。

£ £ £ £ £

在英格兰银行外面，商业一片繁荣，金说这是得益于"十年来稳定的经济增长和通胀水平"。伦敦金融城则因为管理"宽松"，吸引了大量海外银行和其他金融机构（这其中包括美国投资银行雷曼兄弟，这家投行在金丝雀码头开设了分行，戈登·布朗亲自为其揭幕）。实际上，在货币政策委员会成立的前十年里，英国经济年均增长 2.8%，每个季度都实现正增长。至少从表面看来，货币政策委员会像一台运转良好的机器：实际通货膨胀率与通胀目标之间的偏差低于 0.08 个百分点。

这个权力巨大的委员会继续成为英格兰银行的活动中心，吸引了一大批知名经济学家，但是有些经济学家则对英格兰银行的手段和领导不以为然。来自新罕布什尔州达特茅斯学院的大卫·布朗奇弗拉沃（David Blanchflower）就是这样一位经济学家。布朗奇弗拉沃教授是一位知名的"幸福经济学"专家。2006 年 6 月被任命到货币政策委员会后，他就对英格兰银行每季度的经济预测方式感到很不满：

> 行长默文·金对预测团队拥有任命和解雇大权，预测团队都要按照金的旨意行事。他们做出的预测结果要与金的观点一致，否则就会面临解雇风险……金经常强调自上而下的判断，这就是说你可以随心所欲编造预测。令人担忧的是，经济预测需要以现实世界为依据。这种看似光彩的预测方式在经济繁荣时期运转良好，但是当经济衰退来袭的时候，就会完全失灵。

行长仍然说一不二。随着金的改革在针线街展开，他身边的聪明人都明白了。他的一位同事曾这样说，如果想让金同意一件事情，"就要假装这件事情是为货币政策服务的"。他们在提出想法时，经常会说这个想法有利于货币政策委员会的工作，或者会影响货币政策委员会的工作。任何事情，只要和金融稳定沾上半点关系，就会被他不耐烦地推至一边。就连金身边最亲密的盟友有时候也难以克制他们的不满。

2005 年 10 月，英格兰银行高层进行了重新洗牌。主管金融稳定的副行长安德鲁·拉奇辞职离去，他表示想要重回私营行业。金写信给戈登·布朗，推荐接替拉奇的人选。他有意提醒这位财政大臣说，和 1997 年时相比，"现在的英格兰银行规模更小，业务更专"，新副行长需要有三重职务：英格兰银行副行长、货币政策委员会委员和高级经理人。金提出的候选人名单分为三类：私营行业人选、公共领域人选和"富有想象力的候选人"。我们没有看到候选人名单，但是很显然，布朗选择了第二类人选。最终，该职务空缺由公务员出身的约翰·吉弗担任，他长期在内政部工作，曾先后在三任内政大臣（杰克·斯特劳、大卫·布伦基特和查尔斯·克拉克）手下担任五年的常务副大臣。吉弗离开内政部并非对所有人来说都皆大欢喜。2006 年 1 月，国家审计署竟然拒签内政部的账户。虽然吉弗给英格兰银行带来了新的想法，但是也并不是没有任何挑战。尽管英格兰银行在 2003~2007 年相对"平安无事"，但是至少要按部就班地为"准备战争"做准备，战争可能是来自恐怖袭击，也可能来自金融危机。2001 年 9 月 11 日，纽约的世贸中心遇袭后，英格兰银行对自己的安全措施进行了彻底改革。当时，英格兰银行向美联储紧急兑换 300 亿美元，帮助英国银行进行美元交易结算。在众多改革项目中，英格兰银行创建了一个安全的网络聊天室，在其他交流渠道关闭时，可以使用这个渠道与财政部、金融服务管理局和其他主要金融机构进行交流。2005 年 7 月 7 日，伦敦发生炸弹袭击后，这个聊天室曾一度活跃。

三个月后，也就是 2005 年 10 月，英格兰银行与财政部和金融服务管理局的同事们进行了一系列"演练"或危机场景测试，演练的级别最高达到副行（部）长级。演习发现针对破产银行的立法方面存在漏洞——换言之，不清楚在极端情况下应当由谁负责救助即将倒闭的银行。同年，金告诉《金融时报》，2004 年 11 月时英格兰银行发现"某个机构可能存在问题，这个问题不是很大，但是可能在完全没有预料的情况下引发某一超大型机构的偿债能力问题"。虽然这个机构的名称从来没有公布，似乎也没给英格兰银行带来不必要的麻烦，但是到了 2006 年下半年，英格兰银行之前发现的司法漏洞就演变成为"核心问题"，被财政部归为"紧迫"问题，接下来又进行了一场危机场景"演习"。金后来说："在演练结束后，我、卡拉姆·麦卡锡、艾德·鲍尔斯和财政部官员一致认为未来工作项目要着重解决这些问题，实际上这个项目现在已经就绪。"

"项目"的一部分就是金融危机管理部的责任，这个部门隶属于英格兰银行的金融稳定部门。时任部门主管伊恩·邦德在针线街工作了30年，是英格兰银行里的老面孔。2006年10月26日，邦德在伦敦金融城的宾纳斯厅（Pinners Hall）主持了英国银行家协会研讨会，讨论了英格兰银行应对"银行业危机"的准备程度。

邦德对听众们说："面对危机，我们英国采取果断有力的三大机构共同管理方式：央行、管理机构和政府（由财政部代表）各司其职。"但是他们的责任各不相同，三方需要明确各自的职责，这样才不会在"事到临头时"分不清职责。邦德继续讲解了三方的各种职责，并且勾勒出如果发生银行业危机时的具体应对措施。如果有银行面临倒闭风险，他们会得到选择性的支持。三大机构都向财政部提交评估报告，报告最终传到财政大臣手中。这个过程需要三方共同合作，信息可以"自由"共享。这样一个系统将使决策更加科学，"在事后评估中，也可以更清楚地分析危机过程中的决策原因和合理性"。联系实际情况，邦德提到了英格兰银行的两项倡议。第一个倡议就是"事实记录工程"——即英格兰银行想要与财政部和金融服务管理局共享金融机构数据册：

事先收集核心信息，并且在"危机降临"时公开其他信息的想法显然很有吸引力。这就是事实记录的意义所在：它是保证三大机构之间快速进行信息调动和共享的工具。

第二个是英格兰银行新的货币市场模式，具体来说就是现有机构可以从英格兰银行无限制贷款，英格兰银行在提供紧急流动资金时更加简便。邦德的结论是："这样能减少短期流动性问题演变成大规模危机的风险。"

　　在研讨会结束时，边喝咖啡边吃点心的与会者肯定会觉得英格兰银行的金融危机管理部有着不可忽视的力量。按照邦德的描述，金融危机管理部就像是随时待命的消防员。但是事实却远非如此，危机比邦德和他针线街的同事们想象的时间来得更早。英格兰银行为应对危机所做的一切准备最终都毫无意义。

次贷危机：救助银行的道德风险

财政委员会主席（约翰·麦克福尔议员）："有没有什么事情让诸位夜不能寐，心情焦虑？"

赫克托·桑特："我觉得我们时刻都不能放松警惕，但是我刚才说了，我觉得就目前讨论的内容而言，没什么事情会让我晚上睡不着觉。"

财政委员会主席："你呢，乔恩？"

乔恩·康里夫："没有。"

财政委员会主席："你呢，约翰爵士？"

约翰·吉弗爵士："我最担心的是在国际经济危机中协调各方工作，但是现在看起来近期不会发生金融危机，所以我现在睡眠还不错。"

——财政委员会选编，2007 年 2 月 1 日

约翰·麦克福尔议员："约翰（·吉弗）爵士，你现在在金融服务管理局（委员会）。如果你是在一家商店的后房睡觉，假设商店里正在发生抢劫事件，你还能睡得着吗？"

——财政委员会选编，2007 年 9 月 20 日

　　2007 年夏初，默文·金要去参加一个重要的约会，这场约会跟英格兰银行事务无关。5 月 26 日和 27 日这个周末，金飞到赫尔辛基，与自己交往多年的女友芭芭拉·米兰达结婚。米兰达是芬兰国内说瑞典语的少数民族，比金小一岁，是一名室内设计师。他们在 20 世纪 70 年代首次相遇，后来米兰达嫁给了一名芬兰商人，这段婚姻一直维持到 1996 年。离婚后的米兰达和金再续友情，但是直到 2005 年 12 月在斯德哥尔摩参加诺贝尔奖委员会皇室宴会时他们才开始在公开场合露面。金与北欧国家——特别是芬兰——保持了良好而持久的关系。早在 1975 年，金就开忙着给《芬兰经济协会会刊》（Journal of the Economic Society of Finland）撰稿，并且经常出入该地区，对该地区管理银行系统的审慎态度大加赞赏。

　　婚礼当天，他们在位于赫尔辛基市中心的一座小教堂举办了简单的仪式，新娘穿一袭绿裙，新郎则身穿黑色西装。接着是香槟婚宴，新人双方一共请了 80 名亲友。简短的蜜月过后，他们回到伦敦。金太太用自己的专业眼光打量了一下丈夫在伦敦西部诺丁山的单身公寓和他们在肯特郡坎特伯雷附近改造后的啤酒花烘干房。这个房子是为了桑拿房而改造的，这是每个自信的芬兰人——或许也是每个自信的现代英格兰银行行长——的标配。

　　和行长不一样，英格兰银行依旧完全独立。2007 年 5 月是英格兰银行独立十周年纪念日，不过英格兰银行这天没有折腾厨房的职工和守夜的保安。虽然没有宴会和烟花表演，不过讲话必不可少。纪念日是个周日，在这天到来前几天，苏格兰皇家银行在伦敦总部举行了晚宴招待会，宴请商业经济学家协会（Society of Business Economists）。商业经济学家协会是一个很有影响力的社会团体，由学术界和伦敦金融城的经济学家组成。当天有 200 名协会会员出席招待会，听取金回顾十年来的经济繁荣和货币政策委员会十年来的发展。如今，货币政策委员会的发展如何？这位行长给出了一个简单的总结：

自成立以来，货币政策委员会共召开了 120 次会议。在这些会议上，货币政策委员将商业银行向央行的贷款利率（Bank Rate）调高了 17 次，调低了 17 次，剩下的 86 次保持不变。商业银行向央行的贷款利率维持在 3.5% ~ 7.5% 之间。只有 1/4（实际数字为 28%）的货币政策委员会月度例会对利率进行了调整。企业、家庭、工会和金融市场参与者可以看到，我们是根据新闻中的通货膨胀展望对利率进行调整的。这种调整有助于稳定通胀预期。用经济学家的术语来说，人们知道我们有"反应职能"——我们要对经济数据做出反应，保持通货膨胀水平达到预期目标。

金很清楚货币政策委员会在过去十年间的最主要成就是什么：

货币政策委员会的重要成就就是稳定通胀预期。但是，俗话说得好，过去的成绩并不能代表未来。我们充分认识到，如果要想继续把通胀预期稳定在 2% 的目标，我们还需要继续努力。

金把过去的十年称为"还不错的十年"，"还不错"这个词首先出现在 2004 年，表示"虽然不完美，但是比较满意"。三年后，这种情况似乎难以持续下去了。随着春去夏来，美国出现了问题的苗头，对冲基金大量购买了"次级"按揭债券，这些债券评级很低，现在回头看来，这些债券违约的可能性很大。一些放债过多的对冲基金开始出现问题。比如，6月初，纽约的高等级信用策略增级平衡基金（High-Grade Structured Credit Strategies Enhanced Leverage Fund）——这个名字包含了当时所有的金融新词——陷入困难，出现严重亏损。该基金主要由贝尔斯登公司认购承销，随着市场不安情绪的蔓延，其他投资这支对冲基金的投行纷纷威胁要抛售贝尔斯登的抵押品，利用这种极端方式收回自己在对冲基金上的损失。这种可能性几乎引发市场恐慌，最后各银行之间达成协议才得以避免更糟的事情发生。

在伦敦，人们当然不会没有注意到这些事件，不过人们只是把它当作是投行界小圈子里的问题。对冲基金基本上没有监管，不受法律约束。银行在向对冲基金提供信贷时明白——或者自认为明白——这么做的风险。在这个问题上，贝尔斯登只能算得上是这场大戏里的一个业余角色。虽然贝尔斯登历史悠久，在华尔街很知名，但是很少给英国的金融机构找麻烦，更别说英国央行了。

所以，当默文·金6月20日在伦敦金融城市长官邸（Mansion House）晚宴上作年度讲话时，并没有专门提到纽约发生的问题。金的开场致辞向戈登·布朗致敬，这是已经当选首相的布朗最后一次作为财政大臣出席这个晚宴。金祝贺他创下了在财政大臣一职上的"最长任期记录"，并赞赏他10年前大胆给予英格兰银行独立。接着，这位行长又谈到金融稳定，特别提到信贷繁荣和随之而来的债务证券化：

近来，不止一位伦敦金融城的银行家和商人跟我说，"我不记得还有哪个时期的信贷比现在更宽松"。我们有什么需要担心的呢？

金指出，债务证券化正在"改变"传统的银行业模式。在传统模式中，银行自身制造并承担信贷风险；在新的模式中，风险分散到众多投资者身上。这不是一件坏事：

这样一来，风险不再集中于少数受管理的机构，而是扩散到整个金融系统。这是个积极的发展，因为它降低了与传统银行业相关的市场失灵现象的发生——不可流动资产和流动债务之间的错误挂钩——这致使亨利·桑顿和沃尔特·白芝浩推动英格兰银行成为金融危机中的"最后借款者"。

虽然债务证券化可以在市场上分散风险，但是为分散债务而凭空构想出来的各种衍生品的名声越来越差。金意识到这种复杂的事务中酝酿着危险：

现在，市场发行了很多新花样的金融工具，收益分配比最初的基本债务收益要复杂得多。债务抵押债券把证券投资组合或信用违约交换的风险和收益分成不同的部分。但是双重担保债务凭证工具（CDO-squared instrument）投资了债务抵押债券的不同部分。这种投资的收益分配受各部分与原始收益之间关联性变化的影响非常大，而我们对这种关联性并不是非常了解。全部收益被抹掉的风险远远高于简单的金融工具。高收益的代价是高风险。

他还对无节制地放贷提出警告。（行长本人当时就收到一份贷款邀请："默文，我们能够解决你的破产问题。"）然后他还打了个比方，这个比方现在非常有名。这个比方是这样的：

随着各种超出传统法规规定的复杂金融工具和贷款形式的发展，我们需要谨记一句话：放贷需谨慎，特别是当你对借款人的活动不甚了解的时候。就拿香槟酒来打比方，越来越多的结构性信用证上都标着AAA，但是等投资者真正打开瓶塞品尝时，里面的酒却可能淡而无味。

最后，他谈到了如何理解——更确切地说是放弃——高杠杆投资组合，特别是当很多玩家同时都想降低杠杆的时候。金说，在这种情况下，流动性是"无法预测的"："以往金融危机的主要原因都是过高的金融杠杆。我们真的比以前的金融家聪明吗？"

媒体并不是没有注意或者报道金的讲话，但现在回头来看，媒体所给予的注意力远远不够。在接下来的三年里，金的讲话都被视为对过度依赖信贷和信贷结构的警告，而且没有被认为是严肃的警告。在金融危机和漫长的后金融危机时代的事后总结中，人们说这是英格兰银行在金融危机危险酝酿过程中"发出的警告不够大声"的典型事例，金为此困扰不已。

£ £ £ £ £

如果参加市长官邸晚宴的客人想要找到一个金所批评的案例的话，那他并不需要等很长时间。北岩银行（Northern Rock）是一家由房产协会发展而成的银行，总部位于泰恩河畔纽卡斯尔戈斯福斯一个商业园区内。这家离市长官邸富丽堂皇的埃及大厅很遥远的银行很好地展现了金所警示的不良后果。就在金讲话后的一个星期后，北岩银行通过伦敦证券交易所发布了一份声明，称该行的利润将会低于伦敦金融城的预期。虽然下跌的程度不高——预期增长 17%，实际为 15%——但是随后的评论却足以造成市场惊慌。北岩银行首席执行官亚当·阿普尔加恩将问题归咎于大宗货币市场（wholesale money market）和基准利率之间的错位，北岩银行一般从大宗货币市场借钱，而银行客户借款利率根据基准利率确定。"在过去五个月的时间里，两种利率之间的差距越来越大，一度达到了 69 个基点（0.69%），"他说，"这就意味着，随着利率的上涨，我们的利润率越来越低。反过来，利率越低我们的利润率越高。"这种婉转的问题预警引起了金融分析家的关注，这些分析家马上看低北岩银行的股价，导致北岩的股价立即下跌10%，市值一下子蒸发掉3.9亿英镑。

问题转向了大宗货币市场利率和基准利率之间的不平衡，这个简单的转变现在开始威胁北岩银行的利润水平。由于北岩之前的业绩表现太好而更加引起人们警觉。1月份，在2006年12月结束的年度财报中，北岩银行的税前利润为6.27亿英镑。4月，北岩银行还宽慰投资者说自己的贷款业绩远好于去年，"业务发展势头强劲"。但是伦敦金融城的人现在都意识到，如果利率接着上涨，北岩银行的利润肯定会"下降"。阿普尔加恩再次向市场保证，"北岩银行中期预期非常看好"。但是其他人并不这么看，所以北岩的股价在接下来的几个星期继续稳步下跌。

就算英格兰银行注意到了流动性和市场信心的流失，它也没有太在意。虽然北岩银行严重依赖证券化，但是它却没有出现在任何银行的观察名单上，其股价跳水也没有促使英格兰银行的对应部门出来设定"止损"（stop-loss）。英格兰银行在东北部地区的代理负责撰写700多家企业的月度调查报告，供货币政策委员会制定决策时参考。报告里没有提到任何关于北岩银行董事会忧心忡忡的情况。英格兰银行的机器照常运转。7月5日和6日是货币政策委员会会议，投票决定（6票赞成、3票反对）将商业银行向央行贷款的利率上调2.5个百分点至5.75%。

随着市场的不确定性越来越大，这场风波开始引起英格兰银行市场部的注意。从7月开始，保罗·塔克和他的团队花费了越来越多的时间分析"收紧渠道"，这个精辟的说法主要指代出现在大宗货币市场的瓶颈。保罗特别担心这种影响会"外溢"到资产抵押商业票据市场(asset-backed commercial paper market)，俗话称作ABCP。与此同时，默文·金这个月的日程排满了各种应酬：他在西米德兰兹待了两天，在伍斯特附近的埃尔加故居博物馆做了一个关于钞票的演讲，还访问了几家当地企业，其中包括生产板球棒的邓肯·费恩利公司（Duncan Fearnley）。他还去西南部接受了《西部早报》（Western Morning News）的采访，访问生产高速服务站快餐的金思特斯公司（Ginsters）。在伦敦，这位行长在英格兰银行为法国驻英大使杰勒德·艾勒拉举办招待会，还去格林德伯恩歌剧院欣赏罗西尼的作品《灰姑娘》（La Cenerentola）。

金不在的时候，演讲工作由他的副手约翰·吉弗爵士代劳。7月24日，吉弗来到巴比肯艺术中心就"不确定性、政策和金融市场"向伦敦金融城高管做演讲。在演讲中，他谈到了一些影响信贷市场的不确定性。他提到了贝尔斯登支持下的对冲基金崩溃的情况，但是他表示"从根本上看，经济和企业的基本面仍然向好"，而且"金融市场上的流动性依旧保持整体高位水平"。不过，他的讲话还是流露出一丝忧虑，他尤其担心美国次级贷款投资及其可能造成的连锁反应。吉弗说，这是"一个不确定性很大的领域"。

8月1日和2日，货币政策委员会再次开会时，他们一致投票决定把商业银行向央行的贷款利率继续维持在 5.75% 的水平。休假季节将至，英格兰银行的讨论没有引起太多关注。伦敦金融城的人差不多都出去度假了，留下的人只是漫不经心地看着彭博终端。但是等 8 月 6 日那个星期开始的时候，有些交易员发现他们持有证券的流动性严重恶化。有一家投资公司——法国巴黎银行投资伙伴（BNP Paribas Investment Partners）——的基金组合经理非常担心，不得不寻求首席执行官吉尔斯·格里森斯坦的指示。三支基金 Parvest Dynamic ABS、BNP Paribas ABS EURIBOR 和 BNP Paribas ABS EONIA 合计总值 16 亿欧元，持有包括次级按揭贷款在内的大量资产抵押债券，迅速失去流动性。8 月 7 日星期二，格里森斯坦采取前所未有的极端措施冻结了三支基金的净资产价值计算（net asset value calculation），导致这三支基金"没有标价"，实际上也就冻结了投资者的赎回权。在后来的一次采访中，格里森斯坦说：

　　我们发现，我们显然是遇到问题了……而且我们无法给自己的产品适当定价。我们可以选择抛售产品，也可以选择暂缓一段时间，等待市场流动性，保护我们的客户，最后我们选择了第二种方式。

　　虽然法国巴黎银行对格里森斯坦的决定非常不满，但是公司还是发布了一份措辞直截了当的声明："由于美国债券化市场的某些市场部门完全丧失市场流动性，所以我们无法适当确定某些资产的价值，不管其质量和信用评级如何。"

　　到了第二天，当法国巴黎银行投资伙伴的决定传到市场时，英格兰银行刚刚发布《季度通胀报告》，默文·金和保罗·塔克接受了财经记者采访。每次发布报告，英格兰银行通常都会举办新闻发布会。新闻发布会没有提到法国巴黎银行投资伙伴，行长只是稍微提了一下"金融市场轻微震荡"和"差价发展情况"，他认为这些都反映出"市场对风险做出更加实际的定价，是值得欢迎的"，但是他也承认需要保持警惕。塔克向记者做了如下保证：

　　我和行长几年前给对方出的题就是，我们可能无法预测将来会出现什么问题，但是我们的目标是在问题降临时对它有充分认识。

　　事实证明，塔克一语成谶。没过多久，法国巴黎银行投资伙伴的决定就传遍整个系统，次日，也就是 8 月 9 日周二那天，英国银行间借款市场和资产抵押债券销售市场应声关闭。银行间借款市场是英国各家银行和房产协会使用的大宗货币市场，而资产抵押债券就包括法国巴黎银行投资伙伴旗下的基金。两大市场基本关门停业。一个月后，金这样说："很多银行和金融机构创造出来的市场和证券瞬间蒸发了。"全球债券和股票市场都受到这种破坏性影响的冲击，全球证券市场指数骤跌数百点，所有人的目光都转向了央行。

位于法兰克福的欧洲央行（ECB）很快就对危机做出了反应。欧洲央行行长让–克劳德·特里谢终止了在法国布列塔尼海岸圣马洛的度假，授权欧洲央行向在该行持有储备账户的 45 家金融机构注资 950 亿欧元，给他们暂时喘息的机会和亟需的流动性。注资越来越多——次日注资 610 亿欧元，接下来的周一注资 480 亿欧元，周二最后又注资 250 亿欧元。

就在那个周二，美国股市开盘严重走低，各大银行申请紧急注资的要求促使美联储开放市场交易部门宣布将会向美国银行系统注资 240 亿美元。次日，美联储将注资规模增加到 350 亿美元，这是 2001 年 9 月 11 日后美联储的最大注资规模。这些向市场注入流动性的活动——美联储注资 350 亿美元使银行储备账户规模翻了两番——都采用了"回购协议"（repurchase agreements）的形式，也就是以短期贷款的形式向银行提供资金，以资产作为担保，根据协议在 1 天或 1 周内偿还。虽然欧洲央行和美联储在那个周二都采取了紧急行动，但伦敦却是另外一番景象。那一天，金作为时任萨里郡板球俱乐部首席执行官保罗·谢尔登的客人，充满激情地在肯宁顿椭圆球场第三赛场观看了英国板球队和印度队的比赛。金很重视板球，据他的一位高管级同事称，行长明确指示，除非发生紧急情况，否则不能联系他。随着时间一点点流逝，"紧急情况"这个词的含义引发了英格兰银行内部的争论。在通常情况下，金的两位副手，约翰·吉弗爵士和蕾切尔·洛马克斯会主持工作。但是，吉弗那天正在苏格兰筹备亲人的葬礼。洛马克斯虽在针线街坚守岗位，但是在与其他央行举行的一连串电话会议中，她表示英格兰银行并无意效仿欧洲央行和美联储，向位于英国的金融机构提供流动性援助。保罗·塔克和他的同事在市场部看到彭博终端里一片飘红之后，就没那么乐观了。塔克还记得，那天他召集市场部所有成员到斯特灵会议室（Sterling Room）讨论市场的紧张情况。据当时在场的一位高级别成员说，讨论更像是诊断分析问题，而不是讨论应对策略。有人问英格兰银行要采取什么行动，得到的回答却是英格兰银行的每周市场运作照常运行，没有必要马上采取特殊干预手段。不知道是塔克还是金的私人秘书给正在椭圆球场观赏板球赛的行长打了一个电话，行长终于对事态发展有了一定了解。据英格兰银行其他职员回忆，行长在接到电话后没有惊讶，而是感到恼怒。他担心欧洲央行大规模干预会让市场更加混乱，情况更加恶化。总而言之，他坚持认为，这是欧元和美元问题，跟英镑无关。

英格兰银行没有采取任何措施。几个月后，当英国广播公司的罗伯特·佩斯顿（Robert Peston）提问，8月9日对于英格兰银行来说是不是个"大日子"时，行长有点招架不住。

佩斯顿：8月9日对英格兰银行而言是不是个大日子？你们当时是不是意识到银行市场上发生了什么情况？

金：嗯，我们当然无法确定接下来几个月的事件的影响会如此广泛，无法确定，但是那天无疑是个重要的日子，这毫无疑问。首先是某家法国主要投资银行基金出现亏损，然后欧洲央行注入大量流动性。很多人都惊讶地问：他们比我们多知道些什么？所以当天市场上出现了剧烈的震动，世界各地的央行几乎马上开始相互联系，我们通常不是每天都联系——没错，我们会定期联系，但是不是每天都联系。但是从那天开始，我们基本上就开始每天联系。

　　白厅对英格兰银行缺席这场由其他国家央行上演的大戏没有提出丝毫质疑。刚担任财政大臣两个月的阿里斯泰尔·达林正在马略卡岛度假，他从报亭拿了一份《金融时报》，报纸的新闻标题上赫然写着市场崩溃和欧洲央行史无前例的干预。堂堂财政大臣竟然通过这种渠道获悉如此大事，不得不令人惊讶。惊愕不已的达林马上意识到伦敦的银行"不可能"不受到流动性紧缩的影响：

　　太令人气愤了。为什么没有人提前给我打电话？负责处理某一问题的公务员太靠近问题本身，以至于反倒没有预见将要发生的危机，这就是一个典型案例。

　　一回到伦敦，财政大臣就立即要求英格兰银行和金融服务管理局配合财政部找出银行系统面临的迫切问题。在接下来的几天里，英国的银行络绎不绝地敲响政府机构的大门，请求政府援助。金融服务管理局同情地听取了他们的请求，承诺会把他们的问题反映给英格兰银行。但是英格兰银行的金却面无表情。他们要求在没有"惩罚利率"的条件下增加流动性，而且希望英格兰银行扩大放贷时的抵押品范围。金对此表示反对。英格兰银行坚持现有政策不变，要求额外借款的银行继续支付惩罚性利率——高于商业银行向英格兰银行正常借款利率1个百分点——并且严格限制贷款抵押品的范围。

　　对于此项决定，金后来向财政委员会做出书面解释，称这样做有三方面原因：首先，"银行系统整体上足以承受资产负债表上加入其他投资管道和工具后所带来的冲击"；其次，"私营领域会逐渐恢复大多数资产抵押证券的定价，这些市场的流动性会相应增加"；第三，如果英格兰银行采取行动，将面临"道德风险"：

实际上，关于"道德风险"的说法是这样的，如果央行不顾及到期日期以及抵押品价格疲软而采取行动，向金融机构提供额外的流动性，特别是如果附加很少或者不附加惩罚的话，市场会就此认为，如果金融机构因冒太多风险而陷入麻烦后，央行一定会救助这些机构。这样的信号只会导致金融机构冒更大的风险，如果再发生金融危机的话，规模会更大。

不是所有的英格兰银行员工都同意金的观点，其实，威斯敏斯特人也不是全都认同金的观点。很显然，许多人都觉得货币市场是个"烂摊子"，2007年春季伊始就越来越糟。"我们发现货币市场存在问题，特别是大宗货币市场出现困境。"一位曾在英格兰银行工作过的人员说，"对于过来找我们的银行首席执行官和总裁们，英格兰银行的态度就是'这涉及道德风险——你们自己想办法解决吧'。默文·金坚持自己的立场，寸步不让。"很多人都说，8月9日标志着金融危机的开始，至少公众是这么认为的，同时英格兰银行在这一天犯下了致命的错误，因为它没有采取救助措施，致使市场信心崩溃。

8月底，虽然英格兰银行接到了包括雷曼兄弟和汇丰银行在内的各家银行请求紧急救助的电话，但是金的态度依旧没有改变。这些银行需要建议，而且很急切需要建议——雷曼兄弟直接派出一辆豪华轿车把英格兰银行的某位高级人员带到金丝雀码头。银行家们想知道，英格兰银行会不会向正在重组的资产担保商业票据（asset-backed commercial paper）市场提供救助。保罗·塔克最初担心的正是资产担保票据市场，现在这个市场几乎已经完全失灵。具体而言，他们希望英格兰银行向英国的银行提供"蒙特利尔协议"（Montreal Accord）一样的支持。这个请求是指刚刚在加拿大达成的协议：加拿大资产担保商业票据市场参与者（市值约320亿美元）达成"终止"协议，给金融机构提供时间把短期证券转为长期，这些短期证券已经（完全）没有流动性。该协议为史上最大规模的结构性信用重组提供了条件，阻止了一场大规模的市场崩溃。这种崩溃一旦发生，很快就会蔓延到欧洲，因为提供资产流转中介的很多银行——包括德意志银行、汇丰银行和瑞士银行——的总部都在欧洲。所以，伦敦的银行都忧心忡忡，请求英格兰银行帮助。问题是：英格兰银行会不会支持伦敦也达成类似"蒙特利尔协议"的协议？答案是"完全不可能"。

这个问题在英格兰银行内部引起了争论。金融市场法律委员会撰写的一份文件似乎有点违抗上面的意思。这份文件指出，加拿大"蒙特利尔协议"的主要制定人为了达成协议，"采取了某些强制措施"，文章还指出："这就不禁让人猜想：像英格兰银行这样的央行有没有理由不采取类似的'强制行动'？"虽然还有些法律问题需要考虑，但是文章最后的结论是："只要足够小心，计划得当，这些障碍都是可以克服的……至少在英国，为了控制危机，这些限制都可以设法逾越。"说来也巧，金曾参与了英格兰银行与加拿大央行制定金融危机应对框架的联合项目，所以很多对此事有印象的银行家本来希望金能够心软一点。这个项目于 2001 年结束，《金融危机应对之策：私人金融和公共基金》（The Resolution of International Financial Crises: Private Finance and Public Funds）是该项目的产物。金和加拿大央行的保罗·詹金斯（Paul Jenkins）撰写了前言部分，文本主体由他们各自的同事安迪·哈德恩（Andy Haldane）和柯马克（Mark Kruger）完成。这份报告中谈到了"终止"——正是蒙特利尔协议中采用的方法——是"提高危机管理过程的一种手段"。这份文件还阐述了"终止"的很多好处，包括"提高债权人之间的协调"，"协调债券人和债务人的激励措施"和"有利于确保支付停止能够有序进行"。文件最后的结论是："是否采取终止的决定权在债务人，但是政府部门可以扮演有益的支持角色。"可是，英格兰银行显然不愿意为 2007 年 8 月向其求助的银行家扮演这种角色。

£££££

北岩银行严重依赖银行间借贷市场，这个市场的紧张状态对于北岩来说无疑是一场灾难。当北岩的首席执行官亚当·阿普尔加恩听银行交易员说到"市场错位"时，他马上意识到如果北岩银行无法从大宗货币市场借钱的话就只有死路一条。在这个紧要关头，北岩银行董事会在8月11日和12日的周末两天展开紧张讨论，最终决定让公司董事长马特·里德利于13日周一找金融服务管理局讨论情况。里德利是一名贵族（里德利子爵的儿子和继承人，前保守党大臣、已逝里德利爵士的侄子），同时也是著名的环境问题图书作家。很难想象他会与政府讨论救助一家资产过千亿的银行。但是他跟金融服务管理局的对话非常严肃：如果大宗货币市场进一步恶化，北岩银行将会倒闭。更为严重的是，已经受到对冲基金严重影响的北岩银行股票似乎在深渊边缘摇摇欲坠。

金融服务管理局的卡勒姆·麦卡锡爵士和赫克托·桑特意识到了北岩银行境况的严重性，很快就把消息传给财政部和英格兰银行。8月14日周二，三大机构的二把手：英格兰银行的约翰·吉弗爵士、赫克托·桑特和财政部的某高层人员举行了电话会议。吉弗把这次电话会议的内容通知了默文·金。金融服务管理局的人给北岩银行取代号"埃尔维斯"，给纽卡斯尔①取代号"孟菲斯"，原因是担心——后来的结果印证了这一担心——谈判的消息会走漏出去。

两天后，也就是8月16日，问题升级，里德利和默文·金通了电话。虽然金表示"理论上可能"向北岩提供紧急救助，但是金的内心非常清楚：

———————————

① 英国英格兰东北部港市。——译者注

英格兰银行不应被牵扯到个别商业银行的事务中。据里德利的同事后来听到的情况，金在电话里非常乐观。他相信大宗货币市场的问题很快就会消失，北岩银行将在9月份实现重要的证券化。如果说金有什么担心的话，那就是他担心北岩银行如果给市场留下需要救助的印象，其本身可能引发市场紧张。面对如此严重的资金危机，金的表现让北岩银行董事会错愕不已。

金的态度显然非常放松——英格兰银行的一些高层人员并不认同他的看法——但是北岩银行最好的出路就是更换所有人，也就是所谓的"保险"选项（safe haven option）。就在同一天，北岩银行的主管和顾问都开始准备信息备忘录，列出几个潜在买家的名单。据里德利后来说："我们拿起电话，给所有人打电话。"他们选的时机并不好。伦敦金融城正在一心忙着竞购荷兰银行（ABN Amro）的最后阶段，这是一场漫长而激烈的竞购。受竞购荷兰银行的影响，北岩银行的可能买家少了苏格兰皇家银行、巴克莱和桑坦德等银行。巴克莱银行当时为了收购荷兰银行已经拼尽了全力——最后的结果还不错——无心再收购第二家银行。最有可能的买家是劳埃德TSB集团，后来果然成了北岩银行最有力的"追求者"。在这场可能的交易之前，开始了应有的调查程序，没过几天，将近100名劳埃德TSB集团及其咨询公司的人员被安排到一间数据室，对北岩银行的账户和贷款簿进行审查。

8月30日周四，里德利和北岩银行的高级非执行董事伊恩·吉布森爵士来到英格兰银行行长办公室求见金。他们发现金身边只留了一个记录员。里德利和吉布森希望行长能批准北岩银行和劳埃德的交易。但是据曾在北岩银行工作的雇员称，金的反应再次令他们吃惊。金花了整整40分钟时间，跟里德利和吉布森说北岩不应该和劳埃德交易，应该保持独立。行长的观点与金融服务管理局的观点正好相反，金融服务管理局的麦卡锡和桑特都认为北岩银行能够而且应该与劳埃德达成交易。

4 天后，也就是 9 月 3 日周一，在北岩银行不知情的情况下，三大机构召开会议后做出决定，如果北岩银行既无法兑现证券，又不能被劳埃德收购，政府就会向其提供救助机制。然而，到了 9 月 5 日，劳埃德认定收购北岩银行充满风险，所以决定寻求 300 亿英镑左右的担保，或者"兜底"（backstop）机制，以确保自己能够有充足的流动性来应对北岩银行的流动性问题。劳埃德首先和金融服务局协商这种担保机制，但是后来这个问题转由英格兰银行负责，更确切地说，是由行长负责。金对此持怀疑态度：

在投标之前，他们首先想知道自己能不能借款 300 亿英镑，借期两年，而且没有惩罚性利率，我回答说，英格兰银行通常不会为了企业的继续经营而贷款 300 亿英镑。

金明确表示，从英格兰银行的角度来看，想要获得英格兰担保的可能性几乎为零，特别是这种担保机制实际上会构成"政府援助"：

所以我对财政大臣说，英格兰银行不会提供这种担保。我的看法很简单，不管是央行还是政府，通常都不会这么做。如果英格兰银行向劳埃德提供担保，那么英格兰银行就会要求财政部提供担保。我们的法律建议是，这明显属于政府救助（这或许是最重要的原因），我们如果要向购买北岩银行的某家银行提供贷款的话，就必须也向其他可能买家声明，他们也可以获得政府贷款。我觉得，正如财政大臣之前所说一样，站起身说，"我愿意向有意购买北岩银行的任何银行提供 300 亿英镑的贷款"——这样的声明对北岩银行来说于事无补。

　　9月9日周日，当时金正在巴塞尔参加央行行长月度会议，北岩银行危机迫使英格兰银行行长、麦卡锡和达林召开电话会议。让达林忧心忡忡的不仅仅是北岩银行的危险处境，而且还有其他银行源源不断打来要求增加流动性的电话。让达林非常恼怒的是，金固守"道德风险"的说法，坚持要求对英格兰银行提供的任何援助都要附加惩罚性利率。达林认为金"在明显不同寻常的情况下却坚持常规思维"是不可接受的：

　　令我感到无奈的是，我不能命令英格兰银行按照我的要求行事。只有英格兰银行有权向银行系统注入必要的资金，实际上，这也是央行的核心宗旨之一。英格兰银行是独立的，而且行长很清楚这一点。我们在采取何种措施方面存在分歧。

　　政府赋予了英格兰银行完全独立的地位，这本来是政府"引以为傲"的政绩。达林这才意识到，正是这项政绩才造成了今天的困难局面。三大机构无法就应对危机的方式达成一致的影响很快开始显现出来。三大机构之间的争论传到了劳埃德董事会，该董事会对收购北岩银行的兴趣锐减，要求公司顾问停止相关工作。用阿普尔加恩的话来说，在9月10日这个星期开始的时候，"我们终止了公司的活动"。北岩银行只能靠自己了。就在这一天，阿普尔加恩接到金的副手约翰·吉弗打来的电话，讨论在没有第三方收购的情况下向北岩银行提供紧急救助机制。这个救助机制现在已经成为现实，英格兰银行强烈倾向于采用"不公开"的方式运行这一机制，等到星期二，由于法律原因，英格兰银行的这种方式失去可能性。这导致英格兰银行和财政部之间的激烈辩论。据英格兰银行的某位高级雇员称，虽然很多其他法律专家后来对此提出质疑，但是财政部最后"通知"行长说英格兰银行只能进行"公开"救助行动。金向同事们告知了这一行动方向，确定救助机制为"公开"行动，将于9月17日周一正式公布。之所以延迟一个星期公布，主要是为北岩银行提供准备时间，让其准备好应对客户反应的机制。行动计划十分详细，甚至包括增加北岩银行网站的带宽，以提高应对能力。

9月12日周三，正当大家继续就北岩银行的命运进行焦灼的谈判时，金坐在办公桌前写了一封信。一个星期后，他要出席财政委员会，并向委员会主席约翰·麦克福（John McFall）议员提交开场陈述。金在信中写道，上次会议结束以来，"金融市场持续动荡，市场前景黯淡"。他还写道，"现在的社会飞速发展，我感觉给你写的这份陈述只是拿着长曝光镜头拍了张快照"。金的开场陈述中有这样一部分，题目叫"金融市场动荡：央行可以做什么"，这很像是对一道很难的考试题做出的精心应答。值得注意的是，虽然英格兰银行将要面临维多利亚时代以来的第一次银行挤兑，但是金的"长曝光镜头"竟然没有拍摄到纽卡斯尔正在发生的事件。不过，他倒是间接提到了当时的情况：

央行传统上承担"最终借款人"（lender of last resort）角色。在某家银行面临暂时性流动性问题时，央行可以在"根据担保物的基础上，以惩罚性利率"借款给这家银行，但是这家银行要具备偿债能力。借款的理由是，这家银行如果倒闭，将会对经济，包括对银行客户造成严重损害。由于提供最终借款人借款，可能促使银行机构更倾向于承担风险。央行在提供流动性时收取惩罚性利率，这样降低了此类道德风险。在英国，最终借款人贷款的运行机制由财政部、金融服务管理局和英格兰银行三方根据谅解备忘录的安排共同负责。由于最终借款人贷款是提供给单个金融机构的，所以在抵押品种类和贷款条款上相对灵活。最终借款人机制仍然是央行的有力武器。

虽然当时的情况显然并不乐观，但是金在陈述的结尾还是不无乐观：

> 眼下的动荡……打乱了最近几年来少有的平静，但是只要处理得当，不会对我们长期的经济稳定造成威胁。

委员会后来批评这封信是一篇"关于道德风险的狡辩文章"。这封信墨迹未干之时，面对正在演变的危机，英格兰银行"处理得当"的能力就面临了全面考验。现实世界再一次推翻了金的缜密分析。次日，也就是 13 日周四下午，英格兰银行就开始听到市场上有关政府可能救助北岩银行的传言，金把这些传言斥为"市场谣言"。下午 4 时，副行长常务委员会召开紧急会议。考虑到"市场消息走漏"，该委员会决定将英格兰银行救助行动的公布时间提前到 14 日周五上午 7 时。筹备期间各种各样的活动火热进行，英格兰银行理事会当晚需要在针线大街召开紧急会议。在这次紧急会议上，金用 45 分钟时间简要介绍了向北岩银行提供救助的条款，征求理事会批准。然而，就在金回答理事们提出的各种问题时，英格兰银行对局势的控制力却在悄然瓦解。位于伦敦市区西部怀特城（White City）的英国广播公司电视中心里，节目导演正在和英国广播公司财经编辑、前《金融时报》记者罗伯特·帕斯顿进行紧急讨论，罗伯特已经获悉北岩银行接收了英格兰银行的紧急救助。实际上，英格兰银行还和北岩银行的财务和总司秘书（treasurer and company secretary）在针线大街就"最终借款人"的救助条款进行磋商，直到次日凌晨才能最终敲定。但是《佩斯顿报道》的主旨是正确的。晚上 8 时 30 分，这个报道出现在了英国广播公司新闻台的 24 号频道，让金和他的同事大为惊恐。

金后来回忆说："银行挤兑的情况发生与否，尚未可知：可能发生，也可能不发生。"在这一次，它确实发生了。英格兰银行的紧急救助机制于周五上午 7 点，最终——也是正式——公布：

财政大臣于今日授权英格兰银行根据适当的抵押品向北岩银行提供流动性救助机制，并征收额外利息。英格兰银行提供的流动性救助机制将有助于北岩银行在眼下金融市场动荡情况下的运营，以有序地解决其面临的流动性问题……作为"最终借款人"，英格兰银行愿意向情况类似的其他机构，即面临短期流动性困难的机构提供救助。

英格兰银行的声明非但没能达到预期的积极效果，反倒起了相反的作用。据北岩银行管理层后来证实，声明中所用的"最终借款人"和"流动性问题"等词非但没能安抚市场，反倒引起了市场的警惕。

受英国广播公司新闻报道引发的恐慌影响，大批北岩银行客户都试图取钱，人们打爆了北岩银行的电话，网站也因流量过大而崩溃。等到周五上午，更多的北岩银行客户涌向各个分行网点。周五当天，客户就从北岩银行取走了 10 亿英镑。英格兰银行的救助机制本来只是作为担保，现在却不得不马上交付。媒体对这场危机进行了追踪报道，每个小时都有更新。

这是英格兰银行最黑暗的时刻。1866 年，一家名为欧沃伦格尼（Overend, Gurney & Co.）的大宗贴现银行（当时曾向英格兰银行求助，但是遭到拒绝）破产，大批焦虑的投资者包围了其位于伦巴第街的办公大楼。自那以来，英国还从未发生过银行挤兑风潮。141 年后的 2007 年8 月 1 日，英格兰银行和财政部都有一丝慌张。但是，行长和财政大臣都去出差了。他们都飞到了葡萄牙的波尔图，参加由葡萄牙财政部长桑托斯（Fernando Teixeira dos Santos）主持的财长和央行行长会议。当天的会议在富丽堂皇的交易所（Palacio da Bolsa）举行，达成的声明只是说了一些显而易见的事实："全球金融市场这段时期正在经历动荡和风险重估……"

在会议时间之外，金和达林盯着大厅里的巨大电视屏幕，看到忧心忡忡的北岩银行储户在银行网点外排起了长队。达林回忆说：

那天周五阳光明媚，我们在半个大陆外看着这可怕的一幕出现在我们眼前，我的同伴凑到我跟前："你知道，他们现在表现得非常理智。"我不想听到这样的话，即使是从英格兰银行行长默文·金的嘴里说出来。

回到英国，陷入危机的北岩银行在这个周末没有丝毫喘息的机会。很显然，如果想要停止挤兑风潮和避免更大范围的市场恐慌，需要采取强力措施。周六，金与财政部常务副大臣尼克·麦克芬森进行了交谈，并安排周日上午与阿里斯泰尔·达林再次见面。

他们不仅讨论了英格兰银行已经向北岩银行提供的救助规模，而且也谈到可能进行更大规模的干预——政府对储户存在北岩银行的存款提供担保。正如金后来的回忆：

整个周末，我们就一系列问题展开了争论：关于竞标和担保，正如财政大臣在财政委员会上说明的一样，人们对什么是正确的方法莫衷一是。我向财政大臣表示，我们需要政府担保，但是这样做的实际问题之一就是确定"政府担保"的实际含义。这也是为什么不能马上实施的原因。

在那个周末，金融和监管部门多次交涉，据金说："律师说，再稍等一下，在你上电视向公众宣布之前，要确保你对自己要担保的东西有准确的理解。"同样在那个周末，金和亚当·阿普尔加恩进行了谈话，在谈话中确认英格兰银行提供给北岩银行的救助资金实际上可能具有流转性。金后来说："我很快就确认，我们将向任何向北岩提出竞标的买家提供最后借款人机制。"换言之，英格兰银行可以向竞标者——当时最有可能的竞买者仍然是劳埃德——提供他们想要的安全保证。大家就出售北岩银行并提供担保进行了长时间的讨论，达林强烈支持促成交易。但是，随着时间一点点过去，劳埃德并购北岩的可能性再次消失了。9 月 17 日周一上午，金把手下召集到英格兰银行的会议中心举行所谓的"大厅"会议（Town Hall meeting）。据当时一位在场的人员回忆，行长从来没那么说教，"他用最简单的话解释北岩银行的情况，把我们当成小学生一样"。美国财政部长汉克·鲍尔森当时正在伦敦访问。在唐宁街的达林要当着鲍尔森的面敲定英国政府担保的最后细节，结果让他颇为难堪。据达林说，他们在唐宁街 10 号客厅讨论的主要内容"集中在美国人如何看待英格兰银行没有认真对待危机"上。鲍尔森对英格兰银行行长的评价一针见血，令人称道。他对达林说："你手下的默文·金痛点很高。"那天快下班的时候，鲍尔森还没走，达林在唐宁街召开了新闻发布会。面对充满敌意的记者，这位财政大臣至少能够确认政府的担保：

在现在的市场情况下，出于对维持稳定的银行系统和公众信心重要性的认识，在和英格兰银行行长以及金融服务监管局主席讨论过后，我今天宣布，如果有必要，我们和英格兰银行将采取措施，在眼下金融市场不稳定的情况下，对北岩银行的储户存款提供担保。人们可以继续从北岩银行取款，但是如果他们愿意继续把钱存在北岩银行的话，我们将担保储户存款的安全。

达林的承诺在几天后开始进入实际担保阶段——担保的范围涵盖"未来的利息支付、现存账户之间的资金流动以及现有账户的新存款"。实际上，英国政府向这类存款提供 100% 的担保（超过了金融服务补偿计划的

35000 英镑的上限），使得北岩银行突然一下成为英国最安全的存款机构。此举安抚了公众，针对北岩银行的挤兑风潮也基本停止。但是由此带来的伤害——和成本——都是非常可观的。虽然北岩银行最初提出的流动性短缺只有 20 亿~30 亿英镑，但是到 10 月末却不得不从英格兰银行的救助机制借款 140 亿英镑。即使这样，仍然不够。几个月后，北岩银行披露其一共从英格兰银行借款 250 亿英镑，主要是第二笔浮动救助资金。金不无夸张地说第二笔借款的浮动抵押品（floating charge）包含"北岩银行的所有资产，甚至包括银行夹纸用的回形针"。

政府提供担保后，市场上还没有回过味儿来，金和同事已经开始反思过去一个星期的事件发展。他们当初是不是应该迅速与欧洲央行和美联储一道采取行动？在针线大街上，人们的心态已经悄然转变。金匆忙召集各大银行的行长举行秘密会议，讨论他们对额外流动性的需求情况。财政大臣在唐宁街举办招待会两天过后，英格兰银行发布了以下声明：

英格兰银行宣布，本行将举办标售，提供期限为 3 个月的借款。此次借款的抵押品范围比本行每周例行公开借款的抵押品范围更加广泛，包括按揭抵押……首次标售的金额为 100 亿美元；未来拍卖的金额将视情况而定。此举是为了缓解长期借款货币市场的压力。

金说这样的 180 度大转弯是"综合考虑的结果"，英格兰银行要给在本行持有储备账户，以及享受现有救助机制的银行和房产协会提供急需的流动性。

这些银行和房产协会现在可以用此前不被接受的资产——特别是按揭贷款——作为抵押品，从英格兰银行进行短期借款。虽然英格兰银行放松了严格的贷款要求，但是与其说这是一项周到的计划，不如说是挽回颜面的举动，看起来更像是应急决策。第二天，也就是北岩银行挤兑风潮开始一个星期后，金、约翰·吉弗爵士和保罗·塔克同时出现在约翰·麦克福尔主持的财政委员会会议上。约翰·麦克福尔是一名来自苏格兰的议员，说话非常坦率。这次会议在威斯敏斯特宫对面的波卡勒斯楼威尔逊厅举行，北岩银行的"残骸"在与会人员脑中萦绕，会场气氛不同寻常。八名议员都做好了战斗准备，他们意识到媒体从来没有这么期待他们的言论。他们都下定决心要揪住英格兰银行的行长和副行长。面对指责，金毫无畏惧地应对，他认为从长远角度来看：

我想说的最重要的一点就是请问诸位，在早些年间，英格兰银行应当如何解决这个问题？如果发生在20世纪90年代，英格兰银行会如何应对呢？如果发生在那个时候，英格兰银行最有可能的应对方式就是找个周末，邀请北岩银行的董事和北岩银行的可能买家到英格兰银行或者金融服务监管局进行讨论，达成协议。等北岩银行的储户在周一早上醒来时，发现他们成了一家更大、更安全银行的储户。

这条路——即由劳埃德收购——已经行不通了，因为北岩银行是一家上市企业，所以必须遵守《企业收购法》的有关规定。根据该法规定，任何所有权变更都要经过"漫长的时间"才能实现。金接着说道：

我在这次危机中想要采用的是第二种方式。如果危机发生在过去，英格兰银行会倾向于采用的方式，实际上它在20世纪90年代采用过这种方式，那就是不公开地履行最后借款人的职责。在此次危机中，我本想不公开地向北岩银行提供借款，等行动结束后再行公布，这样我们所受到的指责就只是针对救助行动本身。

事实证明，这种方式也是行不通的。金坚持认为，英格兰银行救助北岩银行的努力受到四种毫不相干的法律的限制，这几项法律就是《企业收购法》、《反市场滥用指令》（Market Abuses Directive）、银行零售存款管理相关条例和存款保险相关规章。财政委员会对金的辩解并不买账。这场危机暴露出三大机构之间严重缺乏协调和沟通。这个问题诱发了金和迈克尔·法伦议员（Michael Fallon）之间的一场经典对话：

法伦："谁是负责人？"

金："您所说的'负责'是什么意思？能解释一下吗？"

法伦："我们的选民想要知道这个烂摊子是谁负责的，谁是责任人？"

金这样回答道："根据备忘录，我们各负其责。"虽然金的回答非常正确，却没有激起人们对三大机构的信心。第一个问题解决了，但是之后还有很多问题。财政委员会对吉弗的批评最为严重，因为他不仅是英格兰银行副行长，同时也是金融服务监管局委员会的成员。财政委员会不仅批评他"商店发生抢劫时在后堂睡觉"，而且还批评他在面对北岩银行情况恶化的"市场言论"和无数市场警示信号时仍然扬扬自得。在危机最严重的两个星期，吉弗正好不在英格兰银行，更为委员会的指责提供了口实。虽然塔克只是插了一句嘴，但是当他想要解释北岩银行融资模式时，也有一位委员指责他"含糊其辞"。

虽然金在财政委员会面前表现镇定，但是英格兰银行的声誉显然遭到了严重的损坏。当他离开气氛紧张的波卡勒斯楼回到英格兰银行时，当周的《经济学人》已经上架，这期杂志总结了市场的整体情绪，封面上是一张傲慢自大的金的图像，配着一个严厉指责的标题：《失败的英格兰银行：默文·金和政府失去控制力》。这期杂志的社论对英格兰银行行长提出史无前例的批评，让人读起来并不那么舒服，文章说："金先生的过错就是他太过保守，使这场危机演变成为一场大灾难。"这篇报道的结论毫不客气，"他已经失去了可信度，一个没有可信度的央行行长没有多大用途。"总而言之，对于英格兰银行而言，这是黑暗的一天。

金深感自己在危机期间缺乏重量级的咨询人，最明显的就是阿里斯泰尔·克拉克的离开。克拉克是英格兰银行的老职员，在行里工作了36年，可他偏偏就在6个月前退休了。虽然他和金有时看法不一样，但是金非常重视克拉克的意见。行长拿起电话请克拉克重新出山，完成"最后一项工作"。克拉克注意到了问题的严重性，于9月底再次回到针线大街。在接下来的一年里，他陪在金的左右，和他一起应对不断蔓延的金融危机，于2008年9月再次退休（2011年，财政部成立金融政策委员会，克拉克被再次召回到该委员会）。

虽然北岩银行的命运主要寄托在财政部、唐宁街和受雇为北岩寻找买家的美银美林投行工作人员身上，但是它依然困扰着英格兰银行。虽然行长尽量表现得若无其事，但是最终逃不过记者的提问。11月中旬，记者云集英格兰银行会议中心，前来参加英格兰银行季度《通货膨胀报告》媒体通报会。在大约一个小时里，记者们提出了各种关于悲观经济展望的问题，新闻发布接近尾声，这时轮到彭博社记者布莱恩·斯温特向默文·金提最后一个问题。

斯温特："行长，英国的首次银行挤兑风潮发生在您的任内，有没有考虑过要辞职？"

金："没有。"

虽然新闻发布会上提出了关于金未来的问题，但是唐宁街关注的重点仍然是所有问题的对象：北岩银行。2007 年 8 月，政府担保的关注重心转移到北岩银行高管的辞职和可能购买该行资产的买家队伍上。一些竞标者涌现出来，包括理查德·布兰森爵士旗下的维珍集团、美国私募股权公司 J.C. 弗劳尔斯（J. C. Flowers）、前瑞士银行和阿比国民银行的重量级人物鲁克曼·阿诺德旗下的奥利万特集团（Olivant）。劳埃德集团是北岩银行最持久的追求者，现在提议政府将北岩银行国有化后立即出售给劳埃德集团。整个过程充满了投机，决策者的脾气暴躁，花销巨大，单是北岩银行支付的咨询费用就高达 4000 万英镑。最终，很多相关方面都提议政府承担大部分风险，提供适当的风险担保。马上对这家病入膏肓的银行进行国有化似乎成了唯一的出路：达林和布朗最终不得不开始起草国有化计划，并于 2008 年 2 月中旬宣布。

这个不愉快的过程被财政委员会发布的一份 180 页的报告打断了。这份题为《北岩银行的挤兑风潮》的报告将整个事件和盘托出。报告从这次事件中得出很多结论，最核心的就是确定英格兰银行、金融服务监管局和财政部三大机构内部几乎没有领导机制，而且在危机时刻没有畅通的沟通渠道。英格兰银行和金融服务监管局彼此疏远，虽然财政部与这两家机构都保持了密切联系，但是白厅严重缺乏所谓的"整体思维"。更令人忧心的是报告发现英格兰银行和伦敦金融城之间的脱节。以阿里斯泰尔·达林为例，他经常接到银行家打来抱怨英格兰银行的电话。财政大臣意识到英格兰银行行长已经或多或少地疏远了伦敦主要金融机构的首席执行官："特别是在 2007 年秋季，不断有银行首席执行官向我抱怨说英格兰银行不理解他们现在所面临问题的严峻性，那就是严重缺乏流动性。"

北岩银行危机的余波在威斯敏斯特①、伦敦金融城和金丝雀码头回荡。

---

① 英国议会所在地，通常代指英国议会。——译者注

在金融服务监管局，高层管理团队进行了大规模改组，不过只有一名高级主管，也就是克莱维·布里奥特丢掉了工作。由于布里奥特是零售部的执行主管，所以被推进了北岩银行危机的旋涡中心。1998 年，金融服务监管局成立伊始他就进入这家机构工作，此前曾在英格兰银行工作 18 年。据报道，他的遣散费为 61.2 万英镑，其中包括 20.25 万英镑的离职补偿。有些时事评论员认为 3 万美金"绩效津贴"尤为令人难堪（在接下来的几个月里，金融服务监管局还要有一堆人员要离职，这里面就有该局首席运营官大卫·肯米尔，大卫·肯米尔曾短暂接替布里奥特的职务。2010 年，监察部主管乔·潘恩和风险部主管萨利·迪尤尔也被迫离职）。

2007 年即将结束时，市场再次上演大戏。12 月 12 日，包括欧洲央行、美联储和英格兰银行在内的央行再次开仓放款，缓解短期银行间借贷市场的压力。短期银行间借贷市场是银行间顺利合作的重要途径。英格兰银行把提供的储备资金数额从计划中的 28.5 亿英镑提高到 113.5 亿英镑，扩大了其贷款抵押品范围。美联储分两次向市场投放 400 亿美元资金，欧洲央行也再次提供 200 亿美元资金。事实证明，这是短暂的喘息，各大央行显然是采取了协调行动来应对这个问题。一个星期后，金和吉弗重新出现在财政委员会面前，委员会仍然穷追不舍，下定决心要把北岩银行挤兑风潮之前、期间和之后的阴谋诡计搞个水落石出。不过，这次会议没有 9 月份那次的火药味浓，主要讨论英格兰银行在确保金融稳定方面的作用。金和吉弗也更加镇定自若，行长甚至承认自己希望在 8 月份就"开口"，就货币市场运营机构对英格兰银行的指责进行辩解。但是这对菲利普·邓恩议员没起多大作用。邓恩议员对金岌岌可危的前途更为关心：

邓恩："你觉得让央行行长完成完整任期对于稳定我们国家金融系统的信心重要吗？"

金："我不知道。总体而言，我觉得只要获得任命的央行行长不主动辞职，他就应该完成自己的全部任期。"

邓恩："如果你获得了第二个任期，而且身体状况允许，你会完成自己的第二个任期吗？"

金："你这个想法真扫兴。等圣诞节结束之后，我们再讨论这个问题吧。"

主席（约翰·麦克福尔）："圣诞节快乐。"

金："非常感谢。"

金伴随着节日的祝福离开了财政委员会。当晚回到针线大街后，他和英格兰银行的行政团队一起参加圣诞节酒会。但值得庆贺的事情没有多少，要反思的事情却有很多。总而言之，正如他几个小时前在威斯敏斯特向议员所暗示的那样，行长其实知道过去几个月采取的金融政策手段并不能结束这场危机。实际上，更糟糕的情况可能还在后面。

秘密计划：充当最后借款人的央行

就像火花溅在了棉絮上。由已知的不良投机引发的些许不信任蔓延开来，再加上其中可能存在的不确定性，形势立即扩大成为令人讨厌的恐惧……没有人知道谁有事，谁没事。

——沃尔特·白芝浩，《恐慌》

载于《经济学人》，1866 年 5 月

2008 年 1 月 6 日这个周日，默文·金坐在从伦敦城市机场飞往巴塞尔的航班上，他利用 90 分钟的航程浏览了参加国际清算银行会议的文件。各成员国央行行长齐聚在国际清算银行的总部大楼，进行两月一次的例行讨论。新年第一周开局时，美国经济数据低迷，作为美国经济命脉的石油交易狂热进行，价格首次突破每桶 100 美元。金还有别的事情要考虑。正如菲利普·邓恩在财政委员会听证会上所暗示的一样，金的五年行长任期来年 6 月就要结束了，能否连任成为一个棘手的问题。在唐宁街，人们对于金连任充满了怀疑。阿里斯泰尔·达林对于自己和这位行长的"紧张"关系充满忧虑，这种紧张关系在北岩银行危机中凸显出来。戈登·布朗对这位行长更没有好感。根据达林的说法，"两个人之间的隔阂越来越深"。（最明显的一次是次年观看金在财政委员会电视听证会上作证时，脾气暴躁的布朗非常气愤，让达林走上台去打断金的发言。达林拒绝了。）

也有人问金想不想连任，他似乎犹豫了。金权衡了利弊，前几个月的危机最后并没有特别严重。虽然北岩银行事件对于英格兰银行而言无疑是一场灾难，但是金已经对这起事件进行了解释。他坚持认为英格兰银行没有按照意愿采取行动的最主要原因是缺乏"法律解决程序"，而非领导不力或者监管失败。这个问题对他的决定没有产生特别大的影响，让他犹豫不决的是英格兰银行行长工作的巨大压力。但是，金是一名志在得100分的板球击球手，可能是出于对通货膨胀目标的无悔追求，金决定留下来。他下定决心要制定一个可以控制通货膨胀的系统。到目前为止，他做到了这一点。自从2003年担任行长一职以来，金只向财政大臣就通货膨胀率错失2%的目标做过一次书面解释。无论从哪方面看，金在货币政策上都保持了良好的记录。

考虑到这种情况，再加上没有其他合适人选，现在还不是把金从行长的职位上拉下来的时候。布朗和达林很不情愿地同意让金连任。行长和财政大臣又一次不太愉快地见面，达林表示英格兰银行应该加大对桀骜不驯的银行家的监管力度。同时，他还建议给英格兰银行的保罗·塔克"更多的决策权"，以缓和行长一人说了算的情况，估计大家都可以猜到金当时是什么反应。完成这些程序之后，财政部于1月30日宣布了对金的任命。财政委员会按照程序给这位行长发了一份题为《第二任期面临的挑战》的问卷，就他的工作业绩进行了简单提问，然后就让他回针线大街工作了。

1月末，金在布里斯托举行的英国企业协会和英国工业联合会的联合晚宴上发表了年度首场公开演讲。金的这次演讲流露出悲观的情绪。他预计本年度将会面临严重的经济挑战——"而且是自英格兰银行1997年独立以来最严峻的一年"。金指出英格兰银行面临着两场大风，"一场西风，一场东风"：

两场大风分别代表经济学家所说的需求冲击和供应冲击。前者是指横扫跨太平洋地区的信贷紧缩，很有可能导致产出增长速度骤然放缓。后者是指由于亚洲经济持续强劲增长而导致的能源和粮食价格上涨，再加上持续走高的进口价格，所以未来几个月的通货膨胀水平可能会远远超过预期。

在讲完这些之后，金重提了英国房地产市场停滞不前、消费支出骤减和能源与食品支出骤增的坏消息。他预计"通货膨胀会超出需要我向财政大臣做公开书面解释的水平，而且需要解释的次数可能不止一次"。这场演讲是预期管理的直接演练，目标直指白厅和媒体。

虽然英格兰银行的关注重点仍然在英国的经济动荡上，但是银行系统出现的问题，特别是资本基础薄弱的银行面临的问题，还在继续考验着金和他的同事。他们担心的不仅仅是已经得到部分解决的流动性问题，还有偿债能力问题。银行之间的相互联系显而易见，在应对风险方面相互依赖，这就意味着假如国外，特别是美国有什么风吹草动的话，英国的银行很容易受到影响。在美国，疲软的经济数据、利率削减和银行系统提高贷款抵押要求等因素导致了一系列连锁反应，在3月中旬给美国经济造成了首次重大打击。与北岩银行向英格兰银行求援相似，美联储也收到贝尔斯登的求助电话。贝尔斯登是一家历史悠久但是资本不充盈的华尔街投行。3月17日周日一大早，伦敦就获悉贝尔斯登倒闭，被摩根大通以每股仅2美元、总价值2.5亿美元的价格收购。虽然经过调整后的数额有所提高，但是这个股价体现了摩根大通素来闻名的砍价能力，同时也反映出更加本质的东西：恐惧。

金和私人秘书克里斯·萨尔曼那天要去和来到伦敦的一些美国人进行非正式午餐。在去的路上，他一直都在仔细思索着纽约的事态发展。美国财政部副部长罗伯特·基米特那个星期在英国访问，他和美国驻英大使罗伯特·塔特尔共同邀请了金。对于金来说，这是向美国政府高层表达他对金融体系担忧的好机会。

基米特是个值得接触的大人物。他是个越战老兵，职业律师出身，曾任美国驻德国大使，在公共政策领域有数十年的工作经历，特别是曾任职于国家安全委员会和美国财政部。2007 年，他是世界银行行长的竞选人之一，虽然最后败给罗伯特·佐利克，但是基米特仍是美国经济政策以及其与华尔街互动中的核心人物，他与华尔街圈子的关系非常密切。具有讽刺意味的是，20 世纪 90 年代中期，在基米特没有担任公职的一段时间里，他曾是雷曼兄弟的执行董事。

金知道自己在午餐上说的话很快就会被传达给华盛顿。塔特尔大使确实是这么做的，他在 3 月 17 日周一晚上给美国财政部、国务院以及位于布鲁塞尔的外交官同事发了一份秘密电报。在这份电报里，塔克尔清楚地指出，金在采取强力手段应对银行系统资金不足的问题方面是严肃认真的："金的提议不是午餐上随口说说。这次会见他的主要目的就是向基米特阐释自己的'创意性思维'看法。"

金在谈话中直言不讳，正如塔特尔在电报上所说的：

金说有两件事情势在必行。第一，要想办法让银行避免以超低价出售不想要的股票债券，避免它们找央行寻求救助。第二，确保采取协调措施，有可能的话，对国际银行系统进行资本重组。对于第一个问题，金提议建立联合与拍卖程序，把现在没有市场的大量金融投资投向市场。至于第二个问题，金建议美国、英国、瑞士，可能还有日本成立临时的新团体，采取联合措施筹措资源，对所有主要银行进行资本重组。

根据塔特尔的报告，金的第一个提议是成立某种意义上的"拍卖系统"。

在这个系统里，银行可以动用他们想要出售的股票证券，如果需要的话，还可以低价出售。这种出售行为不会被市场视为是这家银行陷入困境的信号。"不过，金说他还不知道怎样规划这个拍卖系统的结构"，金的第二个提议显示了他对七国峰会的失望，他认为七国峰会"在经济层面几乎没有任何作用"，主要是因为这个集团在讨论过程中不包括主要经济体。就在1月前，金在东京参加了最近的七国会议，他显然觉得这个会议不过只是个聊天室。他提议成立可能包括主权财富基金在内的新国际集团，为银行业资本充足提供资金。他明确指出"虽然包括日本的话，'可能会迫使它对不良资产以市值计价'"，但"可以不包括日本，因为日本没什么可以提供的"。基米特对金提出的建议支支吾吾，表示他对成立新的国际集团的看法持谨慎态度，"因为让谁参加的问题肯定会引起争论"。金和基米特的会见显示出他对国际经济政策机器尾大不掉的失望，同时也表明了他认为真正的政策调整权在华盛顿、伦敦和苏黎世的几个高层人物手中。三个星期后的4月11日，金本人来到美国财政部参加由老朋友本·伯南克主持的七国集团央行会议。塔特尔大使在电报里提到了金说七国集团"几乎毫无用处"，不知道他这份电报有没有送到伯南克手中。

£ £ £ £ £

金跟基米特提到的当务之急之一就是要想办法"让银行避免以超低价出售不想要的股票证券"。他这个提议并不是随便说说。就在那个星期，金在诺丁山公寓的家庭电脑前起草了一份专门针对这个问题的计划草案。阿里斯泰尔·达林和金一起参加在东京和华盛顿举行的峰会，金就这一计划与他进行了长时间的讨论。4月21日，政府公布了金的计划，命名为"特殊流动性计划"（Special Liquidity Scheme），旨在提高英国银行不断恶化的流动性问题。根据这一计划，英国的银行和房产协会可以用高质量的、以房地产抵押作担保的证券（mortgage-backed securities）或其他证券兑换英国国库券。英格兰银行表示"眼下金融市场运转不正常，在世界范围内，人们对由银行贷款产生的资产，特别是以房地产抵押作担保的证券，缺乏信心"。这些资产没有市场，无法交易。特殊流动性计划的目的是为了缓解这些资产"积压"对银行资产负债表造成的压力，方式是以银行所持有的抵押资产为担保，向这些银行提供借款。这里说的"款"是指具有高度流动性的国库券，实际上可以和现金一样流动。此举的目的是希望在这种资产积压得到部分缓解后，各家银行能够重新开始向彼此借款，恢复市场流动性。

达林让自己的私人助理丹·罗斯菲尔德送来一封4行字的信，表示政府为这个机制提供担保，这个大胆的计划才最终获得批准。在正式宣布之前，金派保罗·塔克和阿里斯泰尔·克拉克去伦敦金融城和各大银行的首席主管举行私人会见，向他们推销这个想法。他们明确地向各大银行的主管表示，存在特殊流动性计划里面的资产必须都是"历史"资产，也就是说这些资产必须是它们在危机开始之前就获取的资产才行。

特殊流动性计划的规模可不小。英格兰银行预期这个计划的初步规模约为500亿英镑。价值这么多资金的国库券来自债务管理办公室（Debt Management Office）。债务管理办公室通过公债转借计划把这些国库券借给英格兰银行（换句话说，这些国库券刚开始并没有发行）。这是英格兰银行和债务管理办公室在金融危机中的首次主要合作，这种合作在一年后的量化宽松计划中得到了充分体现。但是，特殊流动性计划是个完全不同的事物。首先，这个计划明确表示与英格兰银行本身的资本市场运营无关，所以对英格兰银行的货币政策没有影响。其次，这个计划有明确的截止期限：2011年10月。英格兰银行指出，"这些资产会还给商业银行，国库券也会还给英格兰银行，然后这个计划将会结束"。此外，英格兰银行不会接受商业银行的陈旧垃圾资产。他要求抵押资产的价值"要远远超过他们收到的国库券价值"，而且英格兰银行不会接受"有瑕疵的房产抵押"，也不接受美国房产抵押作担保的证券。

同样，各家商业银行也有一些犹豫。特别是，他们不希望人们知道他们使用特殊流动性计划后把他们看作"下一家北岩银行"。在北岩银行危机中，金没能采取不公开行动，他至今仍然没能从那次失败中恢复过来。现在，他可以开展非公开行动了，至少成功了一部分。根据决定，特别流动性计划将不会出现在英格兰银行的资产负债本上，因为这个计划并没有动用英格兰银行的标准工具（standard facility）。英国国家统计局后来指出，这是"避免披露"："这个计划之所以设计成'抵押品互换'的原因之一就是要规避法律规定的披露要求。"几个月后，时任英格兰银行风险管理部主管的萨拉·布里登在和美国驻英国大使馆官员在一次会见中确认，这是这个计划的核心部分。使馆关于这次会见的记录显示出这个问题的重要性：

如果某家商业银行向英格兰银行请求援助，这个行为将会被视为这家银行陷入严重困难的标志。所以，商业银行不愿意向英格兰银行请求资金援助。布里登表示，特别流动性计划的制订过程历时4个月，特别注意避免了由于从英格兰银行借钱所带来的不良影响。英格兰银行之所以选择资产互换（又称资产掉期）的方式，是因为采用这种方式没有公开数据的要求，甚至连交换的总额和规模也不用公开。英格兰银行不用公开数据，而且和参加这个计划的商业银行签订严格的保密协议，英格兰银行希望以此来解决这个棘手的难题。虽然特殊流动性计划刚推出不久，但是布里登说这个计划的核心目标已经实现了。

特殊流动性计划启动之初，金和同事们认为起步资金只需要 500 亿英镑左右。他们没有想到，在计划启动 9 个月后，这个项目向商业银行提供的资金规模会超过 1850 亿英镑——这个项目因此接收了 2870 亿非流动资产。庞大的数额反映出这个问题的严重性。截至 2009 年 1 月，共有 32 家银行和房产协会申请特殊流动性计划。英格兰银行也没有白忙活，2009 年的年度报告显示，从计划开始到 2009 年 2 月 28 日，英格兰银行从特殊流动性计划中取得的税后利润高达惊人的 5.73 亿英镑。债务管理办公室则因出借政府债券，获得了英格兰银行向它支付的 5400 万英镑的费用。特殊流动性计划给英格兰银行行长提供了急需的刺激。在宣布这个计划的新闻发布会上，他将这个创造的大部分功劳都归到自己身上：正如《金融时报》的报道所言，他"含蓄地提到，国库券置换以房地产抵押作担保的证券构想是自己的专利"。虽然有一定道理，但是最终计划是集体努力的结果，金却不愿意承认这一点。特殊流动性计划公布的当天，达林正在中国访问。达林后来回忆说："我在这个计划上花费了好几个月的时间，在说服英格兰银行接受这个计划上做出了巨大的努力……然而英格兰银行却选择我远在他国访问的时候公布这个计划，真是有点奇怪。"

£ £ £ £ £

就在英格兰银行和财政部忙着采用有力措施救助银行系统时，金融服务监管局的阿代尔·特纳和赫克托·桑特也做出努力，担心自己会被落下。2008 年 6 月 4 日，他们宣布了对杰里米·本尼特的任命。桑特曾任职于瑞士信贷第一波士顿银行，本尼特是他在这家银行工作时的同事，曾担任固定收益欧洲部的主管之一。本尼特被任命为金融服务监管局大宗和机构交易业务部（wholesale and institutional business unit）的高级顾问。一同被任命的还有雷曼兄弟的企业咨询银行家西蒙·斯托克威尔和毕马威的法务会计师大卫·史密斯。这三个人实际上是"灰豹",这个词专门用来形容金融服务监管局定期从业界聘用的人才。金融服务监管局会定期聘请外部人才提供建议,在眼下这种情况下任命三名顾问的含义非常明显:金融服务监管局急需银行方面的专业建议。桑特和特纳清楚地明白,如果影响金融机构的问题进一步激化,他们没有"后路"。本尼特最初的想法非常直接:正如一位内部人士回忆说,在"问题越来越严重"时(事实上问题的确变得更加严重)制定应对银行业全面危机的计划。本尼特的专业特长是信贷衍生品,所以他对有毒资产影响银行和其对其他金融机构带来的风险非常清楚。他对未来的预期越来越悲观,开始着手制定后备方案,不仅只有 B 计划,而且还有 C 计划、D 计划和 E 计划。本尼特的很多计划都考虑向问题银行注资。他首先向桑特推销自己的计划,然后把方案送到财政部。这些计划被放到了汤姆·斯格勒和尼克·拉西的桌上。在未来几个月,斯格勒和拉西将发现自己正处于风暴的中心。

在英格兰银行黄金销售事件中名动一时的斯格勒在 6 个月后就离开了戈登·布朗办公室,去更安逸的财政部工作了。他现在是监管银行活动部门的执行主管。提交计划后,本尼特和他的新同事都很清楚,财政部根本不重视这些计划。而英格兰银行方面的观点是,央行的作用仅限于向面临困难的金融机构提供流动性,而不是提供基本资金。

6 月份,针线大街还有别的事情要忙,因为英格兰银行副行长洛马克斯(Rachel Lomax)将带着她广受赞誉的货币政策理念离开英格兰银行。洛马克斯决定在任期结束后去其他单位工作。这样一来副行长的职务就出现了空缺。英格兰银行内部的两个有力候选人分别是首席经济学家查理·比恩和市场部执行主管保罗·塔克。大家都知道塔克渴望得到这个职位,但是比恩是行长中意的候选人。在白厅，财政部官员也有自己的看法，强力举荐在伦敦金融城拥有工作经历的詹诚信爵士（Sir James Sassoon）或者保罗·密纳斯（Paul Myners）来填补这一空缺。最终，"货币分析方式"再次胜出，比恩获得任命，进入英格兰银行高层。不过，在他正式上任之前，他需要接受下议院财政委员的质询；这次会见并不愉快，约翰·麦克福尔议员在会议刚开始就定下了调子：

主席（麦克福尔）："有些人说你是行长挑选出来的，是内定好的，所以讨论是没有意义的。"

比恩教授："我不知道内定的说法是不是合适。而事实是，行长认为我在内部候选人中比较适合这个职位，但是这个职务当然需要由财政部来任命，得按照财政部的任命程序进行。"

阴云还笼罩在另外一位副行长——约翰·吉弗爵士身上。在北岩银行危机的事后审查中，吉弗曾受到指责。他的一些同事为他抱不平，认为吉弗曾要求行长采取果断措施阻止危机发生。虽然如此，他仍然很有可能成为英格兰银行的替罪羊，他和金向来不和，在英格兰银行理事会和财政部几乎都没有盟友。2009 年出台的新《银行法案》旨在应对问题银行，该法案提出的核心举措之一就是成立特别应对机制（Special Resolution Regime）——该机制允许问题银行全部或部分出售。吉弗和金融服务监管局、财政部经历了一个周末的激烈谈判后，特别应对机制最终花落英格兰银行，央行赢得了这个机制的执行大权。这场胜利并不容易，英格兰银行内部一位人士把三大机构的谈判称为"权力之战"。

这是吉弗在英格兰银行最具有讽刺意味的时刻，因为英格兰银行开始拥有主管特别应对机制的职责，所以财政部要重新审视这位副行长的角色。

财政部官员向吉弗明确表示，他现在的角色与特别应对机制成立之前有很大不同，所以他需要重新申请这个职位，重新开始一个五年任期。面对这种情况，吉弗不想与财政部争斗，他于6月18日递交辞呈。财政部接受了他的辞呈，表示将于次日宣布。当天晚上约翰爵士最后一次以副行长身份出席伦敦市长官邸晚宴。就在晚宴期间，媒体获悉了他辞职的消息（有些人说是财政部故意透露消息）。有人看到吉弗一直低头看手机，因为他的助理此时正在英格兰银行准备官方新闻稿。这是一段不光彩的经历。吉弗或许对自己被挤对出来的方式很不满，但是他什么都没有说。在银行继续干了几个月后，吉弗离开了英格兰银行。约翰·麦克福尔议员提出的尖锐的问题——"你是不是在店后面睡大觉？"——这个问题的阴影却仍然在他心头笼罩。

英格兰银行并没有太多时间回味骆美思和吉弗这两位副行长的辞职。就在同一个月，金和同事惊慌地发现信贷危机中出现新的损失。贷款总额达到422亿英镑的英国最大抵押贷款银行布拉德福德-宾利银行在5月份宣布利润预警（profits warning），然后增股4亿英镑。这次增股在投资者不断增长的怀疑中三次重组。8月中旬，就在这次混乱的集资即将结束之时，布拉德福德-宾利银行遭受双重打击，首先是首席执行官生病，其次是失去了最大的股东——私人股本公司TPG资本——的支持。随着布拉德福德-宾利的股价大跳水，负责承销这次增股的花旗银行和瑞银集团面临巨大的亏损预期。情况危急，已经开始进入最后阶段：重演北岩银行的悲剧。

在北岩银行危机中，劳埃德TSB是寻求并购北岩银行的追求者，这次西班牙国际银行是布拉德福德德-宾利的追求者。不过，西班牙国际银行也要求获得担保，担保内容为布拉德福德-宾利的有毒资产，特别是次贷抵押资产。同样，这种担保也没有出现。

在 9 月 27 日和 28 日漫长的周末，问题发展到了紧要关头。周六上午，英格兰银行和金融服务监管局的团队与财政部同事一起会商"獾"的困境问题——"獾"是他们给布拉德福德-宾利银行起的代号。他们得出结论，认为布拉德福德-宾利银行已经无法满足存款接收机构的"基本条件"，这家银行实际上已经破产。9 月 29 日宣布的一揽子救助计划是商业交易决策和机构斗争的结果。这家银行 200 亿英镑的存款业务和分支网络卖给了西班牙国际银行所属的阿比国民银行（Abbey National）。剩下的部分，包括巨额的抵押业务、个人贷款业务和总部，以及大宗债务被收归国有，这家企业的股票立即划入财政部名下。在布拉德福德-宾利银行的网站上，股东询问最频繁的问题中包含一个合理的问题："我的股票怎么了？"（最终，被国有化的布拉德福德-宾利国有有限公司被划入英国金融投资有限公司旗下。英国金融投资有限公司是英国政府设立的"失踪儿童收容所"。布拉德福德–宾利银行沦落到了和北岩银行一样的境地。布拉德福德-宾利银行的普通持股人没有得到任何损失补偿。）

财政部的律师团队（司力达律师事务所）和英格兰银行的律师团队（由富尔德律师事务所的 44 名律师组成团队，领衔律师是迈克尔·拉芬）都绞尽脑汁，避免布拉德福德–宾利银行的破产冲击其所属银行。布拉德福德–宾利银行破产催生了针对银行业的金融服务赔偿机制（FSCS）。但是，这个计划并没有做好提供几十亿英镑的救助资金的准备。在此事件中，根据一份仓促起草的《转移指令》（Transfer Order，上午 7 时 40 分起草……上午 11 时提交议员），金融服务赔偿机制向阿比国民银行提供 14 亿英镑，以缓和向其转移小额存款的冲击，财政部将这一支付数额又提高了 40 亿英镑。金融服务赔偿机制的资金来自英格兰银行的短期贷款。所有需要短期贷款的银行都知道，这些钱不仅不是白给的，而且需要支付昂贵的代价：英格兰银行希望金融服务补偿机制在 2009 年 9 月能够向其支付首期利息以及布拉德福德-宾利银行业务缩减过程中的所有收益，预计支付数额为4.5亿英镑。富尔德律师事务所律师的工作做得精密细致，英格兰银行保留了颜面。面临困难的各家银行都明白，他们需要自救，而且还需要为自己的困难向英格兰银行支付不菲的费用。不管怎么说，这一次，金那令人厌恶的"道德风险"理论没有阻碍英格兰银行对困难银行的救助。

££££

当然，布拉德福德—宾利银行的痛苦遭遇被一家更大、国际化程度更高的金融机构的地震盖住了。这家金融机构就是雷曼兄弟，整个9月都笼罩在这家银行的破产阴影之下。9月15日周一，雷曼兄弟申请破产保护——这件事情造成的震动之大，使其立即成为历史性事件。在市场上，"雷曼之前"和"雷曼之后"分别成为"相对正常"和"极端不正常"的代名词。虽然雷曼兄弟是一家美国银行，但是它在伦敦金丝雀码头区的影响不可小觑。雷曼在这儿有5000名雇员。巴克莱资本想要竞标雷曼兄弟的业务，这一点引起了英国三大机构的关注。金融服务监管局禁止巴克莱为雷曼兄弟未完成的交易作担保。这个交易失败了，美方非常失望。最后，虽然经历了漫长的讨价还价，但是巴克莱还是收购了雷曼兄弟的一些核心资产，特别是银行业务部门和经纪人业务部门。与此同时，雷曼兄弟的倒闭引发股市进一步剧烈动荡，特别是银行和其他金融机构的股票骤跌。英格兰银行需要采取紧急措施应对"当下混乱的市场情况"。英格兰银行先是宣布扩大特殊流动性计划的适用范围，并于9月18日宣布和美联储达成"相互置换协议"——通常被称为互换货币信用额度。根据协议，英格兰银行接受美联储提供的合格抵押品，并提供4000亿美元的隔夜基金（overnight funds），以确保美元流动性。这是英格兰银行、美联储、欧洲央行、日本央行、加拿大央行以及瑞士央行等各大央行相互协调后采取的行动。随着金融机构的国际化"联系"越来越紧密，国际金融的风险也随之加大。这种风险至少可以通过各大央行之间类似的大规模货币互换得到解决。在英格兰银行市场部忙着落实这些协定的时候，金匆匆赶到唐宁街。首相府发言人日益疲惫，他说国家正面临着"重大的经济和金融问题"。金来唐宁街就是要与戈登·布朗和阿里斯泰尔·达林举行早会，共同讨论这些重大问题。

当金的管理团队紧张地观察局势发展时，他们表面上仍然保持淡定。就在雷曼兄弟倒闭、投资者惊慌失措的那个星期，斯宾塞·戴尔（Spencer Dale）——如果金是梅因沃林上尉的话，戴尔就是他手下的琼斯下士①——仍然在多佛的多文工商会（Dover and District Chamber of Commerce）细致地分析房价和通货膨胀。虽然他选择的措辞比琼斯的经典台词"别慌！"更时髦（他演讲的题目是《沿着瞭望塔》，是著名歌星吉米·亨德里克斯一首歌曲的名字），但他还是强调在不确定时期需要提高警惕。实际上，这种警告为时已晚。在接下来的几个月里，多佛的工商界眼睁睁看着自己的投资像跳水一样骤跌，大街上的银行几乎都面临倒闭危险。

9月以一种戏剧性的方式结束了。在9月的最后几天，英国的银行，特别是哈里法克斯苏格兰银行（HBOS）和苏格兰皇家银行发现自己陷入了严重困境。英格兰银行也意识到了这两家银行的困境。这两家银行的资产负债表加起来差不多有3万亿英镑，比英国年度国内生产总值的两倍还要多，它们正在迅速走向破产。苏格兰皇家银行旗下的国民西敏寺银行是英国最大连锁零售银行之一，哈里法克斯苏格兰银行是英国最大抵押贷款银行。哈里法克斯苏格兰银行的稳定性在市场传闻其寻求政府支持后遭受

---

① 梅因沃林和琼斯都是英国广播公司1968年电视剧《老爸上战场》（Dad's Arm）中的角色。——译者注

重创，股票价格在一天之内就蒸发掉40%。9月19日，戈登·布朗本人亲自促成哈里法克斯苏格兰银行和劳埃德TSB银行合并。这次合并的过程非常短，而且没有提交市场竞争管理部门就直接通过。一个星期后，也就是9月25日，默文·金找来阿代尔·特纳（Adair Turner）和阿里斯泰尔·达林举行私人会议。在这次会议上，金指出现实非常残酷，除非各家银行——特别是苏格兰皇家银行和哈里法克斯苏格兰银行——实现资本重组，否则很有可能引发多米诺骨牌效应。这种大规模的、系统性的大银行倒闭让人想想都觉得可怕。此外，行长还和保罗·塔克、尼克·麦克芬森爵士见面讨论这场迫在眉睫的危机。塔克后来说这是"十万火急的情况"。麦克芬森也是这样认为的，他说："这几天，银行系统出现严重的风险，很有可能会全面崩溃。"他们很快得出结论，如果苏格兰皇家银行和哈里法克斯苏格兰银行出现挤兑情况，其影响将远远超过北岩银行事件，需要采取极端保密的行动避免银行挤兑情况的发生。就在9月26日当天，达林下令财政部、英格兰银行和金融服务监管局开始制定特殊流动性救助机制（Emergency Liquidity Assistance）。这一机制实际上"属于"英格兰银行，其制定过程只有五天。

在行动过程中，达林召集各大主要银行的首席执行官于9月30日周二晚上到财政部开会。到了晚上6时，这些高管陆续来到：弗雷德·古德温爵士（苏格兰皇家银行）、韦俊贤（英文名John Varley，巴克莱银行）、艾瑞克·丹尼尔斯（劳埃德TSB）、戴弗雷格·约翰（汇丰银行）、彼得·桑德斯（渣打银行）、格雷汉姆·比尔（全英房屋抵押贷款协会）和安东尼奥·奥尔特-奥索里奥（西班牙国际银行）。桌子对面坐的分别是达林、金、特纳、保罗·密纳斯（时任金融服务司长，实际上是工党内主管伦敦金融城的官员）以及由尼克·麦克芬森领衔的财政部其他官员。

这不是一次决策性会议，部分原因是因为紧急流动性救助机制的计划还没有向银行家公布。这次会议主要是询问银行家对危机的看法，以及他们需要多少额外流动性和多少核心资本。很多银行家都很关注后者，特别是隔夜流动性问题。隔夜流动性是英格兰银行的管辖范畴。金强调说，英格兰银行随时准备提供资金救助，但是银行家们知道英格兰银行的救助决不便宜。

　　基金流动性救助机制于10月1日起开始实施。这个机制的保密性很高，规模很大。马克芬森说，金"很清楚紧急救助机制成功的关键是做好保密工作"。英格兰银行运用"自身权力"把紧急流动性救助机制从英格兰银行2009年的年度报告中隐去，直到这个机制诞生整整一年后才公开这个计划。2009年11月，财政委员会收到一张标题为《额外信息》的文件。正如吉姆·考辛斯议员在听证会上所说："今天早上，财政委员会在桌上发现了一些非常有意思的信息。"在提交这份信息的时候，英格兰银行是这样为自己辩护的：

　　如果出现有可能导致系统动荡的情况时，英格兰银行可以提供救助。如果在提供救助时就公开，有可能导致动荡加剧。所以在大多数情况下，等到市场情况改善到不受救助信息公开影响的时候再公开，才最有利于维护市场稳定。

　　特殊流动性救助机制的规模史无前例：允许苏格兰皇家银行和哈里法克斯苏格兰银行借贷数百亿英镑的资金。苏格兰皇家银行最多时于10月17日通过该机制借走366亿英镑，11月13日，哈里法克斯苏格兰银行最多从该机制借走254亿英镑。英格兰银行的运行资金有一部分来自其与美国联邦储备委员会之间的四次换汇交易。但是英格兰银行启动特殊流动性救助机制时几乎是"白手起家"，手头可以依靠的只有各家银行的抵押品。

随着这两家银行的借款额大幅增加，英格兰银行突然紧张起来。英格兰银行再次找到财政部，要求财政部就可能出现的债务违约提供补偿。10月13日，财政部批准了181亿英镑的补偿金额，但是英格兰银行需要支付一部分费用，费用额最后达到1890万英镑。（财政部批准补偿之后附带产生了一项法定义务，那就是政府需要提前告知议院。财政部常务副大臣麦克芬森提醒了财政大臣，但是达林担心这样会导致整个事件泄密，引发针对这两家银行的挤兑现象，所以选择不理会议院。）

特殊流动性救助机制的使用额在10月17日达到最高的616亿英镑，英格兰银行本已紧绷的神经开始崩溃。据英格兰银行表示，就在那一天，这两家银行共向英格兰银行提供了价值超过1000亿英镑的抵押品。抵押品种类繁多，既有住房抵押，也有个人和商业贷款以及国债。抵押品的价值远远超过了借款额，反映出这些资产价值的不确定性。在谈到当时英格兰银行不得不以惊人的速度采取措施时，金后来曾这样说："我们不得不接受未经核查的抵押品，没有办法对这些抵押品的价值进行调查。"虽然英格兰银行在特殊流动性救助机制中向苏格兰皇家银行和哈里法克斯苏格兰银行收取了高额费用，但是具体数额从来没有公开。当被问及英格兰银行给这两家银行开的条件是不是"很苛刻"时，保罗·塔克表示同意：

确实苛刻；这是典型的最后借款人行为，行为的唯一目的就是帮助被救助者渡过难关。所有实施过的最后借款人行为的目的都是为了帮助被救助者渡过难关。你或者帮助被救助者渡过市场恐慌，重现生机；或者促成私营领域企业对被救助企业进行收购，在这些情况中，苏格兰皇家银行距离被收购的命运并不遥远；或者促成政府提供政府资金支持，在这次行动中，我们最终采取了这种方式。最后借款人能够争取时间吗？是的，可以争取时间。最后借款人行为能够有效争取时间。不争取时间是极大的错误。

最后借款人是否可以解决所有问题？答案是否定的。

虽然最后媒体对特殊流动性救助机制的秘密性表示愤慨和不安，但是行长和他的团队却以此为傲。因为这个机制成功地秘密执行，在短短几个月内，借出去的资金也得到偿还（12月和1月），申请援助的各家银行也收回了自己的抵押品。考虑到英格兰银行面前堆积的其他严重问题，这样的成就更加令人觉得不可思议。

£ £ £ £ £

就在特殊流动性救助机制获得批准的那个星期，从一个意想不到的地方——冰岛——传来消息。冰岛将有可能给银行系统造成更大的危机，让英国公众的存款蒸发。大胆开拓英国零售银行市场的冰岛大型银行突然陷入困境。首先倒下的是继承银行（Heritable Bank）。没过多久，克伊普辛银行（Kaupthing）也倒下了。英格兰银行、英国财政部和金融服务监管局，以及富尔德律师事务所的律师紧急召开会议。富尔德律师事务所的两名成员，肯·拜尔德（富尔德律师事务所企业重组和破产部门主管）和他的同事卡塔琳娜·科瑞森在一次采访中回忆了当时问题的严重性，他们说当时的情形就像一部惊险小说。现在，富尔德银行用这个案例向将要入职的员工介绍该律所的工作：

肯·拜尔德："令人担心的是系统性风险——如果一家银行倒闭，所有银行都会倒闭，所有人都去冰岛银行取钱的可能性是切实存在的，不得不令人担忧。见有一个人去取钱，所有人都会去取——这家银行一下子无法支付，然后就倒闭了。英国政府需要确保的就是所有的储户都能够取到钱。"

卡塔琳娜·科瑞森："克伊普辛银行的冰岛母公司出手救助的可能性永远存在。"

肯·拜尔德："但是在冰岛母公司出手救助之前，一切都是猜测。10月3日周五下午6时，这个工作风风火火地开始了。我们接到财政部的另一个电话说：'你们能过来开个会吗？'当然，参会人员包括来自英格兰银行的人员、财政部人员以及B计划相关人员。我们参与时的情况就是这样。"

卡塔琳娜·科瑞森："我们需要在短时间内召集人员，组成一支团队。"

肯·拜尔德："我们之前去开过四次会，但是都没有这次这么严重。我们开始为这两家银行在下周倒闭做计划。我们只有24个小时，确切地讲是36个小时的准备时间。周二，我们就开始接管一家被称为继承银行的银行（2000年以来，该银行属冰岛国民银行所有）。"

卡塔琳娜·科瑞森："那个时候，很明显，对于克伊普辛银行而言，除了进行接管之外别无他法。"

肯·拜尔德："我们那天回到办公室，接到通知说'当天晚上10点还有一个会'，会议地点在财政部。第二天，特大型银行克伊普辛银行也进入了政府接管程序。在我的从业生涯里，两天有两家公司被政府接管的情况十分罕见。我们所面临的问题非常严重。这场金融危机是我们所经历过的最严重的危机。我们面对一家拥有数十万客户的银行，我们要在不改变客户账户和信息的情况下，让他们可以从另外一家银行获得等额的存款。这一切都需要我们在一夜之间完成，而且要做得天衣无缝，跟什么都没发生一样。"

卡塔琳娜·科瑞森："我们竭尽所能，尽量确保这场转移能够迅速而顺利地完成。如果做得好，就不会出现银行挤兑事件。这样一来，公众不至于对银行系统完全丧失信心。"

肯·拜尔德："那就能够避免金融系统的全面崩溃。"

问题落到了时任英格兰银行金融稳定部门主管的尼格尔·詹金森肩上，当时的情况与北岩银行危机如出一辙。虽然已经有富尔德律师事务所和司力达律师事务所的庞大律师团队前往冰岛，但是英格兰银行还是决定派两名银行职员亲自前去。詹金森的部门上演了戏剧性的一幕：领导问谁身上带着护照，发现有两个人带了，然后就让这两个人立即前往机场，搭乘最近的一趟航班，与财政部和金融服务赔偿机制（FSCS）的成员一同飞往雷克雅未克。10月13日，英格兰银行通过向冰岛国民银行提供1亿英镑的短期抵押借款来帮助英国储户。金融服务赔偿机制也开足了马力。从2001年成立到2008年9月的七年时间里，这个机制的赔偿总额只有十几亿英镑。在接下来的五个月时间里，该机制因为五家银行资不抵债而支付了20亿英镑。这五家银行分别是布拉德福德—宾利银行、继承银行、克伊普辛银行、冰岛国民银行和伦敦苏格兰银行。

£ £ £ £ £

冰岛惊险地躲过一劫，英国的客户没有挤兑冰岛的银行。但是在这之后，英国本土银行在10月初陷入了明显的困境。虽然英格兰银行的秘密紧急流动性救助计划提供了流动性救助，但是其他银行，特别是苏格兰皇家银行、劳埃德TSB和巴克莱银行可能需要更大规模的一揽子救助计划。事情的发展在10月份头几个星期进入关键时期。英格兰银行成为各种问题的撮合者，一边要和商业银行谈判，一边还要协调三大机构。金、安德鲁·贝利和安迪·哈德恩成为一系列复杂交易的核心人物，这些交易在很大程度上都是由金融服务监管局和财政部促成的。这是一个陌生的领域，金融企业家要比经济学家和央行巨头更加熟悉这个领域。白厅里面确实有金融企业家，但是人数非常短缺。财政部显然没有这类人才，正如曾在财政部工作过的詹诚信爵士所言："财政部直接主管金融服务的特别助理和高级官员几乎都没有金融市场从业经验。"政府内少数具有金融市场经验的人员都被安排在了政府的国有股东事务管理局（Shareholder Executive），他们过去几年一直在忙着对国有资产进行评估出售。这样一来，英格兰银行和财政部就不得不倚重外聘的律师和银行家，并为此花费了大量资金。

10月6日周一，达林召集所有银行的首席执行官再次开会。在这次会议上，大家都认为需要制定全面的一揽子救助计划，扩大秘密的特殊流动性救助机制的资金规模。

周二，银行股票价格再次暴跌——苏格兰皇家银行的跌幅最为引人注目。在这个交易日，苏格兰皇家银行的股票两次跌停，这表明股票销售已经进入无序状态。投资者争相抛售苏格兰皇家银行的股票。听到这个坏消息的时候，达林正在卢森堡参加欧洲经济与财政事务理事会的会议。这个理事会由欧洲各国财政部长组成，虽然无聊，却不可或缺。在伦敦，英格兰银行和金融服务监管局展开准备工作。苏格兰皇家银行在近期经历各种挫折之后终于等到了最终收场。苏格兰皇家银行董事长汤姆·麦基洛普爵士致电达林警告说，苏格兰皇家银行再过几个小时就会破产。

在英格兰银行，金坚定不移地表示内阁和财政部不会让苏格兰皇家银行破产。马克菲尔斯（Macpherson）对金说英格兰银行要竭尽所能地向苏格兰皇家银行提供充足的资金，帮助这家银行支撑完这一天，特别是要支撑到下午美国股市开盘以后。苏格兰皇家银行的规模和影响非常之大，英国乃至全世界的很多金融机构都对这家银行有所依赖。英格兰银行履行了承诺。虽然苏格兰皇家银行撑到了下午 4 时 30 分伦敦股市收盘，但是仍然急缺资金。

那个周二晚上很有历史意义。金、安德鲁·贝利和安迪·哈德恩三个人都赶往财政部。财政部的气氛有点像作战指挥室——无论从哪个角度看，战况都不容乐观。金和从卢森堡回来的达林讨论最新的情况。阿代尔·特纳、贝利和哈德恩开始制订一揽子救助计划的细节。这个一揽子救助计划的规模史无前例，其救助对象既包括苏格兰皇家银行，同时也包括其他银行。英格兰银行的官员在财政部看到了汤姆·斯格勒和他的同事尼克·拉西、姆里杜尔·赫格德（Mridul Hegde），此外还有一些金融服务监管局的主管，包括赫克托·桑特和曾任职于瑞士信贷银行的吉拉米·班尼特（Jeremy Bennett）。唐宁街常务副大臣吉拉米·海伍德和他们一同就座。"会场气氛并不淡定，"曾经出席过这次会议的一个人回忆说，"就跟进入战时状态一样。"

斯格勒精心安排了一系列会议，把这些人员分别安排在不同的房间。那天晚上，八家银行的首席执行官——古德温、韦俊贤、丹尼尔斯（Daniels）等人相继来到，他们被安排到二楼的达林办公室。他们被明确告知，要么接受一揽子救助计划的条款，要么就放弃救助。救助的核心内容没有商量的余地，但是大多数细节性问题是可以协商的。瑞士信贷银行、瑞银集团和摩根大通嘉诚的咨询团队，以及后来的花旗银行咨询团队都发现，财政部在毫无准备的情况下向他们进行各级银行资本（tiers of bank capital）方面的说教。对于财政部的很多人来说，银行资本是一个完全没有涉及过的新领域。正如当时在场的一位银行家所言："财政部里面没有一个人懂银行资本。"那天晚上在财政部的一些人为了促成各方达成协议，面临着各种错综复杂的问题。

本尼特和同事们制订的计划被提了出来，并接受评估。金融服务监管局委托瑞士信贷银行对各家银行进行审查。各方还达成共识，即有必要对银行的股权——实际上就是资本重组——进行干预，以稳定银行股价，重塑市场对银行系统的信心。斯格勒希望让金融服务监管局和英格兰银行达成协议。前几条提议中提到"应急股权"，实际上就是"提用机制"（drawdown facility），财政部在银行需要救助的时候提供资金，这些资金可以转化成为银行股权。金融服务监管局刚开始的时候提议这个机制"不设上限"，即不设定官方限额。贝利和哈德恩把这个提议转达给了默文·金。听到这个提议后，金勃然大怒。别人又提议将上限设定为1000亿英镑，金仍然不悦。看来这个应急股权计划很难在英格兰银行获得通过，不得不搁置再议。根据当时在场的一个人说，在会场的人们能感觉到金融服务管理局和财政部的官员都想努力解决问题，但是英格兰银行却要进行"破坏"或者"阻挠"。英格兰银行和金融服务监管局的矛盾影响了讨论进展，双方都大发脾气。提议声和反对声你来我往，有人生气地大声问道："默文究竟想要怎样？"大家发现哈德恩扮演起马基雅维利一样的角色，一点点说服这位行长在核心条款上点头，而贝利则负责议题的整体推进，做出某种结论。金融服务监管局和财政部面临的最大挑战就是如何说服金。据当时在场的一位人士观察："我们感觉，金认为他对眼下发生的问题负有责任。他知道要发生危机，但是希望发生的只是个'小'危机。"

计划一点点制订，各方也渐渐找到妥协点。就在各方继续工作的时候，阿里斯泰尔召集金、马克菲尔斯和瓦德拉女爵到唐宁街11号开会。他们穿梭于唐宁街和财政部之间，主要任务就是制定向媒体和公众传达的信息，并且拟定救助计划的总体条款。等到那天晚上结束的时候，救助计划的条款拟定了30页。

最终确定的一揽子救助计划总额为5000亿英镑，其中4000亿英镑是新增资金。所有这些资金的救助对象是英国最大的八家金融机构：阿比国民银行、苏格兰哈里法克斯银行、巴克莱银行、汇丰银行、劳埃德 TSB 银行、全国房产协会、苏格兰皇家银行和渣打银行。救助计划的三大部分分别是英格兰银行进一步提供流动性、一系列贷款以及新的银行债务担保机制。英格兰银行的主要贡献在于将去年启动的特别流动性机制的规模增加了 1000 亿英镑。考虑到这个机制成立之初的计划额"只有"500 亿英镑，所以增加幅度很大，而且增加数额的方式也相对直接，英格兰银行以国库券兑换各家银行不愿持有的债务和按揭贷款证券。第二，财政部向各家银行提供 250 亿英镑可支配资金，帮助它们提高核心一级资本（core Tier 1 capital）。核心一级资本是衡量银行财务健全情况的资金。虽然这八家银行和房产协会都要提高资本充足率，但是到 2009 年 3 月的时候它们似乎还需要财政部提供的资金。各家银行为了履行大宗筹资义务而产生了新的中短期债务，财政部以商业贷款的利率提供总额 2500 亿英镑的资金，为这些债务进行担保。这笔担保金就是一揽子救助计划的第三个组成部分。这么做的目的其实是为了鼓励各家银行重新开始向彼此借贷。10 月 8 日周三到来了，救助计划于早上 7 时公布。当天上午，当财政部官员看着伦敦金融城和新闻界分析他们的劳动成果时，英格兰银行的人还在紧张忙碌着。上午 10 点左右，货币政策委员会召开了一次特别会议。同时，英格兰银行与美联储、欧洲央行和加拿大银行的同行们举行了一系列电话会议。这一次，英格兰银行和其他央行携手采取了一个漂亮之举，宣布共同将利率下调 0.5 个百分点。在英格兰银行方面，进行了 2001 年 11 月以来最大幅度的降息，把中央银行利率降低到 4.5%。救助计划没有就此结束。几天后，到了 10 月 13 日，一揽子救助计划的第四个组成部分也公布了：注资 500 亿英镑，帮助银行进行资本重组，银行要向英格兰银行提供永久付息股票（PIBS）。特殊流动性计划和信用担保计划的规模与复杂性都非同一般，但是让政府接手这些银行的股权，而且有令人欣羡的 12% 的优惠，确实很有吸引力。一家名叫英国金融投资有限公司的企业仓促成立，管理政府新接手的股权。英国政府持有的北岩银行、布拉德福德—宾利银行、苏格兰皇家银行、劳埃德 TSB 和哈里法克斯银行的股份最终也都划归到这家公司。苏格兰皇家银行从中获得 200 亿英镑，其中 50 亿英镑出售给政府，剩下的部分以增发配股的形式由财政部认购。在这次事件中，这些增发的股票基本上都由政府收购了。哈里法克斯银行筹得 115 亿英镑，其中 30 亿英镑是以优先股的形式出售给政府（后来这家哈里法克斯银行被迫与劳埃德 TSB 联姻，这些股票也就成了劳埃德 TSB 银行的股票），剩下的钱也是通过增发股票筹得的，大部分也被政府认购。劳埃德 TSB 银行的命运也是一样，筹资 55 亿英镑，通过优先股筹得 10 亿英镑，又通过增发股票筹得剩下的 45 亿英镑。同样，这次增发的股票绝大部分也是由政府收购。这三次增发股票都失败了，这些问题银行的大量股票都砸到了英国政府手里。

£ £ £ £ £

虽然令人胆战心惊的 2008 年终于结束了，但是英格兰银行内部还有家事要处理。在英格兰银行副行长约翰·吉弗爵士辞职半年后，阿里斯泰尔终于开始准备宣布任命他的继任者了。副行长职务首次公开招聘，至少收到 33 份完整的申请书。每份申请书都包含申请人对这一职务责任的理解。财政部和一家猎头公司共同从申请人里面筛选出来五六个人。最后，被挑选出来的候选人要接受以财政部常务副大臣尼克·马克菲尔斯爵士为首的主考官的面试。

虽然费了这么多周折，但是最终获胜的人选却在意料之中。58 岁的保罗·塔克在英格兰银行效力 28 年，在货币政策委员会委员担任委员 6 年。

他最终胜出。

12月10日，保罗·塔克的任命获得确认，他于2009年3月正式开始担任英格兰银行第二副行长。据针线大街的同事们说，塔克已经明确表示，如果不能被任命为副行长的话就要辞职。务实的金或许已经认识到塔克与伦敦金融城之间密切联系的价值——现在比任何时候都更有价值——同时也认可塔克在维护金融稳定方面的卓越才能。此外，英格兰银行曾经有过几个从外部选过来的副行长，大家对他们的评价毁誉参半，所以金这次想要从英格兰银行内部选拔副行长。金在信中也向财政部的官员表示想要一个技术型副行长，显然是在表示自己倾向于塔克。最后的结果一出，塔克的任命完成了英格兰银行的高层人士调整：洛马克斯和吉弗走了，比恩和塔克分别接替了他们的职位。比恩是金的人，而且很乐于鼓捣英格兰银行的宏观经济模型，这一点大家都知道。塔克和比恩完全不一样，不过提拔到副行长的职位上之后，他终于进入了最高层。

但是2008年下半年没有时间进行组织内部建设。等到年底的时候，所有政府部门都清楚地意识到，10月份公布的一揽子计划没有起到作用，至少对英国的银行不起作用。实际上，市场依然混乱。市场信心跌落谷底，直接对银行进行国有化的可能性越来越大。此外，虽然英格兰银行扩充了特殊流动性计划的规模，并且不停地以国库债券兑换银行资产，但考虑到英格兰银行制定的资产门槛之高，这种兑换也意味着这些银行手中的"优良"资产越来越少。这样一来，这些问题银行仍然无法摆脱大量的"不良"资产。总而言之，整个针线大街都感觉到英国的3A信用等级下行的危险越来越大。

2009年1月中旬，英格兰银行、金融服务监管局和这两大机构的投资银行顾问再次回到财政部召开秘密会议，讨论下一步的举措。很多人都认为向问题银行注资的努力已经失败。据当时参会的一位人士说，他们想在

"不再收购银行股票"的情况下，"采取可以解决问题的大举措"，要像"断路器"一样彻底解决危机。关于国有化利弊的争论很激烈。到了这个时候，英格兰银行非常清楚，国有化是唯一的办法。实际上，如果政府再向这些银行提供800亿～1000亿英镑救助的话，与对其进行国有化没有什么区别。因为政府再提供这么多资金的话，就相当于买下了这些银行。但是，其他人却心存疑虑。他们警告说，这些讨论只是针对这些银行的股权，那它们的债务呢？毕竟，三大银行的资产负债表上有将近5万亿英镑。政府真的要把这些资产负债表添加到国家的资产负债表上吗？当大家意识到这个问题的严重性时，会场陷入了一片安静。

随着大家对国有化的热情渐渐消退，杰里米·本尼特制定的另一个方案被提了出来。之前曾担任投资银行家的本尼特参与了10月份的救助计划，他提出的这个计划也很大胆。这个计划就是设立专项机制，让各家银行将有毒资产转移到安全地带，即后来的资产保护计划（APS）。这个计划的实质就是为银行的贷款提供违约保险。各家银行需要向政府支付固定费率——类似于"附加费"——作为回报，政府将对其90%的可能亏损提供保险。

这个方案有以下几个优点：首先，市场相信该计划能够发挥作用，因为该计划的资金规模够大；第二，该方案给了各家银行自行决定的权利；第三，该方案还给各家银行提供了几个月的喘息时间。现在不是小修小补的时候，资产保护计划将会涵盖各家银行5万亿资产负债表中问题最严重的10%。本尼特提议这个计划的资金规模至少要达到5000亿英镑，这将成为英国财政部历史最大的单笔业务。会议室有质疑者问本尼特："你是百分之百确定吗？"本尼特坚持认为这个方案可行，他说："你要相信我。"最后，本尼特，这个来自伦敦金融城的信贷衍生品专家获得胜利，资产保护计划获得通过。在刚刚提出后的几个小时内，这个计划就给了人们希望——银行业危机将不会一直蔓延下去，各家银行将摆脱不良资产，金融市场将回归稳定。从某种程度上讲，这个计划是双方互相妥协的结果。参加此次讨论的一位人士说："终于完成了，这个计划就相当于在说：'把你们那些不想要的烂东西都甩给我们吧。'"

这个团队在1月18日晚上起草了七页的条款清单，并为阿里斯泰尔·达林拟定了一份简报。1月19日上午，天空下着冷雨，财政大臣公布了这个简报。英格兰银行宣布扩充信贷担保计划，并且首次批准量化宽松的货币政策。由于和其他一些措施一起实施，资产保护计划的影响相对降低。媒体认为货币保护计划只不过是为银行开的一张"空白支票"。疲惫不堪的财政部已经无心反驳媒体的报道。不管怎么说，资产保护计划实际上让政府和英国人民背上了亿万英镑的可能损失。说得更直接一点，这个计划让政府和英国人民承担了5万亿英镑的损失风险。公众对这个计划的理解固然重要，但是更为重要的是伦敦金融城是否买账。就在同一天上午，汤姆·斯格勒、吉拉米·本尼特和伦敦金融城大臣（the City minister）保罗·迈纳斯（Paul Myners）在下院的丘吉尔大厅向银行分析家通报情况。当三人相继走进大厅时，他们不知道这些分析人士会对资产保护计划持何种看法。在这次通报会上，这个计划受到广泛欢迎。

不过，英格兰银行保留自己的看法。据一位内部人士表示，英格兰银行在刚开始的时候对这个构想就"不屑一顾"，觉得它"太复杂"。虽然安德鲁·贝利参加了"资产救助计划制订"的会议，但是英格兰银行把主要工作都交给了财政部、司力达律师事务所和伦敦金融城的律师。最后，财政部向司力达律师事务所支付了2200万英镑的费用，制定了一份长达800多页的文件，阐述了这个复杂的计划内容。2月底，苏格兰皇家银行成为首个加入资产保护计划的银行，用65亿英镑换取3250亿英镑的财产保护额度，并且同意自己承担195亿英镑以内的损失（后来财产保护额度改为2820亿英镑，苏格兰银行自身承担600亿英镑以内的损失）。至于劳埃德银行集团，它先是签订了一份"原则协议"，将2600亿英镑的资产——集团总资产负债表为1.1万亿英镑——投入资产保护计划，为此支付156亿英镑，并且同意自己承担250亿英镑以内的损失。不过，劳埃德银行集团后来退出了这个计划，但仍然为自己受到的秘密保护支付了一定的费用。巴克莱银行本来想要参加资产保护项目，但是最终选择放弃。

最后，英格兰银行接受了资产保护计划。金承认，如果想要重塑对银行的信心，就必须确定银行资产负债表上的不良资产，并将这些不良资产进行隔离。令英格兰银行感到幸运的是，这个计划的管理和责任都由财政部承担。财政部设立资产保护计划，并将这个计划安排给伦敦金融城的债务管理办公室负责。关键是，资产保护机制为这些金融机构赢得了时间，让他们有了喘息的机会，同时财政部也利用这段时间对金融机构的资产登记情况进行长时间的审查。政府尼克·马克菲尔斯爵士回忆道：

在实施资产保护计划时，我们有100个人不分昼夜地忙碌——详细审查资产和计划，等等。

麦克芬森爵士的同事尼克·拉西就是其中一员。2009年3月，尼克在向财政委员会解释工作时，曾这样说：

实行这个计划的原因之一就是这些资产及其价值的不确定性，以及其在未来不同经济走势中的表现情况。我们现在的工作主要是对这些资产逐一审核，准确评估转移到纳税人身上的风险有多大。

资产保护计划开始实施，苏格兰皇家银行和劳埃德银行先后加入这个计划，已经疲惫不堪的三大机构团队终于有时间对他们所完成的工作进行反思。斯格勒、他在财政部的同事、本尼特，还有一些其他人在这个项目上忙碌了几个月后，来到位于伦敦东区的砖头巷（Brick Lane）吃咖喱饭。在推出这个不同寻常的计划之后，他们享受着成功的喜悦。就在这时，他们发现旁边桌子上坐着几个年轻的伦敦金融城交易员。这些交易员正是来自于某家几乎倒闭、破产并被国有化的银行。随着夜色渐渐降临，这些交易员喝得越来越醉，举止越来越无礼，很令人生厌。资产保护计划团队中的一个成员悔恨地说："我们真的在想，到头来，我们这样做究竟有没有意义？"

£ £ £ £ £

为了应对金融危机采取的这些努力的结果就是英格兰银行逐渐获得了更多的权力。2008 年 7 月，英格兰银行、财政部和金融服务监管局向议院陈述了各自关于金融稳定和储户保护的想法。这些想法构成了《2009 年银行业法案》的主要内容，这个法案于 2009 年 2 月 12 日获得御准。该法案极大地扩充了英格兰银行的权力，同时加重了英格兰银行肩上的担子。新的银行法案填补了之前的一个大漏洞，此前该漏洞暂时由《2008 年银行业（特殊条款）法案》填补。《2008 年银行业（特殊条款）法案》于 2008 年 2 月获得通过，是为了建立应对问题银行的机制而仓促制定出来的法案。《2009 年银行业法案》是一个成熟的产物。首先，该法案建立了永久性的特殊处理机制（Special Resolution Regime），以应对问题银行；其次，该法案赋予英格兰银行法定的金融稳定目标，并建立金融稳定委员会，以监督目标的执行情况。默文·金对此不是特别欢迎。他在英格兰银行的《2009 年年度报告》中不无惆怅地写道："虽然有了新的责任，却没有在银行倒闭之前采取措施的权力，我对此感到遗憾。责任和权力应该是对等的。"

资产保护计划是一种"新的"尝试，该计划受北岩银行和布拉德福德—宾利银行失败的影响很大。这个计划从法律上明确了问题银行的三种"稳定方式"，也就是转让给私营领域的买家，转让给所谓的"桥梁银行"（bridge bank），或者暂时划归国有。这个法案明确指出，前两种方式由英格兰银行负责——英格兰银行负责将问题银行转让，以及建立新的、全资子公司充当"桥梁银行"。问题银行的国有化问题由财政部主导。此外，该法案还确立了新的银行资不抵债处理程序，根据金融服务补偿机制，允许对问题银行进行即时清算，支付储户。 这个法案把英格兰银行临时制订的一揽子救助计划正式化，这个计划让行长和他的法律顾问费尽了脑汁，同时也让很多律师和投资银行家好多个夜晚难以入眠。

PART **3**

第三部分

QE：最大的购债规模和最低的利率

"我称之为传统的非传统购买。"

——默文·金给财政委员会的证词，2009 年 3 月 24 日

"我们很清楚，现在唯一能够约束财政大臣的财政纪律就是国债市场对于公共财政可持续性的看法。"

——下议院财政委员会 2009 年预算报告

2009 年 3 月出版的《泰晤士报》刊登了彼得·布鲁克斯的一幅漫画。这幅漫画现挂在伦敦圣詹姆斯街布鲁克斯俱乐部的盥洗室内，这个盥洗室的装修非常考究。这所俱乐部的所有者是默文·金爵士。在这副漫画中，行长和戈登·布朗化身为两张彩色的扑克牌：一张 K 和一张 J。金兴高采烈地挥舞着长剑，剑上插着布朗的睾丸，而布朗痛苦地弯着身子紧护着胯下。这幅漫画的标题为《经济刺激计划》。当时，金向工党政府发出严厉警告，说鉴于目前濒临危险的财政情况，英国已经没钱再推出新一轮的财政刺激计划——举例而言，工党内阁已经把增值税的税率削减到 15%，虽然这一措施的幅度够大，但代价是昂贵的。这幅漫画同时也表明，金和布朗的关系在 2009 年春跌到了冰点。

在金的干涉下已经被"阉割"的工党内阁筋疲力尽，捉襟见肘。与此同时，英格兰银行却忙于一项宏伟计划。这种计划不常发生，却是央行行长梦寐以求的机会。这就是央行的量化宽松计划——货币刺激，而不是财政刺激。为了让英国经济能够度过当代人记忆中最严重经济危机，央行实施了总额为 3750 亿英镑的量化宽松计划。量化宽松（QE）这个概念已经迅速被大家熟知，但总体上来说还是试验性的，没有人知道其最终的影响和结果。这是英格兰银行大厅里几乎没有出现过的事物：赌博。量化宽松诞生于 2008 年黑暗的 12 月。当英格兰银行与财政部联手处理银行业崩溃危机时，持续恶化的总体经济状况也令人担忧。

英格兰银行的区域代理人网络向针线大街输送的数据、新闻以及轶事证据充分表明，国内市场"需求"已经停滞。所谓"需求"就是指市场对于产品和服务的需求。12 月份报告描绘的状况尤其黯淡。该报告指出，"各种消费服务的需求持续收缩。最引人注目的是，很多报告显示住房、金融服务以及户外娱乐相关服务方面的开支降低"。简而言之，英国国内生产总值（GDP）在经济衰退时期骤然缩水 6%。2009 年第一季度的 GDP 增长是负 2.5%。金和他的同事都无比沮丧地看着数据表。他后来回忆说："我当时第一次感觉货币量的增速太慢。"金所提到的"货币量"就是经济学家们熟知的广义货币（即 M4）。货币量是经济发展的生命线。在正常年代，为了增加货币供应量，抵消疲软需求带来的影响，英格兰银行可能会降低利率。但现在，银行利率已经从 2008 年 9 月的 5.0% 降到 1.0%，达到史上最低水平。银行的经济学家们焦急地盯着他们的经济模型，设想万一利率跌到 0.5% 的"下限水平"将会带来什么后果。其中一位经济学家这样回忆说："我们不知道货币市场会不会完全停止运转。"当时情况十分危急。一位银行内部人士直截了当地说道："在这种情况下，我们愿意尝试任何事情。当时的经济衰退很有可能演变成为 20 世纪 30 年代那样的大萧条，情况真是千钧一发。"2008 年圣诞节前几周，焦虑不安的英格兰银行和财政部高级官员进行谈话，拼凑出一个似乎可行的方案。一个联合小组开始"紧张地"忙碌，集中精力研究旨在重新向市场注入大量现金的传导机制（transmission mechanism）。他们研究出的机制名称为资产购买工具（APF），这是个绝密的计划。

货币政策委员会的财政部代表戴夫·拉姆斯登是英格兰银行的熟面孔。在这次危机应对中，他是财政部方面的首席代表。金任命英格兰银行外汇部门（但是主要负责市场部分）的主管保罗·费舍尔和首席经济学家斯宾塞·戴尔共同担任资产购买工具督导委员会的主席。委员会成员中包括市场部特别计划负责人萨拉·布里登。萨拉精力旺盛，她在针线大街被称为"万能女王"。布里登深受行长器重，曾领衔英格兰银行应对北岩银行危机的团队，并密切参与了特别流动性计划（SLS）的实施过程。2009 年 1 月，来自富尔德律师事务所的格雷汉姆·尼尔克森以英格兰银行首席法律顾问的身份也加入进来。接着，英格兰银行的这些高层主管又召集了 20 个来自市场部和货币分析部最优秀的分析师和计量经济学分析员。这支团队在斯特灵会议室（Sterling Room）集合后便着手工作，勾勒出了资产购买工具的大致框架。一些在漫长的冬日里忙着制订这个计划的人员还依稀记得，资产购买工具的设计——即其如何与其他机制互动——是一项非常具有挑战性和复杂性的工作。正如其名称所显示的一样，资产购买工具的核心意图就是购买诸如养老基金和其他资产管理公司之类的大型金融机构手中的"资产"——具体来说，就是债务证券。这样一来，这些金融机构就可以获得现金，用这些钱购买"风险更大"的其他资产。这被称为"投资组合再平衡"。量化宽松是从经济学家学术文献中借鉴的理论，仍然没有先例可循。然而，以前在银行内就有人提过这些"非常规措施"——英格兰银行偏爱这种表达方式。早在 2004 年 7 月，保罗·塔克就有过关于量化宽松益处的思考：

在面临着流动性陷阱（liquidity trap）时，英格兰银行原则上可以通过购买证券的方式注入基础货币，这在我们权限范围之内，而且从技术角度看，这些资金将成为"超额储备金"。

塔克提出了几个警告，后来英格兰银行不得不对这些警告进行思考：

我们要在维持资产负债表不出问题的情况下做这件事。其次，在这种情况下，我们有可能需要和政府债务管理机构进行协调，因为从理论上讲，这件事也涉及债权换现金的问题。

四年半后，塔克还会再次与同事争论这个问题。但是，在 2008 年末，当资产购买工具督导小组开始实施量化宽松计划的时候，英格兰银行和财政部的分歧一下子就暴露出来了。双方争论的焦点集中在资产购买工具购买资产的类别上。财政部强烈要求从金融机构购买企业债券，以此缓解信贷市场压力。英格兰银行指出，购买企业债券并不能增加资金供应，所以从严格意义上算不上是量化宽松。英格兰银行也非常坚决地指出，这个计划应该实行"理论"上的量化宽松，也就是印新钱，而且只能购买政府债券。一位英格兰银行内部人士回忆说："财政部从政治的角度考虑，想让我们购买企业资产。他们认为让民众觉得我们是在帮助企业信贷不仅是必要的，而且是最好的选择。"虽然说英格兰银行内部的一些人，比如说斯宾塞·戴尔也支持购买企业的方式，但是行长和其他人都坚信任何项目都应该以政府债券（即国债）为核心。金绝对不希望看英格兰银行的资产负债表暴露在企业"信贷风险"中。一位内部知情人士回忆说，人们都认为

"行长不想让历史在记述他的时候说他在企业债券上赔了很多钱"。货币政策委员会的外部成员大卫·米尔斯教授后来陈述了其中缘由：

购买国债的好处是，国债市场的流动性大，范围广，而且没有信贷风险。购买单一的债券（在信贷风险方面）也意味着，货币政策委员会不用在信贷提供者之间进行额度分配，也不用确定哪些公司可以获得资金，哪些公司不能获得资金。

除了关于购买资产类别的争论外，双方在资产购买工具的资金规模方面也有分歧。"财政部想要大干一场，"一位英格兰银行内部人士说，"他们提出的数字是 500 亿英镑。我们从来没有把这个数字设为目标。我们只是想搞清楚我们要解决的问题是什么。"金费尽心机想要确定一件事情，那就是如果计划的项目公开成为英格兰银行货币政策的组成部分的话，决策权应该归在货币政策委员会。实际上就相当于，政府给了货币政策委员会一大笔钱，而且要求它赶快拿这些钱去买东西。还有另外一个很重要的问题没有解决。虽然英格兰银行坚持货币政策委员会有权通过投票决定量化宽松政策的开始和结束的时间，但是货币政策委员会无权决定该项目要收购的资产类别。几个月后，金一针见血地对财政委员会指出：

财政大臣把选择工具和方式的权力授权给了英格兰银行行长，没有授权货币政策委员会。

换言之，项目实施的最终决定权属于英格兰银行行长和他带领的团队。问题就在这些细节里面。就在英格兰银行和财政部继续争执的时候，资产购买工具督导小组迎难而上，成立工作小组，建立实际运营机制——计量经济学模式、债券持有人向英格兰银行出售债券的拍卖程序，以及管理将来类似计划的框架。随着这些工作渐渐完成，参与该计划的人对该计划的严肃性没有任何疑问，他们也明确意识到这个项目的真正老板就是金。"这是个非常庞大的项目，而且与行长本人的关系非常密切。"一个参与者这样说道。2009 年 1 月中旬，经过很多个星期的艰苦努力后，量化宽松的结构终于做出来了，大家都很有成就感。费舍尔和戴尔带着他们的团队到英格兰银行附近街角的酒吧喝啤酒庆祝。就在英格兰银行和财政部准备公布资产购买工具的时候，媒体获悉了政府有可能推出量化宽松计划的消息。媒体马上开始打探影子内阁财政大臣乔治·奥斯本的口风。奥斯本镇定地应对媒体的询问：

财政部正在考虑加印钞票的事实表明戈登·布朗已经把英国带到了破产的边缘……加印钞票是政府在走投无路情况下的最后选择。在抗击通货紧缩的时候，不排除会把加印钞票作为最后的选择。但是加印钞票也有诱发通货膨胀失控的风险，一旦通胀失控，政府将不得不应对其所带来的所有经济问题。

毫无畏惧的财政部于 2009 年 1 月 19 日正式宣布了这个计划。财政部坚持自己设定的 500 亿英镑目标，表示资产购买工具将允许英格兰银行"购买高质量的私营领域资产"，主要是企业债券、银团债券和资产抵押证券，"通过解决原生金融工具（underlying instruments）的流动资金不足的问题，提高企业信贷的供应量"。此外，这个计划还向英格兰银行行长做出了承诺：如果货币政策委员会认为该计划"有助于货币政策委员会实现通货膨胀目标"，英格兰银行货币政策委员会有权将资产购买工具用于"货币政策目的"。英格兰银行是这样总结的：

量化宽松的目标是通过大规模的资产购买提高货币供应，以此来达成符合中期通胀目标的正常需求水平。

资产购买工具的内部工作机制对于媒体和公众而言都是闻所未闻。在过去的两年时间里，他们都在努力搞明白金融衍生品、银行资本充足率、银行家市场和其他的生僻金融术语是什么意思，现在又来一个量化宽松，他们当然不喜欢。这个术语产生于 20 世纪 90 年代日本经济危机时期，令人费解。英格兰银行更喜欢空虚的说法——"非常规措施"。量化宽松的英文缩写"QE"瞬间登上各家报纸的头版头条，成为家喻户晓的词汇，但量化宽松在伦敦金融城饱受怀疑。在人们错误地把这个计划与刺激市场短期反弹的"利好"因素联系在一起之前，金融市场对这个计划持严重怀疑态度。英格兰银行派保罗·费舍尔和他的同事去向主流资产管理公司、养老基金和经销商介绍资产购买工具的目标。虽然英格兰银行实际上是主动用上好的价格购买他们手中的债券，而且有可能会大量购买，但是很多人都不喜欢这个计划的名称。许多银行界的资深人士也对这个计划表示不解。一位首席执行官回忆说，英格兰银行推出这样大胆的举动似乎"引起了很大争议"。人们感觉世界末日好像就要来了。伦敦金融城的人不禁要问：英格兰银行究竟知道什么我们还不了解的信息？英格兰银行没有直接把这 500 亿英镑的巨款加到自己的资产负债表上，而是设立一个新的机制，来购买实际的资产。2009 年 1 月 30 日，英格兰银行资产购买工具有限基金（BEAPFF）正式成立，保罗·塔克和斯宾塞·戴尔被任命为这个基金的首届主管（塔克于 3 月 1 日被保罗·费舍尔取代）。虽然他们出任英格兰银行资产购买工具有限基金的董事，但并不代表英格兰银行会自掏腰包支持这家公司，从严格意义上讲，英格兰银行在这个基金中没有任何经济利益。根据协议，该基金的所有盈亏都由财政部承担。所以英格兰银行资产购买工具有限基金不是"自负盈亏"。直白地讲，这个基金的正式任务就是尽快开始花钱。但是这家新公司的资金从哪里来呢？英格兰银行与财政部达成协议，同意向这家新公司借款 500 亿英镑，开始的时候"通过发行国库券"的形式借款。归根结底，英格兰银行的企业债券购买资金是由英国债务管理办公室（DMO）提供的。债务管理办公室是隶属于财政部的一个行政机构，负责管理政府债务，其职责的一部分内容就是发行国库券。这种情况要一直持续到 3 月 6 日英格兰银行开始自己印钱的时候才能结束。一番周折过后，资产购买工具备受赞誉的企业债券收购几乎没有任何实效。在 2009 年前几个月，英格兰银行很不情愿地购买了总值 16 亿英镑的企业债券，并一再表示企业债券市场过小，英格兰银行的收购计划无法取得预期效果。剩下的 484 亿英镑一直闲置着。直到 2011 年秋初，乔治·奥斯本提醒英格兰银行行长说，他仍然有权自由使用这笔资金来救助信贷市场。然而，英格兰银行行长对这个计划的不满没有随着时间的消逝而减弱。2011 年 11 月，当下面的文字出现在财政大臣的秋季报告中时，这个计划才有了结束的迹象：

　　资产购买工具实施以来的情况表明，要想实现企业资本市场稳定运营的目标，需要的资产购买额远远低于 2009 年设定的 500 亿英镑上限。有鉴于此，私营领域资产购买的上限减低 400 亿英镑，变为 100 亿英镑。这给宣布全面放松信贷干预提供了空间。

　　当然，最后一句话纯属废话。资产购买工具最初提出的 500 亿英镑一直都没有兑现，这笔钱只是用来购买效益良好的大企业债券的，从来都不是为了"舒缓"中小私营企业（指那些面临严重困难的中小企业）所需要的信贷。这个工具的资金额缩减为 100 亿英镑并没有给政府提供"空间"，只是宣告这个工具的结束。

£ £ £ £ £

2月5日，当英格兰银行货币政策委员会召开月度会议的时候，全面的量化宽松已经提上日程。货币政策委员会认为，出于"货币政策目的"而进行资产收购的时刻到了。货币政策委员会担心市场会陷入通货紧缩，而这类资产收购会刺激通货膨胀，实现英格兰银行确定的中期目标：2%，这比什么都重要。货币政策委员会的会议记录显示，该委员会成员一致认为金应该写信给财政大臣，"请求授权英格兰银行利用资产购买工具而产生的央行资金收购政府债券和其他债券"。所谓政府债券就是国债。会议记录指出，"关键是让财政大臣保证政府债务管理政策与货币政策委员会的货币政策协调一致。本委员会已经意识到这类操作的影响不仅具有不确定性，而且具有滞后性"。12天后，也就是2月17日，金用略带说教的口吻给达林写信，提出英格兰银行的请求：这个工具可以利用央行的资金在二级市场购买国债，这与现在推行的货币政策类似，区别在于政策工具的重点将转为提供资金的数量，而不是其价格。

这一段朴实的文字，没什么值得称道的地方，却首次正式提出将国债作为资产购买工具的目标。让人感到宽慰的是，金在信中接着说，如果这个工具被用于"货币政策目的，购买资产的资金应该由央行提供，而不用财政部发行国库券"。他接着表达货币政策委员会的担心：购买国债是否"符合"债务管理办公室的工作规定？

如果资产购买工具被用于购买国债，那么政府的债务管理政策应当与金融政策的目标相符合，这一点很重要。为了实现货币政策目标，英格兰银行可以通过资产购买工具进行交易，但是国债发行政策不能因此而改变。

3月3日，达林给金回信，他可以"授权货币政策委员会利用资产购买工具在二级市场购买英国政府债券"。此外，他还大幅度提高了可以购买资产的数额，达到1500亿英镑。达林再次白费心机地想提起英格兰银行对企业信贷的兴趣："根据当前的政策安排，也鉴于支持企业信贷流动的重要意义，资产购买工具应当提供500亿英镑的资金用于购买私营领域资产。"剩余的1000亿英镑可以用来购买国债。有意思的是，达林承诺提供1000亿巨资后笔锋一转，用几段话的长度阐述了债务管理办公室的工作、目标和远大计划。到现在为止，货币政策委员会、英格兰银行行长和财政大臣本人都竭力坚持，英格兰银行的国债购买操作应当符合债务管理办公室的国债发行战略。这已经毫无意义了。问题在于：首先，国债是政府的债务，而英格兰银行百分之百归属于英国政府，如果英格兰银行买入国债，即使是在二级市场购买，英国会不会陷入自己购买自己债务的尴尬境地？

££££££

让英格兰银行头疼的债务管理办公室位于在伦敦金融城中心的菲尔波特巷（Philpot Lane）普通的现代办公楼，在伦敦大火纪念碑旁边，距离英格兰银行几百米远。一百个职员在这里费力不讨好地忙碌着，他们的工作就是管理政府借款，政府用这些借款来支撑公共财政支出。债务管理办公室每年都会收到财政部发来的《债务与储备金管理报告》（Debt and Reserves Management Report），这个报告被简称为"Dreamer（梦想家）"。

这份文件指出政府的资金需求以及需要在市场上借贷的数额。这些债务就累积成为英国的国家债务，以高度可靠的证券形式存在（更合适的说法是"金边证券"或者"金边股票"）。这些证券由政府担保，由债务管理办公室发行，有所谓的金边市场交易商 (gilt-edged market makers，GEMM) 销售。这些从业人员都来自各大主流投资银行。国债和其他债务证券一样，政府在偿还本金之前需要支付一定的利息。国债分为很多种，主要的区别在于到期日期 (maturity dates)：国库券的最低期限为 1 年，"短期国债"的期限为 1 ~ 7 年，"中期国债"的期限为 7 ~ 15 年，"长期国债"的期限在 15 年或 15 年以上。在发行和赎回期间，国债价格在市场上随买卖波动。总之，国债的收益和国债的价格成反比。如果某期国债的市场价格下跌，则其收益上涨，反之亦然。人们很容易用狄更斯的话来形容债务管理办公室，说它是一个叮当作响的引擎室，不断制造大量的债务。现实中的国债办公室非常平淡无味，办公室是开放式的屋子，非常安静，摆放着成排的办公桌、电脑显示屏和彭博终端。办公室的墙上挂着其辉煌的前身，也就是英格兰银行国债事业部的纪念物。这些东西虽然已经被忘记很久了，但是依旧象征着往日的辉煌，包括带框的国库券、黑白的老绅士图像和几个财政大臣的印信。不过，债务管理办公室却是个非常复杂的交易室。交易终端每年过手的债务和现金市场交易额超过 4 万亿英镑。这个机构的负责人是被称为"金边先生"的罗伯特·斯蒂曼（Robert Stheeman）。斯蒂曼于 2003 年到债务管理办公室工作。在此之前，他是一名投资银行家，在伦敦为德意志银行的债务资本市场事业部工作过 16 年。斯蒂曼负责执行债务管理办公室的使命：

英国债务管理的根本目标是要在考虑风险的情况下，实现英国政府融资成本长期最小化，同时确保债务管理政策与货币政策的目标相协调。

　　虽然债务管理办公室与英格兰银行专管的"货币政策"有一定的关系，但是这个办公室最主要的职责还是筹集债务和管理债务。债务管理办公室创建于14年前。由于公共财政状况不断恶化，这个办公室也越来越忙碌。在债务管理办公室成立后的第一个财年（1998～1999），它只发行了82亿国债，在基本上没有电脑的情况下用人工方式进行拍卖。次年，国债发行额达到142亿英镑。但是到了2000年，由于政府出售3G移动牌照收入225亿英镑——超出预期195亿英镑，所以国库掌握了大量资金，人们顿时觉得债务管理办公室的用处不大，甚至有人认为它完全没有存在的必要。不过，政府的这一大笔收入很快就花完了，在2000～2001年度，政府发行了100亿英镑的国债。从此之后，国债年度发行量迅速攀升，2003～2004年度达到499亿英镑。接下来几年的国债发行量基本保持稳定，但是2006～2007年度和2007～2008年度分别骤增至625亿英镑和585亿英镑。在接下来的一年，英国经济开始出现问题，政府的筹资需求比以往更加急切。2008～2009年度，债务管理办公室最初的国债销售计划是800亿英镑。2008年10月，修订后的计划提高了300亿英镑，至1100亿英镑。修改完不到一个月，2008年11月，预算前报告临时决定对国债发行计划再次进行修订。这次又提高了364亿英镑，使发行计划总额达到惊人的1464亿英镑。

　　等到英格兰银行准备实施量化宽松计划的时候，债务管理办公室就要发行史上最多的国债了。债务管理办公室的数据显示出最大的变化：发行水平。在2007年以前，政府总发行水平最高的年份是1994年，但也仅为500多亿英镑。1994年后，除1997年外，政府债券发行水平逐步下降，到2007年再次达到500多亿英镑的高峰。但是随着银行救助的规模一再打破纪录，国债发行量在2009年直逼1500亿英镑，2010年更是达到

2250 亿英镑。总而言之，当债务管理办公室于 1998 年 4 月从英格兰银行接管债务管理职责的时候，国债市场规模为 2970 亿英镑，现在的规模超过 1.3 万亿英镑（正如斯蒂曼 2013 年指出的那样，"我们现在每个月筹集的资金比债务管理办公室成立前四年筹资的总额都要高"）。奇怪的是，虽然债务管理办公室筹集国债的数额越来越大，职责越来越大，但是它却不能参与英格兰银行关于资产购买工具的主要决策。虽然这并非量化宽松计划的本意，但英格兰银行即将成为国债的最大买家，而且给国债市场造成了巨大的压力。

£ £ £ £ £

在 3 月 5 日召开的英格兰银行货币政策委员会会议上出现了两个提案。第一，将银行间利率（Bank Rate）从 1.0% 降低为 0.5%，该动议获得全票通过。第二，资产购买工具现在应该投入运转。委员会的会议记录上有一些关于该工具投入资金数额的争论，但是最终确定的数额是 750 亿英镑。接着还有一些关于购买企业债券还是国债的争论：

该委员会认为，英格兰银行应当继续购买私营领域资产，以直接改善企业信贷市场的运转……但是，未来几个月，私营领域资产购买的数量将远远低于 750 亿英镑的总购买目标。部分原因是因为私营领域资产市场的规模相对较小。此外，私营领域资产购买的目标是减少利差，提高信贷流通。所以，英格兰银行在这些市场的资产购买规模不是主要目标。出于以上考虑，英格兰银行需要在二级市场购买大量的常规国债，以达到委员会的总体资产购买规模。

该委员会同意，这些国债将"从国内非银行金融领域购买，而不从银行机构购买"，因为这些非银行机构"有可能使用出售国债的部分收入购买其他资产"，从而推动"投资资产重组"，这正是量化宽松计划的预期目标。最后，该委员会决定英格兰银行将不会购买期限达到25年及以上的超长期国债，因为大量的超长期国债持有者为养老基金，英格兰银行如果购买这类国债将有可能影响养老基金。随着决议一项项确定，与会者的眼睛全都转向了保罗·费舍尔。他四天前刚被任命为货币政策委员会成员，这是他第一次参加委员会会议。费舍尔身为英格兰银行市场部主管，直接负责巨额国债购买计划的实施。会议结束，当委员们整理文件的时候，行长戏谑地说了一句话，意思是"保罗，全看你的了，开始干吧"。

这项宏大的经济实验终于获批，但是英格兰银行却搞得一团糟。

中午12时整，货币政策委员会的决议从针线大街传到市场。市场获悉英格兰银行将开始实施大规模国债购买计划，购买"中长期常规国债"。国债市场明白所谓中长期国债就是指7年期至50年期的国债。基于这个消息，在接下来的2小时22分的国债市场交易中，全球各地的国债投资者有人赚钱有人赔钱。到了下午2时22分，英格兰银行发布说明，表示要收购的国债是5年期至25年期的国债。据伦敦金融城的资深人士称，这让人们确信英格兰银行对国债市场知之甚少，连最基本的术语都搞不清楚。用一位国债市场交易商的话来说，市场"一片混乱"，交易者都涌向5年期至25年期的国债，导致5年期以下和25年期以上的国债价格暴跌。这就严重干扰了债券市场的收益率曲线，也就是债券市场持有期限收益（yields-over-time backbone）。市场的动荡也引起债务管理办公室震惊，该办公室的交易员正处于这场风暴的"风暴眼"。下午4时，很多国债市场交易员被召集到了英格兰银行。据一位在场人士透露，当时保罗·费舍尔看起来有一些凌乱，他说明了英格兰银行的下一步打算和接下来的购买计划。有人指出，将有人"质疑"英格兰银行购买国债计划与债务管理办公室的国债发行战略之间的关系，对此他不经意中表示认同。这些国债市场交易员离开的时候都在想，英格兰银行接下来还会向他们通报什么。开场很不顺利。3月11日，当资产购买工具开始第一笔实质性的国债购买时，英格兰银行选购的几个期限内的国债价格都水涨船高，很多交易商都赚得盆满钵满。举例来说，在资产购买计划宣布后的一个星期内，十年期国债收益率就发生了70个基点（0.7%）的波动，从360个基点到290个基点，这是史无前例的。打个比方，持有1亿英镑5年期国债的交易商——这是收益率曲线最敏感的部分——在量化宽松计划宣布后的一个星期就差不多赚200万英镑。虽然出现这些意想不到的结果，但是英格兰银行开始这个750亿英镑的计划后并没有浪费时间。4月9日，英格兰银行至少买入260亿英镑的国债。一个月后，到5月7日，英格兰银行将购买目标再提高500亿英镑，至1250亿英镑。后来，英格兰银行于8月6日将目标再次提高500亿英镑，于11月再提高250亿英镑，使该计划的总额达到2000亿英镑。为了更加直观地理解这个数据，我们可以对照一下，2009年初市场上未到期的常规国债的总额也不过5370亿英镑。所以，无论从什么角度来看，英格兰银行的收购计划都是对国债市场的大规模干预。英格兰银行每周进行两次购买操作，每次都选择某种特定期限的国债——5至10年期或10至25年期。英格兰银行的实际购买机制是这样的：

英格兰银行主要从非银行机构购买资产，但是商业银行在资产购买过程中充当中间商。英格兰银行通过创造央行储备金购买资产，将创造出来的央行储备金注进充当中间商的商业银行在央行的账户。然后，由这些商业银行向资产出售方的银行账户注资。

说得直白一些，英格兰银行"加印"的钱基本上没有离开英格兰银行。打个比方说，如果英格兰银行从养老基金购买国债，它向这个养老基金的银行账户注资。这个银行账户肯定对应一家主流清算银行账户，而这家清算银行肯定是英格兰银行储备账户的持有者。这样一来，这个交易只不过是英格兰银行把钱从左手放到了右手。英格兰银行每购买一笔资产就会产生一笔交易，每产生一笔交易，英格兰银行的钱就换一下手。现在，这家养老基金就可以把出售国债的钱投入宏观经济了。金和他的同事制定的量化宽松计划程序听起来非常简便。然而，保罗·费舍尔 2010 年 10 月在英国格洛斯特郡斯特劳德（Stroud）附近的一家酒店对西方国家商业人士讲话时表示，这个程序其实并不简单。费舍尔的演讲题目名叫《非常规的历程》（An Unconventional Journey）。在这篇讲话中，费舍尔直言不讳地指出了量化宽松在机制上存在的一些问题。首先，英格兰银行在找寻国债来源的时候严重依赖市场交易商。但是，作为英格兰银行首选的商业银行并不适合担任交易商。费舍尔回忆说：

虽然商业银行是国债市场交易商，是购买国债的最直接渠道，但是英格兰银行的资产负债表中只有很少一部分国债，这些国债是作为其流动性资产组合的一部分。市场交易商在向英格兰银行出售国债之前需要筹集到足够的国债。

英国国债的其他主要持有者是保险公司和养老基金，但是很多保险公司和养老基金好像不愿意出售手中的国债：

有些市场参与者告诉我们说，这是不可能的，因为资产经理人不能动用基准持有（benchmark holdings，初始目标为 750 亿英镑）。资产购买计划一公布，英格兰银行就采取步骤积极讨论我们和市场参与者之间的互动，以缓解最初的质疑。2009 年 3 月，在计划公布后的几个星期里，我们就给国债市场经销商和许多大型资产经理人打电话，向他们解释我们的操作，鼓励他们参与进来。

在成功说服一些市场参与者向英格兰银行出售国债后，费舍尔特别担心英格兰银行的收购价格是不是"公平的市场价格"：

我们要考虑到英国政府的大型国债发行计划：我们担心市场参与者可能直接从政府的债务管理办公室购买国债，然后想办法把这些国债以更高的价格卖给英格兰银行。

伦敦金融城的国债交易商马上都意识到，英格兰银行为了打击这种卑鄙的伎俩而采取一个精明的办法。英格兰银行的办法就是决定"目标购买速度比债务管理办公室的发行速度快三倍"。这样就给人们留下了英格兰银行购买国债的速度比债务管理办公室发行国债的速度快三倍的可笑印象。英格兰银行还想出其他计划来打击这种投机行为：首先，把国债购买设计为竞争拍卖；其次，英格兰银行是多种国债一起购买，而不是只购买单一国债，以缓解某一种国债扎堆出售；最后，据费舍尔说：

如果我们知道哪些国债是债务管理办公室即将发行或者上一周刚发行的，那么我们会将这些国债排除在购买范围之内。

在斯特劳德、费舍尔的听众中持质疑态度的人士品着咖啡和薄荷糖。他们可能已经根据费舍尔的讲话得出结论，事实证明英格兰银行对国债市场的干预要远远难于其最初的设想。费舍尔也认识到了这一点："我不想暗示说，资产购买计划的实施和维持完全没有问题。事实远非如此。"实际上，这个计划有可能正在走向灾难。除了寻找足够的国债并且不影响债务管理办公室的发行计划，最大的困难在于英格兰银行的巨额国债收购计划严重干扰了国债市场。问题主要是由此引发的市场上国债数量不足：毕竟英格兰银行要购买市场上流动的国债发行总量的29%。通过更加细致的分析可以发现，英格兰银行持有的某些种类国债占市场流通量的百分比甚至高于这个目标。正如费舍尔所言，过不了多久，"某些国债发行量的70%"都要归英格兰银行持有。无论从什么角度看，这种情况不得不令人惊恐，当然也引起了债务管理办公室的警惕。2009年春末和夏季，债务管理办公室的交易员开始发现国债市场上出现"未完成交易"的情况。所谓"未完成交易"也叫"交付失败"（delivery failure），实际上就是未结算交易，是指销售者和预期买家的交易没有完成。出现这种情况的原因就是市场上的国债流动性持续不足。交易失败的情况很少发生：在正常时期，一个月可能会发生一次。但是，债务管理办公室发现现在每天都会发生数起这种交易。更为糟糕的是还有一系列的"回购紧缩"（repo squeezes），市场同行之前的国债借贷交易被严重打断。债务管理办公室被迫启动常备回购工具（Standing Repo Facility）,5月22日又被迫启动特殊回购工具（Special Repo Facility）。根据债务管理办公室的说法，只有在"市场出现严重错乱或崩溃的证据"时才能启动特殊回购工具。更直白一点说，债务管理办公室可以利用这些工具临时多发行国债，促成交易顺利进行，但是要收取一定比率的罚金。这不是额外发行国债补充不足的国债供应，而是由于市场压力太大，债务管理办公室不断启用常备回购工具和特殊回购工具，向市场注入了价值数亿英镑的"额外"证券。早在2003年，英格兰银行在一份内部危机计划简报中就预见到会出现这种情况，称之为债务管理办公室应急工具（DMO emergency facility）：

如果某一种政府债券的绝大部分暂时撤离市场导致市场运行操作中断时，可以采用这个工具（因为政府债券通常在支付体系中被作为抵押品，所以政府债券不足会造成市场流动性不足）。

2009年，这种情况果真出现了，一位参与其中的人士称当时的情况"令人绝望"，英格兰银行甚至开始介入债务管理办公室的发行战略。英格兰银行和债务管理办公室召开了一次紧急会议。8月6日，双方发布联合声明称，英格兰银行将再借给债务管理办公室大笔国债，"以缓和市场运转中出现的不良摩擦"：

英格兰银行借给债务管理办公室的国债数额将不低于资产购买工具所持有各类国债总额的10%，如果资产购买工具持有的某种国债的比重超过市场自由流通量的50%，则其借给债务管理办公室的比例会更高。此外，英格兰银行将准备提供资产购买工具中的国债给债务管理办公室的常备回购工具，以及相关的特殊回购工具，用于购买某些特殊股票……

英格兰银行倒手把国债借给债务管理办公室，这样一来，债务管理办公室就能在市场上再次使用这些国债，这种《爱丽丝漫游仙境》才会出现的奇观恐怕会吓到后来的经济学家。当时要想解决这个问题别无他法。"回购紧缩"引起了前所未有的"未完成交易"和市场混乱，这是英格兰银行量化宽松最严重的不良后果，但绝不是唯一的不良后果。伦敦市场开始清楚，因为英格兰银行在实际"回购"国债之前就宣布要购买的种类，所以一些交易商还是能够避开英格兰银行的防范措施，成功地在市场上"投机"。每个星期，在英格兰银行购买国债之前，某些种类的国债交易价格就会猛涨——比如，收益率5%的2014年到期国债就是交易商追捧的对象——这期国债的价格就会超过正常的市场价格曲线。因为这类国债发行量极少，所以卖家很少——伦敦愿意出高价的买家只有英格兰银行。在英格兰银行确定的回购日期的下午2时45分，行内的交易员会浏览一下市场，做出购买决定。购买决定的部分依据是买家可以提供的最低折扣信息。这个时候，毫无节操的交易商就会在他们创造的高价上狠打折扣，表明他持有的国债——比方说1亿英镑——物有所值，确保可以进入英格兰银行的购买目录。英格兰银行对于这种不正常的市场行为不是没有察觉。英格兰银行经常在毫无警告的情况下把某些国债排除在购买目录之外，让这些狡猾的交易商摸不着头脑，把价格虚高的国债砸在手里卖不出去。有时候，英格兰银行也会召集国债交易商，警告他们英格兰银行掌握他们的交易情况，并且明确暗示监管机构——金融服务监管局——无时无刻不在关注着他们。

£ £ £ £ £

2009年3月24日，默文·金在日记中写到一件不同寻常的事情，他在财政特别委员会和上院经济事务委员会之间"觐见女王陛下"。走在白金汉宫的走廊里，金想到这是女王登基57年来首次接见英格兰银行行长。与"女校长"的见面并不轻松，但是这或许也让金有时间思考自己的不凡历程——一个不知名小地方走出来的孩子如今却成为白金汉宫的座上宾。他们坐在一起，就困难的国家经济形势进行了讨论。女王感兴趣的当然还有她自己的1亿英镑投资组合，几个月前女王的投资也受损了。同样是在几个月前，女王访问了伦敦政治经济学院，向学院研究部主任路易斯·加利卡诺（Luis Garicano）问了一个有名的问题，为什么"没有人提前注意到它呢？"——这里的"它"指的就是信贷危机风暴到来前笼罩的阴云。加利卡诺回忆说："她问我，既然这些事情的影响这么大，为什么大家都没有注意到呢？"他给女王陛下的回答是，"在每一个阶段，一些人都在依赖另外一些人，每个人都觉得自己做的是对的。"金和女王的会谈细节至今没有披露，不过金暗示说，他在回答女王问题时表示其实有人知道一场危机正在酝酿，但是没有人确定这场危机发生的地点和时间。他举了个类比的例子，那就是地震带和防震准备："（我们）应该努力建造更加坚固的建筑。"问题并没有就此结束。几个月后，金的老朋友彼得·亨尼西（Peter Hennessy）给女王写了一封信，表示英国科学院召开了一个论坛，就女王提出的问题进行辩论。论坛得出的结论是：

> 没有成功预见这场危机的时间、范围和严重性并避免危机的原因有很多，但是主要是国内国际上的很多聪明人士集体缺乏想象力，没能理解整个系统所面临的风险。

女王陛下可能认为英格兰银行高层团队属于"很多聪明人士"的行列，这是无可厚非的。不过，亨尼西还是指出，英格兰银行在危机之前就金融失衡（financial imbalances）发布了"多次预警"，而且在通货膨胀方面，"货币政策委员成功地履行使命，维持了一段前所未有的稳定的低通胀时期"。最后，亨尼西宽慰女王道：

> 鉴于陛下询问的核心问题是预测失败的原因，所以英国科学院愿意就陛下在财政部和内阁办公室，以及商业、创新和技能部、英格兰银行和金融服务监管局如何建立新的预见能力方面提供帮助，让女王陛下以后再也

不用问这个问题。

实际上，女王陛下可能已经感觉到明天就要有新的问题产生。似乎是为了印证她对英国财政的担忧，债务管理办公室的消息传到了英格兰银行。债务管理办公室在拍卖总额为 17.5 亿英镑的 2049 年到期长期国库券（收益率为 4.25%）时只卖出去 16.7 亿英镑，成交率为 0.93。坦率地讲，政府债券没有足够的买家。这是自 1995 年以来常规国债拍卖首次失败，当时的拍卖成交率为 0.99。拍卖失败——或者"流拍"——立即对国债收益率造成影响，国债价格下跌，收益率骤降至 3.53%。债务管理办公室主任罗伯特·斯蒂曼对《每日电讯报》说，流拍是因为"市场动荡"，还表示说："今天的结果并没有完全出乎我的预期……我不敢保证以后不会出现流拍的情况。"

£ £ £ £ £

2009 年春季，当英格兰银行大张旗鼓地开展量化宽松计划时，唐宁街 11 号的阿里斯泰尔每天都彻夜难眠。4 月 22 日周三，政府财政预算还是一团糟，直到财政大臣走向下院公文箱前 48 小时才拼凑起来。当天走到公文箱时，他把这个预算法案归咎于一系列灾难：几近失灵的金融系统、经济开始陷入长期严重衰退以及消费者信心崩溃。鉴于政府借债需求接近天文数字，所以：

我们本年的公共领域净举债额将达到 1750 亿英镑，约占国内生产总值的 12.4%。等到 2010 年经济开始复苏的时候……举债额将降到 1730 亿英镑，接下来的年度依次降至 1400 亿英镑、1180 亿英镑和 970 亿英镑。

从占国内生产总值的比重来看，明年的举债额将达到国内生产总值的11.9%，随着我们资产负债逐渐趋于平衡，2011～2012年度的举债额度将占国内生产总值的9.1%，下个年度7.2%，到2013～2014年度就会降到5.5%。经济衰退势必导致国债占国内生产总值的比重骤增。英国的净债务额，包括稳定银行系统的开支在内，占国内生产总值的比重将从本年的59%增长到明年的68%，到2011～2012年度将增至74%，2013～2014年度将增至78%或79%。

政府为了平衡资产负债表不得不大举借债，这让人感到不寒而栗。在宣布完这个坏消息后，达林开始冷静地陈述筹资的一系列计划——对高收入者加收50%的税，对烟酒加税，提高公共领域的工作效率，以节俭开支（后来计算得出，对高收入者加收50%的税也只能增收20亿英镑）。无论从哪个角度来看，这个预算都是政治性的，而且具有讽刺意味。《债务与储备金管理报告》也于同日发布，公布了未来一年债务管理办公室的工作要求。财政部负责经济事务的副大臣伊恩·皮尔森（Ian Pearson）在前言部分写下这句话的时候肯定深吸了一口气：

2009～2010年度国债净发行量将达到2034亿英镑，总发行量将达到2200亿英镑。

在没有任何官方评论的情况下，读者需要自己做出结论。清醒的读者十分恐慌：2200亿英镑的数额比上一年的数字整整增长了50%。当时的国债市场规模只有7130亿英镑，在未来12个月内要猛增1/3。2200亿英镑的庞大数额也令国债市场大跌眼镜。共识预测（Consensus forecast）的预测数据为1800亿英镑左右，这个数字已经非常庞大。这个超乎预期的数字迅速搅动市场，带动 10 年期国债基准收益率上扬。该报告一经公布便引发媒体的热议。英国《金融时报》的头版头条是《市场面临破纪录的2200 亿英镑新国债》。该报纸援引斯蒂曼的话说：

2200 亿英镑是个非常非常庞大的数字。虽然国债发行规模史无前例，但是我相信国债市场的成熟度、规模和流动性都足以吸收规模如此庞大的债券。

其他人没有这么乐观。天达银行(Investec)的经济学家大卫·佩基(David Page) 表示，国债发行如此"规模庞大，打破了以往和平时期的记录。这将考验投资者的胃口"。英格兰银行财政委员会前委员维拉姆·布伊特向来直言不讳，他在当天的《金融时报》上表达的观点尤为悲观：

在一年内发行 2000 亿英镑的国债，要想不扰乱市场秩序，你必须拥有财政信誉：必须让市场和公众相信你有意愿和能力在未来提高税收或者削减公共开支，或者同时采取以上两种措施，维持债务负担的可持续性。在经济衰退时，要想成为行之有效的凯恩斯主义者，你需要拥有财政保守者的声誉。英国政府没有这方面的声誉。

布伊特给出的意见直截了当："最好是让布朗——危机的主要责任人——辞职。"布朗没有辞职，其他人也没有辞职，内阁依旧勉强运转。等到 2009 年 6 月，金对政府处理经济的方式越来越不满，与达林的关系也开始紧张起来。二人的冲突在他们筹备 6 月 17 日星期三在市政法庭宴会上的讲话时爆发出来。据达林说，在宴会开始前的几个星期，财政大臣数次想要提前阅读英格兰银行行长的讲话稿，均遭拒绝。在金讲话前几个小时，达林才看到这篇讲话稿。达林在看到讲话稿后一阵错愕：

很显然，这篇讲话将表明他（金）和我之间存在很深的分歧。英格兰银行显然是要争夺银行业监管权——我觉得这无异于要重写近一段时期的历史。

这个夜晚注定是个不愉快的夜晚。金的讲话是对工党经济政策的直接抨击。他宣称"财政政策也需要改变"，并且指出内阁为稳定银行业和宏观经济而采取的一系列措施只是将债务"从私营领域转嫁到公共领域"——这样的结果就是把国债推到了即将失控的危险中：

自现在起 5 年内，国债占国民收入的比重至少要比危机之前翻一番。所以很有必要制订清晰的计划，在下一届议院时期削减赤字，使国债占国民收入的比重逐步下降。

金说让财政大臣"制订清晰的计划"，明确无疑地表明他认为内阁缺乏清晰的计划。另外，金还指出不能既让英格兰银行负责维护金融稳定，又不给它授权履行职责的工具。不仅如此，金还说："英格兰银行就好比是一所教堂，现在会众只参加婚礼和葬礼，但是忽视了布道会。"这些言论被媒体捕捉到，它们说这是央行行长对财政大臣达林最严厉的"批评"，并且指出行长和财政大臣的关系恶化。金这些明目张胆的话语当然引起达林的严重不满。达林坚信金是在欺负现任内阁软弱无力。"如果他觉得在下次大选过后还要跟我们打交道的话，他绝对不会这样对待我们。"更糟糕的还在后面。在接下来的一个星期，金在财政委员会上抨击内阁的公共财政政策。他指出"财政赤字规模极其庞大"，要求财政大臣讲清楚，除了大量发行国债，还有什么可行的办法削减赤字："虽然我们现在觉得通过发行国债来削减财政赤字比较简单，但是为将来埋下了隐患。我们需要一份可信的声明，告诉我们怎样削减赤字。"金的这些评论打破了英格兰银行只关注货币政策、不评论内阁财政政策的一贯传统。当然，这些话在唐宁街 10 号和 11 号都不受欢迎。

£ £ £ £ £

量化宽松计划远未就此结束。这个庞大的计划持续到了 2010 年，等到 1 月底的时候，英格兰银行已经购买了总额为 1994.58 亿英镑的资产。在一份被称为《393 号工作报告》的英格兰银行内部文件中，英格兰银行的分析师对这个数额惊人的计划进行了总结：

加上单独提供给银行业的流动性支持，这些购买的资产使英格兰银行的资产负债表占名义国内生产总值的比重达到了 2007 年夏季危机伊始时的三倍，创下两个世纪以来的新高。英格兰银行购买的资产规模占所有自由流通国债（即非官方持有的国债）的 29%，相当于名义国内生产总值的 14%。

经过英格兰银行的一番运作，英国国内资产负债表急剧膨胀，英格兰银行持有相当于名义国内生产总值 14% 的巨额国债。即便是英格兰银行最坚定的支持者也开始反对进一步扩大量化宽松计划，大家普遍认为是时候进行盘点了。2010 年 3 月，英格兰银行派遣首席经济学家斯宾塞·戴尔去剑桥大学三一学院出席会议，发表题为《量化宽松：一周年记》的演讲。戴尔在开场白中指出，过去的一年"对于我国经济和经济政策而言确

实是非同寻常的一年"。接着,他开始对量化宽松计划进行辩解。戴尔毫
不避讳地承认,经济学界和文献中关于量化宽松的原理还"很不成熟"。
很显然,英格兰银行的经济学家团队研究了提出量化宽松理论的学术圈的
"见解"后得出了自己的结论。这个结论用戴尔的话来说就是,"金融危
机意味着我们必须把这些见解运用到实践中来"。在意识到这个问题后,
英格兰银行指出了货币政策传导的三大核心渠道:"不可替代性和投资组
合重组渠道对相对价格的影响,金融市场流动性的作用,以及预期的重要
性。"用直白一点的话讲,这意味着解决大型保险公司和养老基金对债券
或现金的需求问题;促进投资组合重组;英格兰随时准备从市场购买大量
资产,以此来安抚市场。戴尔还表示,英格兰银行量化宽松计划的速度之
快、力度之大也增长了市场对货币政策委员会和其实现通胀目标的信心。
在充分展现自身实力后,英格兰银行需要对这个计划的影响进行评估。"我
们的资产购买计划到目前为止有哪些影响呢?"戴尔说道:

这个问题事关 2000 亿英镑,但不幸的是,我们很难给出一个明确的
答案。回答这个问题的难度不亚于让我们精确评估将英格兰银行贷款给商
业银行的利率从 5% 降到 0.5% 的影响,我们没有能力给出精确的评估。其
实,我们无法对任何一项宏观经济政策的影响做出精确的评估。因为我们
不知道某一政策缺失时的情况,所以无法准确了解这项政策的影响。这项
政策的特殊之处在于它相对没有经过测试和考验,所以就更需要对它的影
响进行预测。这个要求是可以理解的,但是很难得到满足。

换言之:我们不知道。在结束时,戴尔承认"很多学者都怀疑(量化
宽松)有没有作用",但是在他看来,实行量化宽松的决定"基本上是确
定的",原因就在于这个计划的"潜在"效果:

通货膨胀的目标为这项政策确定了一个清晰的数字化目标。通胀预期显示，要想实现通胀目标就必须进行货币刺激。鉴于银行利率（Bank Rate）逼近底线，所以只能采取其他方式进行刺激。在现实世界中所有清楚可信的经济理论都指出，直接向经济注入资金有可能是实现货币刺激的一种方式。

英格兰银行的首席经济学家能够给出的最好解释只是"有可能"。平心而论，量化宽松计划的影响，或好或坏，都不可能在戴尔研究的那一年时间中显现，只有在更长的时期才能显现出来。但是，到当时为止，没有人知道量化宽松计划是不是正在发挥作用，是不是已经起作用了，将来会不会起作用。这仍然是个不解的难题，英格兰银行最后可以——也确实是这么做的——采用经济学家最无可奈何的"反事实推算"。查理·比恩在戴尔发表讲话前几个月就这样说过：

事实情况是，我们可能永远都无法知道量化宽松政策的真正效果，原因很简单，我们永远都不知道如果没有量化宽松政策会是什么样的。我唯一敢确定的是，这个问题足够经济学者和他们的博士生在未来的几十年时间里好好研究了。

£ £ £ £ £

2010年下半年和2011年上半年期间，英格兰银行都在密切注视着各项数据，研究要不要推出下一轮量化宽松——这一轮计划很快就被称为QE2。金说2011年是"增长乏力的一年"，到了当年9月份，货币政策委员会一部分人开始支持推出下一轮量化宽松计划，加强对国债市场的干预。委员会成员中的亚当·波森带头，不断呼吁再进行一轮 500 亿英镑的量化宽松计划。但是他的同事并不这么认为。9 月份第一个星期发表的货币政策委员会月度会议纪要显示，委员会成员关于是否重启量化宽松计划的议题投票结果为 8 票反对、1 票支持。虽然如此，但是由于欧元区深受主权债务危机的困扰，西方经济体增长数据不断下调，所有的外部因素都在向英国央行施压，让它"做点什么"。

在没有进一步削减利率的情况下——不过 2011 年 11 月也讨论了要将银行利率下调 0.25 个百分点——虽然效果还不确定，但是量化宽松越来越被视为提振信心的方法。不知道是不是巧合，在英格兰银行 11 月份发布《季刊》后，支持下一轮量化宽松的呼声大大提高。《季刊》里有一篇题为《英国的量化宽松政策》的长文。英格兰银行的三位经济学家——迈克尔·乔伊斯、马修·童（Matthew Tong）和罗伯特·伍兹——对这一政策进行了细致的分析，不过并没有解决我们之前提到的那些问题。考虑到市场上还有很多其他市场因素在发生作用，所以无法准确计算出这个政策对宏观经济的利弊影响。不过，无数媒体记者的眼睛都在盯着他们的文章，三个人经过一番总结和计算，尽量使用"可能"和"估计"，终于把量化宽松对国债价格和通货膨胀的影响量化。在对国债价格的影响方面，乔伊斯、童和伍兹认为英格兰银行的资产收购行动使国债收益率降低了 1 个百分点（不断推高国债价格），可能使投资级企业债券收益率降低了 0.7 个百分点，垃圾债券收益率降低了 1.5 个百分点。在计算过程中，几位经济学家都试图测算英格兰在发布资产购买公告后，市场参与者的"惊讶程度"。正如经济学家所言，英格兰银行"通过计算每次公告发布后引发的相关新闻数量来分析量化宽松计划中资产购买规模的市场预期"。虽然英格兰银行承认，量化宽松计划对股票市场的影响非常难以确定，但是还是选择使用"约20个百分点的影响"的说法。英格兰银行的结论可能会让全国所有家庭都感到匪夷所思："综合考虑量化宽松计划对政府债券和企业债券以及股票价格的影响，该计划将家庭净金融资产提高了16个百分点。"至于通货膨胀，英格兰银行经济学家计算的结果显示"量化宽松计划可能将实际国内生产总值提高了1.5至2个百分点，将通货膨胀水平提高了0.75至1.5个百分点"。他们指出，这些计算"显然非常不确定……但是确实显示量化宽松产生了很大的经济影响"。英格兰银行之前不承认量化宽松必然刺激通货膨胀，坚持认为通胀加剧是因为能源和商品价格上涨。考虑到以上因素，虽然这个计算结果具有不确定性，却表示英格兰银行承认自己之前判断的错误性。换个角度来看，这篇报告指出，量化宽松所导致的通货膨胀增长"相当于银行利率削减了150至300个基点（即1.5至3个百分点）"。值得一提的是，在英格兰银行发布这篇自我庆祝的文章后没过几个月，位于巴塞尔的国际清算银行发布了更为清晰的报告。国际清算银行在其2011年12月发表的《季刊》中对英格兰银行提出的量化宽松对国债收益率造成下行压力的说法提出质疑。国际清算银行的经济学家估算，量化宽松造成国债收益率下降远没有100个基点，至多只有27个基点。

£ £ £ £ £

伦敦金融城的一些人士对英格兰银行的分析表示质疑，某位国债市场交易商甚至称这是"英格兰银行的宣传工具"。虽然如此，英格兰银行的《季刊》成功地推动了下一轮量化宽松的推出。等到10月6日星期四，货币政策委员会对于是否扩大量化宽松计划的态度突然来了个180度大转弯，一致投票通过决议，在未来四个月内再推出规模为750亿英镑的量化宽松计划。金在当天写给乔治·奥斯本的信中明确指出，虽然通货膨胀率已经达到 5% 左右，但是经济运行的风险依然是通货紧缩。由于市场需求明显疲软，所以中期的市场运行风险仍然是通货紧缩，或者价格下降：

由于经济发展展望不断恶化，所以中期的通胀率可能达不到 2% 的目标。考虑到市场风险的变化，为了确保通货膨胀能够达到中期目标，所以本委员会认为有必要继续进行货币刺激。有鉴于此，我要求授权发行总额为 2750 亿英镑的央行储备金，通过资产购买工具收购资产。

虽然金信誓旦旦地在电视上承诺，采取进一步量化宽松计划是"正确的举措"，但是第二轮量化宽松计划和第一轮的开头一样糟糕。10 月 10日星期一，在第二轮量化宽松计划公布后的第四天，英格兰银行的资产购买工具团队和市场就发生了冲突。当天，瑞士信贷集团（欧洲）内拥有 25 年从业经验的资深国债交易员马克·史蒂文森（Mark Stevenson）通过一系列的交易收购了总额 3.31 亿英镑的 2017 年到期收益率 8.75% 的英国国债，加上其从 6 月中旬以来的收购，他持有的该类国债总额至少达到 8.5亿英镑。在量化宽松计划公布前几天，史蒂文森在跟一个中间商的电话中谈到"我们为量化宽松交易存了几个月的货了"，并且说"量化宽松……是一块肥肉"。新的监管机构英国金融行为监管局认为史蒂文森通过交易"扰乱市场"，通过提高该类国债价格"以期以非正常的价格卖给英格兰银行，获取不正当收益"。在此事件中，英格兰银行确定了该类国债价格的不正常波动，将其排除在拍卖行列之外——"这是英格兰银行唯一一次采取类似举措"。英格兰银行做出以下声明：

由于在拍卖之前 2017 年到期的国债收益大幅波动，所以英格兰银行决定禁止此期国债进入拍卖行列。

2014 年 3 月，金融行为监管局在对这次失败做出最终判定后对史蒂文森提出猛烈批评：

他的行为发生在第二轮量化宽松的首日，所以极其恶劣，他为了在英格兰银行的第二轮量化宽松逆回购拍卖中获取不正当利益，不惜破坏量化宽松对整体经济的积极影响。

史蒂文森在交易那天可能没有考虑到宏观经济的整体利益。他为自己的行为辩护说："之所以购买这期国债……是因为觉得国债价格便宜，并没有想过要在当天卖给英格兰银行。"他补充说，"等到国债价格涨到了合适的价位，理应在逆回购中拍卖出售。"不过这也于事无补。金融行为监管局认定其违规，判处罚金 94.68 万英镑（打了个"清算折扣"后降为 66.27 万英镑），并且禁止他"参与任何受监管的活动"，实际上终止了他的职业生涯。史蒂文森案在一些领域，特别是银行领域，引发了一些骚动和猜疑。虽然监管机构最终说了算，但是该事件也凸显了英格兰银行操作和"市场"的严重脱节，市场永远都会抓住任何机会利用英格兰银行的天真。

£ £ £ £ £

英格兰早就受够了投机交易商这样肆无忌惮地占便宜，所以要借 2017 年到期国债给他们树个"榜样"。不过，英格兰银行还面临一个新的挑战："在市场上找寻足够的国债"。虽然从理论上讲，市场上"自由流通"的国债数额达到 6000 亿英镑，但是实际上在 2011 年秋天这些国债鲜有出售。海外投资者持有大量的国债，在第一轮量化宽松计划中，他们都很愿意把手中的国债卖给英格兰银行，但现在很不愿意出售了。由于对其他国家的主权债务失去信心，英国的各种养老基金和资产管理企业都在寻求购买英国国债，而不是将其出售。在英格兰银行，这个问题被归结为"有价无市"——即英格兰银行可能发表声明表示有意购买一定数额的国债，但是却无法从市场上找到足够的卖家。费舍尔团队向国债市场交易商和财政部都表达了这个担忧，得到的答复好像是"要么提高收购价格，要么到此为止"。

£ £ £ £ £

英国在第二轮量化宽松过后又进行了两次货币刺激。2012年2月，货币政策委员会决定，英格兰银行的资产购买工具要再多收购500亿英镑的国债。7月份再次加码，使得国债购买总额达到3750亿英镑。规模如此庞大的计划引发了一些始料未及的问题，特别是如何处理英格兰银行从持有的巨额国债中获取的收益问题。根据财政部和英格兰银行之前达成的协议，量化宽松的所有收益皆归财政部所有。虽然这就意味着财政部利用自己发行的债务获利，但是计划最后还是付诸实施了。

£ £ £ £ £

姑且先不谈向国债市场注资3750亿英镑有没有什么明显的效果，关于量化宽松的另一个争议又浮出水面：量化宽松是否合法？早在2008年末，在这个计划的酝酿时期，英格兰银行资产购买工具督导小组就解决了这个问题。当时成立了以格雷汉姆·尼尔克森为首的"法律团队"，专门研究量化宽松的法律影响。法律影响的核心问题就是，作为中央银行的英格兰银行怎么能购买国债。法律典章确认《欧洲联盟运行条约》第123条禁止央行为政府财政赤字融资：

欧洲央行和成员国中央银行（下文称"国家央行"）不得设立有利于欧盟机构、单位、办公室或代理机构，中央政府，地区、地方或其他公共部门，以及其他按照公共法律管理的机构或成员国家公共机构的透支工具或其他任何形式的信贷工具，欧洲央行和国家央行也不得直接购买债务工具。

以上条款中的"直接"一词明确禁止了英格兰银行从一级市场，即债务管理办公室购买国债。所以，英格兰银行不得不从二级市场购买。正如保罗·费舍尔在斯特劳德的讲话中提到的，英格兰银行非常严格遵守这一规则，而且把债务管理办公室近期（虽然只是一个星期之内）的国债排除。查尔斯·比恩在一份问答中也提到了这个问题，这个问卷的名字叫《解答你对量化宽松的问题》，这份问卷在英格兰银行的网站上出现了没多久就被删除了。

问题是：英格兰银行难道不是简单地把政府债务货币化吗？从经济角度讲，从二级市场购买政府债券和从一级市场购买政府债券有什么区别吗？

比恩回答说："关键问题在于，英格兰银行不是被迫印钱填补政府的税收收入和开支之间的差额。如果英格兰银行这么做是为了弥补预算赤字的话，那就违反了《欧洲联盟运行条约》第123条的规定。不过，英格兰银行实行量化宽松是为了实现通胀目标，而且如果经济复苏，英格兰银行会把国债重新卖给私营领域，所以不会造成市场货币供应的增加。"

比恩没有说错：英格兰银行不是被迫购买国债，填补政府预算赤字。但是，比恩在2009年10月中旬的伦敦特许会计师协会的讲话上提到这个

计划的时候是这样说的：

在资产购买工具持有国债期间，这些国债的收益率将低于正常水平，所以会降低财政赤字的融资成本。在计算量化宽松对公共财政的影响时必须将这个因素考虑在内。

虽然比恩的这些话跟英格兰银行精心准备的说法有细微的区别，但是量化宽松计划并没有违反法律。不过英格兰银行购买规模如此巨大的国债——达到自由流通国债总额的 30% 以上——可能会引发未来经济学家和他们博士生的深思，英格兰银行确实是在走钢丝。

关于量化宽松还有最后一个问题：什么时候结束？截止到 2012 年 7 月末，英格兰银行一共购买了 3750 亿英镑的国债。从量化宽松计划刚开始不久，英格兰银行的高级经济学家和律师，当然还有财政委员会和债务管理办公室，就开始思考"退出"机制了。按照资产购买工具督导小组的一位组建成员的说法，英格兰银行意识到"未来的退出问题将非常棘手，而这都是我们一手造成的"。关于如何退出有两种建议，第一种建议是把英格兰银行资产购买工具有限基金持有的国债全部售出，由此将注入市场的资金全部回笼，相当于完全抵消这个计划所造成的影响。另外一种建议是，英格兰银行持有部分或全部的英格兰银行资产购买工具有限基金名下的国债，直至到期。当被财政委员会问到这个问题的时候，默文·金没有谈及细节，只是表示存在退出战略，但是需要考虑两个因素：利率上涨和货币政策紧缩。如果能够满足这两个条件，就完全可以将英格兰银行收购的资产出售：

我们需要和债务管理办公室进行协商，在出售这些资产前征求他们的同意。因为债务管理办公室之前答应我们，他们不会通过发行战略抵消（offset）我们的购买计划，所以我们无论采取什么操作来处理这些购买的资产——不排除将其出售——都需要事先和债务管理办公室协调。

整个循环过程就是债务管理办公室发行国债，英格兰银行购买国债，然后有可能再将其出售。金的这份声明可能是提到这个过程的唯一声明（这也是第一次有人承认英格兰银行和债务管理办公室之间存在协议，用金的话说就是，"他们不会通过发行战略来抵消我们的购买计划"）。

2010 年，当保罗·费舍尔在英格兰西部发表演讲时，英格兰银行对有关量化宽松退出机制的回应稍微更加巧妙了一点。费舍尔告诉听众，等到"出售"这些资产的时候，英格兰银行货币政策委员会"将面临很多艰难的抉择"。首先，它要确定什么时候出售最好。其次，货币政策委员会需要确定要以多快的速度销售国债——费舍尔重申了金的观点，那就是英格兰银行需要和债务管理办公室协调，大家不要忘记，债务管理办公室本身也有庞大的国债销售计划。2011 年 5 月，这个话题被再次提起。国际清算银行发布了一份由其国际金融系统委员会组建的研究小组做出的报告，巧合的是这个委员会由保罗·费舍尔担任主席：

等到出售已经购买的资产时，央行应当和债务经理人一样操作。到时候，发行率可能还会上升，不过上升的幅度可能会降低。等到债务经理人和央行一起出售国债的时候，操作问题可能就更加需要和债务经理人一起商量了。

报告上还写道：

有些媒体和评论员提出对货币政策独立性的担忧，甚至说这是在利用货币政策造成债务膨胀（包括主权债务和私营债务），以有利于主权债务管理（SDM），便于巨额财政赤字融资。如果属实，这就有违中央银行的职权，虽然没有证据支撑，但是如果这种看法被普遍接受的话，就有可能导致信贷问题。

英格兰银行购买国债和债务管理办公室发行国债之间的巧合有关系吗？虽然债务管理办公室基本上没有对量化宽松做出什么评论，但还是在《债务与储备金管理报告2009-2010》中提到了量化宽松，这份报告分为好几卷。这份报告中的话或许可以作为量化宽松计划的墓志铭，未来经济学家在思考英格兰银行的这场豪赌的时候可以借鉴：

利用中央银行准备金购买国债，可能会使货币政策的执行和债务管理政策之间发生关联。

反思危机：三方体制的缺陷

"在讨论英格兰银行的构成时，我们必须永远记住它的特殊性。这曾是我们的终极财富，同时也是我们最后的保障。"

——沃尔特·白芝浩，《经济学人》，1864 年 10 月

三位西装革履的年轻政客走进英格兰银行，看起来有要事要办，没有人认出他们。金的私人秘书安德鲁·霍斯（Andrew Hauser）把他们带到行长办公室。当时正值 2010 年年初，三方体制丧失声誉。戴维·卡梅伦、乔治·奥斯本和他的幕僚长马修·汉考克很想就计划中的三方体制改革的内容达成协议并且对英格兰银行的行事方式进行审度。如果能够赢得即将举行的议会选举，保守党将会很快推出改革。但是到目前为止，保守党能不能赢得选举还是未知数。当各位政客坐定后，他们手里持有一份有点煽动性的文件，双方对这份文件进行了仔细研究。这份文件就是詹诚信爵士受奥斯本委托撰写的《三大机构评估》（Tripartit Review）。这份报告中对过去 18 个月发生的问题进行了批判，英格兰银行也没能幸免。

虽然如此，会谈的气氛还是比较友好的。虽然双方年龄和背景上有很大的差别——金比他的客人年长近 20 岁——但是金信任卡梅伦，尤其信任奥斯本。金没有忘记奥斯本在两年前自己争取连任的紧要关头所给予的

坚定支持。更重要的是，他们对所面临的选择基本上没有异议，最主要的问题就是废除金融服务管理局，将监管局的大部分监管权力划归英格兰银行。在交谈过程中，金肯定有种似曾相识的感觉：13 年前，他也是和艾迪·乔治与踌躇满志的新内阁成员戈登·布朗和艾德·鲍尔斯达成协议。但是这一次谈判有一个明显的区别，那就是英格兰银行方面只有金一个领导，他的副手保罗·塔克没有收到参会邀请。

当卡梅伦和奥斯本——主要是奥斯本——和金谈判时，汉考克和霍斯都在安静地为各自的领导做记录。这个时候的汉考克只有 31 岁，还不是议员。没过多久，汉考克就成为西萨福克选区的议员候选人（后来，他在议会选举中胜出，赢得这个席位）。虽然年纪不大，但是他对于英格兰银行并不陌生。2000 年从牛津大学毕业获得哲学、政治学及经济学学位后，汉考克进入英格兰银行工作了五年。进入英格兰银行后，他先是担任了英格兰银行市场运营部资深主管和货币政策委员会委员伊恩·普伦德莱斯的私人秘书，后来在货币政策部工作了两年。

值得一提的是，汉考克在货币政策部留下了一篇关于迪维西亚（Divisia）加权的文章，所谓迪维西亚加权是一种货币供应的标准，这个课题非常晦涩。汉考克对自己的这篇文章颇为得意。2005 年，汉考克考虑离开英格兰银行工作。就在这时，他接到乔治·奥斯本的电话。奥斯本邀请他加入影子内阁的财政部，他很快就进入了卡梅伦的核心团队。没过多久，他就被提拔为奥斯本的幕僚长。作为一颗政治新星，汉考克对英格兰银行的运作模式和默文·金非常了解。最重要的是，他知道这位英格兰银行行长对货币分析部的重视。奥斯本虽然在伦敦金融城拥有良好的人脉资源，但是在英格兰银行内部却缺乏人脉，所以汉考克对他的价值很大。奥斯本给予汉考克极大的信任。正是因为如此，汉考克才能大胆绘制金融危机后伦敦金融城的崭新蓝图，并制订改革金融监管机构的大胆计划。彻底撤销金融服务管理局，设立新监管机构的计划主要也是由汉考克推动。虽然汉考克还很年轻，但是他好像注定要成为财政大臣，甚至成为奥斯本的首选继任者。保守党团队和英格兰银行行长共举行了五次会晤。出于对金的尊重，这些会晤基本上都在英格兰银行举行。奥斯本和汉考克也跟金融服务管理局的主要领导联系过几次。不过，金融服务管理局的领导需要在西敏市保得利大厦的保守党办公室门前等候（正如一位保守党冷冰冰地说道："是他们过来找我们的。"）。赫克托·桑特和阿代尔·特纳都很清楚，金融服务管理局剩下的时日不多。

金还有其他的客人。他还先后两次接待过自由民主党的影子财政大臣温斯·凯博议员（Vince Cable），与自由民主党党魁尼克·克莱格也有过一次会面。凯博当时因为曾在信贷危机之前提出过有先见之明的警示而声名鹊起。虽然凯博是宏观经济学家，不像金那样注重细枝末节，但他们是同辈，交流起来有共同语言。虽然自由民主党最近的支持率很高，但是还是难以想象会出现后来的保守党-自由民主党联盟。凯博拜访金时留下了名片，也更好地了解了英格兰银行对经济格局转变的看法，但他并没有讨论自己在唐宁街11号的工作打算。

虽然还不是非常确定，但是保守党在选举中胜出的可能性比较大。不过，金在大致了解了卡梅伦团队的执政计划后不由地开始担心起来。虽然年轻的政客精力充沛，颇有远见，但是他们显然缺乏从政经验。这些年轻人很多自以为是的主张都欠缺考虑。金感觉他们并没有完全理解摆在他们面前的任务有多么艰巨，特别是如何应对英国不断膨胀的国债和预算赤字。2010年2月16日，金向新到任的美国驻英国大使路易斯·苏斯曼说出了自己的担忧，苏斯曼仔细聆听。苏斯曼在担任大使之前是投资银行家，由于在为奥巴马竞选筹资中不知疲倦而被送绰号"吸尘器"。他很快就把自己和金的谈话内容发给正在华盛顿的美国国务卿希拉里·克林顿。在和金会晤后次日，苏斯曼就给希拉里发了一份电报，电报标头是 NOFORN（意味不向外国人公布），在这份电报里，他是这样报告的：

两个政党都没有充分而详细的削减赤字计划，金对保守党领导层缺乏执政经验深表担忧，认为党魁戴维·卡梅伦和影子财政大臣乔治·奥斯本没有充分认识他们在试图削减开支时将会面临不同群体的巨大压力。

苏斯曼阐述了金的担忧，标题上直言不讳地写着《没有准备的保守党》：

金表示，"作为保守党领袖的戴维·卡梅伦和乔治·奥斯本没有充分认识到他们在试图削减开支时将会面临的压力，数百名政府官员可能会上书陈述自己的预算不能削减的理由"。在最近几次会晤中，金督促他们拿出应对债务问题的计划细节，但得到的都是宽泛的回答。卡梅伦和奥斯本都习惯于只从政治的角度考虑问题，考虑这些问题对托利党选民支持率的影响。金还担心，奥斯本既担任影子内阁的财政大臣、又担任保守党大选协调员的双重身份可能会在经济问题的处理上引发争议。

金对苏斯曼坦陈了自己对卡梅伦团队局限性的看法：

金还表达了对保守党人才不足的担忧。卡梅伦和奥斯本只有少数几个顾问，而且似乎不太愿意冲破他们的小圈子。卡梅伦—奥斯本组合与新工党早期的托尼·布莱尔—戈登·布朗组合很像。在反对党时期二人合作得很好，但是工党一旦执政，二人的矛盾就开始不断加深。如果卡梅伦和奥斯本在如何应对赤字问题上意见不同，双方关系也可能会出现类似的紧张情况。再加上他们的小圈子本来就缺少人才，如果发生这种情况，问题将更加严重。

金的直率十分引人注目。苏斯曼当时刚到伦敦就任四个月。虽然他们可能在参加活动时见过面（苏斯曼曾在花旗银行供职多年），但是二人的关系并不是非常亲密。奥巴马很信任苏斯曼，很多事情都让他去做，并且很重视他的建议。他之前也和本·伯南克、蒂莫西·盖特纳等人开过会。苏斯曼善于促成交易，他解决问题的能力极强，是金传递消息的绝佳人选。金在跟苏斯曼谈论充满热情期待的保守党内阁之时肯定知道自己的话马上就会被传到华盛顿。金是在搅和政治吗？ 2010 年秋，苏斯曼的电报在维基解密中被披露，金遭到媒体的指责。他当时肯定战战兢兢、如履薄冰。

£ £ £ £ £

如果说金对卡梅伦有所怀疑的话，那么奥斯本和他的年轻同事也信不过金。人们印象深刻的是：在金的领导下，英格兰银行更像是一家"货币管理机构"，而不是中央银行。在大选前几个星期，英格兰银行的一位前高级官员和保守党领导层见面后明白了保守党领导层的心思：这些政客冷静分析了他们与英格兰银行行长的讨论内容，得出的结论是，虽然过去三年金融危机非常严重，但英格兰银行仍然偏重货币政策，轻视金融稳定。他们强烈地认为央行应该更注重金融稳定。如果保守党要对金融监管和银行也进行彻底改革的话，争论的问题就是：金适不适合担任英格兰银行行长？关于这个问题有两种意见：一是完全不再用金；另一个是不让他担任新成立的金融稳定委员会主席，而选择他的副手保罗·塔克。

英格兰银行内部也有人猜测，金将会被炒鱿鱼，接替他的人不是塔克就是特纳爵士。特纳爵士是金融服务管理局前主席，大家认为他非常能干，但正如英格兰银行一位前雇员所说，特纳"是个很自负的人，他的自负心能够装得下圣保罗大教堂"。虽然即将离任的巴克莱银行首席执行官约翰·华莱（John Varley）不是英格兰银行的内部人员，但他也是可能的人选。在金融危机中，巴克莱银行表现非常好，主要原因在于它于2007年没能收购荷兰银行业巨头荷兰银行（巴克莱银行为了这次收购做了很多努力）。不过，在当时的紧张情况下，奥斯本没有选用银行家担任英格兰银行行长的勇气。

但是随着大选临近，没有任何政党能在议会取得绝对多数席位的可能性越来越大，这个计划也就落空了。在这种情况下，英格兰银行内部人员认为，这个计划将令本已动荡的市场更加混乱，所以新一届内阁缺乏这样做的"信心"。如果保守党可以更加确定能在议会选举中获得绝对多数，后来的发展可能就是另外一番景象。

£££££

虽然金担心保守党志气满满的财政团队"缺乏人才"，但保得利大厦里面的活动却很热闹，奥斯本和汉考克正在制订他们的计划。汉考克把财政研究院的青年才俊鲁伯特·哈里森召集进来，并且还延揽了一些更年轻的成员，很多人都只有二三十岁。奥斯本意识到需要往这支年轻的团队里添加几个有资历的重量级人物。为了解决这个问题，奥斯本邀请詹诚信爵士加入。詹诚信爵士在白厅和伦敦金融城都很有影响力。詹诚信早期的时候是华宝银行（后来的瑞银华宝）的投资银行家，后来加入工党，成为财政部在"平方公里"①的耳目，获得一个拗口的职位：伦敦金融城特别推

---

① 伦敦金融城的别称。——译者注

广代表。但是，2008 年 9 月，詹诚信突然离开财政部，与戈登·布朗的内部圈子断绝联系。虽然詹诚信坚称他和工党内阁是"友好分手"，但是其他人却不这么认为。他的一位前同事回忆说："他和工党闹得不愉快。他们之前本来给过他承诺。他对此怀恨在心。"詹诚信转而站到保守党一边，特别是和奥斯本建立了密切的友谊。2009 年初，詹诚信受邀担任托利党新成立的经济复苏委员会主席。这个委员会的成员中包括沃达丰前首席执行官克里斯托弗·根特爵士、零售巨头 Next 的西蒙·沃尔夫森，还有谷歌公司的埃里克·施密特。人们很难理解卡梅伦团队的战略大师史蒂夫·希尔顿为什么会挑选谷歌的埃里克加入这个团队。简而言之，这个委员会的任务就是回答一个问题："我们怎样才能走出这个乱局？"

该委员会每隔两周召开一次会议，讨论英国的经济复苏问题。奥斯本还让詹诚信撰写报告，这份报告将在他和英格兰银行的讨论中发挥重要作用。奥斯本想要一份关于三方体制的详细分析及其改革建议。詹诚信花了几个月的时间和普华永道会计事务所的团队一起开展调研。他于 2009 年 3 月提交了《三大机构报告》。在这份报告的前言中，詹诚信非常遗憾地写道，虽然英格兰银行和金融服务管理局很配合他的调研，但是他以前在财政部的同事却"不愿意跟我交谈"。虽然如此，这份报告仍然对当时存在的问题进行了全面的分析。这份报告描绘了有可能上台的保守党内阁金融监管政策的蓝图，实际上勾勒了英格兰银行重组的框架。这份报告也包含了一点"令人耳目一新的成分"，这正是奥斯本所竭力追求的。因为只有这样，才能表示保守党在政策上进行了认真的思考。

詹诚信在自己报告里一点都不客气。这份报告的核心思想就是，三方体制一团糟，三大机构都不称职，缺乏应对金融危机的能力，而且完全没有交流。詹诚信指出，10 年来，三大机构的领导，也就是英格兰银行行长、财政大臣和金融服务管理局主席只见过一次面（2006 年 2 月的一次会议）。

英格兰银行不仅没能认真对待自身担负的金融稳定责任，而且还自降专业水平、缩小工作重点。詹诚信在报告里面写道，英格兰银行提议成立的金融服务管理局"存在缺陷"。而且，虽然英格兰银行的失败是众所周知的，但是它却没有在事后对应对金融危机的方式进行内部总结："跟金融服务管理局不一样，英格兰银行没有对其在北岩银行倒闭之前的行为进行任何公开评估……"这样的批评还有很多。在这份报告里，詹诚信还以荷兰和奥地利等国的金融监管机制为例，列举了一些比较好的机制。一个值得称道的模式就是使用"动态预配置"（dynamic provision）来缓解银行的资本风险。这个模式被西班牙银行系统所采用（很多年前，年轻的银行分析师在演讲中提到这一模式时被金嗤之以鼻）。詹诚信一口气提了40条建议，保守党每一条都进行了认真研读。这份报告为废除三方体制，特别是撤销金融服务管理局（这是詹诚信的提议）铺平了道路。金融服务管理局被撤销后，其主要职责划归英格兰银行。总而言之，詹诚信建议英格兰银行应当承担"评估金融稳定系统性威胁的主要责任"。这就是保守党计划设立审慎监管局（Prudential Regulatory Authority）和金融政策委员会（Financial Policy Committee）的思想源头。在针线大街、白厅和金丝雀码头的金融服务管理局，人们都在认真研读詹诚信的报告。虽然这篇报告让人读起来有点不舒服，但是它至少表明还有解决的方法，而且初出茅庐的保守党团队正在积极认真地思考建立新的机制，让财政、货币和监管政策并行不悖。

£ £ £ £ £

在2010年5月的大选中，三大政党陷入僵局，英国的政治前景一度很不明朗。在经过一番讨价还价之后，5月11日保守党和自由民主党宣布成立联盟。这就意味着保守党财政团队需要尽快与自由民主党的同事沟通协调，加快与英格兰银行的谈判进程。大卫·劳斯（David Laws）议员是约维尔选区的议员，同时也是自由民主党谈判团队的成员。据他回忆，奥斯本当时说：

如果我们可以实现削减 60 亿英镑的目标，将会释放出强有力的信息。我会拿着这个数据去给温斯·凯博看，他会知道默文·金和尼克·马克菲尔斯非常支持我们的计划。

这个评论被广泛认为，英格兰银行行长和财政部常务副大臣（马克菲尔斯）一直都和保守党领导层保持密切关系，也让人们指责金再次逾越了英格兰银行和政治领域的界线。这也表明，金和奥斯本在如何应对英国不断膨胀的财政赤字和让英格兰银行回归"和平时期"状态方面达成了共识。在内阁成立的初期，白厅和伦敦金融城的人喜忧参半。工党财政部秘书长利亚姆·博恩（Liam Byrne）给继任者大卫·劳斯留下一句话，虽然这句话非常无耻，却很好地道出了问题的关键："亲爱的秘书长，我担心财政部已经没有钱了。向你致以亲切的问候——祝你好运！利亚姆。"当然，英格兰银行早已习惯了政客上台下台，针线大街没有一点改变的迹象。联盟内阁上台后推出财政紧缩政策，英格兰银行花 26 英镑给行长买了一张老年火车购票优惠卡，让他在乘火车旅行的时候享受折扣。这也算是对紧缩政策的一种表态。

£ £ £ £ £

金坐在行长办公室，他扫了一眼新内阁的部长名单，可能感觉到自己年事已高。自由民主党的大人物之一温斯·凯博被任命为商务大臣。金对奥斯本身边的官员更加感兴趣。38 岁的奥斯本是继 1886 年伦道夫·丘吉尔担任财政大臣以来最年轻的财政大臣，丘吉尔担任财政大臣的时候 37 岁。奥斯本任命的第一个重要职务就是马克·霍班（Mark Hoban）担任财政部负责金融事务的国务大臣。2005 年 12 月以来，霍班就一直在影子内阁担任这个职务。霍班担任由 9 人组成的咨询执行团队的主席，该团队负责制订新监管机制的组建计划。这个团队里面有一些伦敦金融城的名人，金对其中的两位非常熟悉：一位是 1997 年含泪离开英格兰银行前往金融服务管理局的迈克尔·伏特；另一位是卡罗尔·萨金特（Carol Sergeant）。萨金特于 1974 年加入英格兰银行，在英格兰银行工作 14 年后加入金融服务管理局，后又成为劳埃德银行集团的首席风险官。

詹诚信也出现在新内阁的新任命官员名单里面。在大选过后，他马上就被授予贵族头衔——阿什利帕克勋爵，并且还被任命为内阁史上首位商业事务国务大臣。

詹诚信勋爵的职权范围很广。《每日电讯报》称詹诚信的职务"一半在金融服务……还有一半在宏观经济和增长"。值得一提的是，他还负责监管债务管理局，这让他成为了负责庞大的政府债券发行项目的核心人物。这样一来，如果英国实施量化宽松的货币政策，各种尴尬的问题都会扑向詹诚信。詹诚信走马上任之后首先采取的行动之一就是到中东进行投资路演，让债务管理局的罗伯特·希曼（Robert Stheeman）到沙特阿拉伯、科威特以及阿拉伯联合酋长国的迪拜、阿布扎比与英国国债的投资者——主要是主权财富基金——进行交流。他们对英国政府债券的需要比什么都重要。虽然英国国债接下来的供应量肯定非常大，但是詹诚信想让投资者相信英国的国债仍然是非常坚挺的投资。

2010 年 5 月，预算责任办公室（Office for Budget Responsibility）设立。该办公室负责"对公共财政的状态进行评估"，并向政府提供客观的经济分析和预测。奥斯本在财政上的审慎性由此可见一斑。这个办公室向议院负责，第一位负责人为艾伦·巴德爵士。1997年时，巴德曾是货币政策委员会的创始成员之一。巴德担任这个职务的时间只有两个多月，待该办公室组建完成后便离职了。他的继任者是时任财政研究所所长的罗伯特·乔特（Robert Chote）。乔特曾经是一名记者。和乔特一起工作的还有几个非执行董事，里面不乏一些熟悉的名字：曾在货币政策委员会担任三任委员的凯特·巴克（Kate Barker，2010年5月刚刚离任），还有财政部前高级官员特里·伯恩斯勋爵。预算责任办公室对于英格兰银行和财政委员会而言都是一个谜。这是因为英格兰银行本身就做很多经济预测，财政委员会觉得这个新成立的办公室和权威的货币政策委员会在职能上有些重合：

前任内阁想要在内阁制定的政策框架内，把利率的控制权交给独立的英格兰银行，以改善货币政策决策；而现任内阁想要把经济预测的职责交给一家独立的机构，以改善财政政策决策。这是个大胆的举动。不过，货币政策委员会的职责很明确，实现这个目标的手段控制在货币政策委员会手中。预算责任办公室与内阁的关系更加复杂。

后来的事实表明，预算责任办公室不仅与内阁关系复杂，它与英格兰银行的关系也不一般。有一些议员就指出，预算责任办公室和英格兰银行的通胀预测可能出现重合或者存在不一致的情况。其他人更加乐观，指出英格兰银行近期在通胀预测方面没少出错，预算责任办公室可能会弥补这方面的不足。新内阁上台后，英格兰银行不得不处理各种新的关系。英格兰银行参加了6月18日在市长官邸举行的晚宴，奥斯本要在晚宴上做他就职以来的首次重要讲话。按照传统，时任伦敦金融城市长的尼克·安司棣（Nick Anstee）先做开场白，然后请在场的客人（除财政大臣以外）一起起立，为"国库充盈和财政大臣的身体健康"举杯。奥斯本坐在金旁边，他瞥了前任阿里斯泰尔·达林一眼，在宴会上确认他计划对三方体制进行大刀阔斧的改革。这个时刻的重要性不亚于1997年英格兰银行获得独立。在反思金融危机已经开始三年时，他用政治家的口吻说了一句话，不过这句话的说服力不是很强。他引用了温斯顿·丘吉尔的讲话。丘吉尔1942年在市政大厅的讲话中留下了几句非常有名的话。丘吉尔的话是这样说的："现在不是结束，甚至不是结束的开始，但也许是开始的结束。"接着，这位新任财政大臣对过去三年的失败教训进行了简短机智的总结：

这场危机的核心就是债务快速而不可持续地增长，而我们的宏观经济系统和监管体系没能及时发现，更没能阻止这个问题的发生。虽然通货膨胀目标成功稳定了通胀预期，但我们的政策框架无法应对资产负债表、资产价格和宏观失调等方面的问题。

接下来就是点名批评了，不过奥斯本很精明地使用了过去时态：

英格兰银行只关注消费者物价膨胀。财政部眼睁睁看着金融政策部沦为无人问津的冷门部门。金融服务管理局成为狭义的监管机构，基本上只是照章监管。因为没人负责债务问题，所以等危机到来时没人知道该由谁负责。

他指出"国内监管机构的未来充满不确定性"，然后点到为止，确认"本届内阁将会废除三方体制，金融服务管理局将不会以现在的形式继续存在"。接着，奥斯本简要陈述了保守党认为英格兰银行必须在新监管机制中扮演重要角色的理由：

我们之所以这样想是因为：我们现在和将来都需要做出审慎的宏观经济判断，只有独立的央行才能相对理解宏观经济并且具备相关知识，而且具备一定权威。而且，因为央行是最后的借款人，所以这次危机也表明，央行需要对可能需要其支持的机构拥有全面的了解。有鉴于此，央行也必须负责日常的宏观经济审慎监管。英国的银行体系高度集中，微观审慎监管和宏观审慎监管的界限很难区分，所以更是如此。

虽然对于坐在财政大臣旁边的金来说，这个讲话不够震撼，不过他肯定觉得奥斯本这是要毁掉三方体制20年来的工作。但从另一个方面来讲，奥斯本的改革也将极大地扩充英格兰银行的职责和权力。

£ £ £ £ £

保守党的新监管机制计划无异于将工党内阁在1997年和1998年建立起来的大厦拆掉一大半。在布朗和鲍尔斯辛辛苦苦建立起来的三方体制中，金融服务管理局是最主要的新亮点。现在，奥斯本和汉考克却一心想要把金融服务管理局废除掉。新建立大厦的费用巨大——财政部的预算最少也有7.7亿英镑——但是如果这座新大厦能够避免类似过去几年的大灾难的话，那么这笔费用就不值一提了。

内阁的计划主要分为三部分。第一，仿照货币政策委员会，设立一个金融政策委员会，负责金融稳定的"宏观审慎"监管。第二，设立一个取代金融服务管理局的"微观审慎"银行监管机构，名叫审慎监管局（PRA）。审慎监管局负责银行、房产协会、保险公司和大型经纪公司的细节性监管。第三，将金融服务管理局的剩余部分转入新的金融市场行为监管局（FCA），负责监管金融企业的"商业行为"，包括它们与消费者、同行和竞争者的互动行为等等。除此之外，内阁成立一家独立的金融产业委员会，由英格兰银行前首席经济师约翰·威克斯担任主席。这个委员会负责对英国银行结构和金融产业竞争状态进行监督。

英格兰银行在了解到这些计划后，要求为这些改革措施制定新的法案，以便实施。内阁没有废除旧法案、重新制定和通过新法案，而是修订了现存的《1998 年英格兰银行法案》、《2009 年银行法案》和《2000 年金融服务和市场法案》。2011 年 6 月，内阁出版了大篇幅的白皮书，继而起草了《金融服务法草案》，该法案于 2012 年底获得御准，这个新的机制最终于 2013 年生效。无论英格兰银行喜不喜欢这个法案草案，它都要在这个美丽新世界扮演重要的角色。首先，审慎监管局就将设置在英格兰银行的门前。金明确指出，审慎监管局不是英格兰银行想要的，而是被强加的。不过，面对这样的既定事实，金应该竭力确保审慎监管局是英格兰银行的附属机构，而不是英格兰银行的新部门。如果这个机构只是英格兰银行的附属机构的话，它就不能影响英格兰银行指导货币政策的核心业务。这样一来英格兰银行能够省去一大堆麻烦，因为它就不需要把金丝雀码头来的1000 多人和英格兰银行内部职工的薪金和养老金待遇进行统一。事实是令人不愉快的，金融服务管理局的待遇要比英格兰银行好很多：金融服务管理局局长赫克托·桑特的年薪约 80 万英镑，是英格兰银行行长的 2.5 倍。

审慎监管局的领导问题让保守党颇费心机。虽然他们对金融服务管理局的很多高层领导心存疑虑，但是他们却很欣赏桑特。在金融危机最严重的时期，他们还考察了桑特与英格兰银行和财政部的工作。但是，在经历了金融服务管理局的诸多变动后，桑特宣布有意于 2010 年初辞职。奥斯本拨通了桑特的电话，让他考虑担任审慎监管局的首任局长，并兼任英格兰银行的副行长（"主管审慎监管事务"）。这个巧妙的职务安排让桑特难以回绝。桑特开始在央行施展身手，并且有可能在 2018 年接任英格兰银行行长一职。

审慎监管局的设立出乎英格兰银行的预期，引起英格兰银行的不满。桑特在投资银行领域干得风生水起，现在眼看就要成为英格兰银行副行长走在针线大街上，这让很多在英格兰银行苦干几十年、谋求高升的人感觉很不舒服。虽然桑特和金，还有塔克的关系不错，但是英格兰银行的很多高层领导并不熟悉他。为了缓和英格兰银行对桑特担任新行长的抵触，财政部同意让安德鲁·贝利担任桑特的副手。在 2007 年北岩银行危机期间，贝利是英格兰银行负责处理危机的核心人物，而且密切参与了英格兰银行 2008 年的救市行动。英格兰银行负责领导"审慎监管局过渡"项目的萨拉·布里登和贝利一起协助桑特。

新成立的审慎监管局的权力要大于之前的金融服务管理局。这个局被称为"行家"监管机构，其工作人员对大型银行、保险企业模式和资产负债表都非常了解。这些金融机构每年都要接受风险评估和严格的压力测试。这个局的成立表明了掌握英国 1019 家存款机构详细信息的重要性，特别是要对占存款额 50% 以上的五家机构要了如指掌。审慎监管局出现在英格兰银行内部——或者附近——也就意味着两家机构之间的沟通将会得到极大的改善。正如贝利对《每日电讯报》所说的那样，这种安排势必将对英格兰银行造成深远影响：

如果英格兰银行的文化没有因此而改变，我会感到非常惊讶。对英格兰银行的所有现任职工而言，这将是他们职业生涯中的首次结构扩充。英格兰银行将因此发生大的变革。英格兰银行作为央行的基本职能根深蒂固，不会因此而改变，但是英格兰银行的文化一定会发生变化。英格兰银行的工作内容将发生转变，而这肯定会有所影响。

至于英格兰银行现任职工想不想"机构扩充"是另外一回事。值得一提的是，审慎监管局的成立给了塔克停下来思考的时间。这个机构也许会加强英格兰银行本身的金融稳定职能，也可能会削弱英格兰银行在金融稳定方面的职能，要想这个机构顺利转动，双方必须相互妥协。塔克和查理·比恩都不想迎接第三副行长的到来。三方体制某方面的失败，针线大街具有不可推卸的责任。撤销金融服务管理局并将其职能并入英格兰银行不仅标志着三方体制时代的结束，同时也赋予了英格兰银行巨大的新权力。

PART **4**

第四部分

央行是金融危机的最大受益者

英格兰银行好比是一座教堂，现在会众只参加婚礼和葬礼，却忽视了布道会。

——默文·金在市政大厅市长宴会上的讲话

2009 年 6 月 17 日

"所有解读都被误解了。"

——2011 年 10 月，阿里斯泰尔议员针对

《金融服务法案（草案）》向联合委员会所做的证词

根据长期以来的传统，英格兰银行行长和财政大臣每个月都要举行一次早餐会，在英格兰银行或者唐宁街 11 号共进一顿丰盛的英伦早餐。两人可以借此机会互通有无，讨论的话题不仅仅包括经济状况和政治风向，还包括英格兰银行的自身状况。因为这些会见都没有记录，所以行长和财政大臣之间的交流是保密的。我们先从英格兰银行独立之前谈起，长期被人遗忘的前财政大臣菲利普·斯诺登曾经这样说过："财政大臣和英格兰银行行长的关系是私密的。我们之间的交流是绝对保密的，神圣不可侵犯。"

在经过金融危机的大起大落后，英格兰银行虽然饱受打击，但仍然坚

持己见，丝毫没有歉意。从很多角度来看，英格兰银行实际上是金融危机的受益者。在信贷紧缩后，英格兰银行一下子变得很能赚钱。2009 年 5 月中旬，英格兰银行发布了截止日期为 2009 年 2 月 28 日的《年度报告》。该报告显示英格兰银行的税前利润是上一年度的 5 倍，从 1.97 亿英镑飙升至 9.95 亿英镑。英格兰银行救助了很多金融机构，这些增加的收入直接来自于从这些金融机构收取的罚金、费用和利息。这 9.95 亿英镑包括了救助北岩银行所收取的 400 万英镑，从布拉德福德-宾利银行收取的 700 万英镑，以及从特殊流动性机制中收取的至少 6.64 亿英镑。截至 2009 年 5 月，特殊流动性机制仍然持有各家银行存放的大量非流动性资产，价值将近 3000 亿英镑。英格兰银行把这些资产兑换成了国库券。财政部从英格兰银行赚的这近 10 亿英镑中分得了好处，通过分红得到了一半的税前利润，也就是近 4.17 亿英镑。一年后，英格兰银行的税前利润为 2.31 亿英镑，但这并不是全部的利润。英格兰银行推行量化宽松计划的资产购买工具有限基金也是利润的主要来源。英格兰银行 2010 年的《年度报告》指出，资产购买工具有限基金仍然是英格兰银行的全资子公司，这个基金购买资产——也就是国债——所用的资金都借自英格兰银行，总额达到 1999 亿英镑。既然是贷款，英格兰银行当然要收取一些利息。这份年度报告指出，截至 2010 年 2 月 28 日的年度报告指出，英格兰银行收取的利息高达 6.26 亿英镑。同样，资产购买工具有限基金在英格兰银行也有 38 亿英镑的存款，收取了大量的利息。当年，资产购买工具有限基金从英格兰银行收取的利息额为 810 万英镑。不过，英格兰银行也要收取资产购买工具有限基金 500 万英镑的账户管理费。眼看金融状况不见好转，英格兰银行的权力日渐膨胀，有些评论员担心英格兰银行很有可能成为一个"权力过大的公民"。20 世纪 90 年代，英格兰银行既负责货币政策，又负责银行业监管，当时有人用这个词形容过艾迪·乔治。颇具讽刺意味的是，现在这个说法竟然成了事实。英格兰银行依然"具有独一无二的影响力"，英格兰银行理事会仍然像学校理事会的校董一样管理整座大厦，行长、副行长以及各位执行主管负责央行的运转。英格兰银行货币政策委员会的月度讨论仍然占据新闻头条，行内高层人员的讲话仍然影响着市场动态。虽然过去四年经历了种种挫折，但英格兰银行依然牢牢控制着货币政策。到了2011年下半年，通货膨胀率直逼5%，2014年初又回归到2%的目标附近，不论通胀如何波动，英格兰银行一如既往地坚持2%的目标。英格兰银行现在还要为新成立的金融政策委员会奔忙。这个委员会直接负责维护金融稳定，测算众多金融机构的恢复力。从这个观点来看，付诸的热情虽有差别，但英格兰银行的手已经伸向了该行唯一的控股人——财政部，以及债务管理办公室和饱受争议的金融服务监管局。英格兰银行需要应付唐宁街10号和11号的人员和两院议员。此外，它还要应付财政委员会的质询。唐宁街10号和11号的主人来了又走，财政委员会的人员不仅脾气差，而且有时候脑子也不好使（在跟财政委员会打了20年交道后，金已经应付自如。举个例子，2011年6月，金曾提醒该委员会成员，如果他们不喜欢货币政策委员会的运作模式，随时可以收回货币政策委员会的职权，自己确定利率）。当然，英格兰银行除了跟这些机构有关系外，也与金融市场从业者、商业银行、经纪公司和贵金属交易商保持了紧密联系。

£ £ £ £ £

金把英格兰银行描述为一台"机器"，其实它更像是一座巨型的等级森严的"蚁山"。这块土地占地3.5英亩，地上七层，地下三层，包括图书馆、健身房、会议中心和各种宗教信仰的祈祷室。这个有些封闭的环境拥有1857名工作人员。很多职员都是自由办公或者兼职上班，还有的在家里办公，他们履行了英格兰银行的众多行政职能，进行数据分析，开展理论和实用方面的经济研究和计量经济学研究。英格兰银行有严格的等级制度和与之相配套的工资分级，类似于公务员和英国广播公司，从7级（新入职人员和初级文员），通过5级（团队领袖）和3级（高级经济学家）后达到1级的部门主管。这些级别就成了英格兰银行职员职业爬梯的代名词——6级职员如果敢质疑5级职员的判断就是大逆不道。英格兰银行的大部分职员都有不菲的收入：82名职员的年薪高于10万英镑，另有103名职员的年收入在8万~10万英镑之间。虽然所有的雇员都有年终奖，但是大多数人的奖金都不算多——2009~2010年度的人均年终奖是3000英镑。有特殊的少数人群可以获得高达2万~3万英镑的年终奖。虽然英格兰银行的诸位行长没有奖金，但是他们的收入不菲：根据英格兰最新公布的数据显示，金的工资和津贴加起来有308252英镑，这让他成为报酬最高的公务人员之一（不过英格兰银行的薪金不是直接由财政拨付）。英格兰银行副行长的年薪约26万英镑。

行长和副行长是英格兰银行的最高层领导，他们下面有10名执行董事（ED），这些董事既包括像保罗·费舍尔和安迪·霍尔丹（Andy Haldane）这样的老资历职员，也包括像尼尔斯·布莱斯（Nils Blythe）这样的新人。布莱斯最近刚从英国广播公司调过来，担任英格兰银行的公关总监。很多执行董事也是执行小组（Executive Team）成员，这个小组是英格兰银行的最高管理委员会。金与执行小组的关系基本上良好，但偶有摩擦。下面是2008年7月查理·比恩和菲利普·邓恩议员在财政委员会上的对话：

邓恩先生："有人说英格兰银行内部的管理风格有点像君主制。你是否认同这种看法，如果认同的话，你觉得自己是内定的继承人吗？"

比恩教授："我显然不是内定的继承人，而且我也不认为英格兰银行的管理机制是君主制。默文显然是个强势的人物，他十分睿智，但是如果你能够提供论据，他也愿意聆听其他不同的意见。英格兰银行内部并不像外部看起来那样君主化或者专制。"

其他人说得更多。金脾气暴躁，而且十分固执，即使情况改变，他也不愿意改变自己的看法或者更改某项决定。他一旦做出决定就绝对不可能更改：在很多问题上，只要"金已经拿定主意"就不用再议了。不过也有例外，不管是金还是他的继任者在货币政策委员会上都不能一个人说了算。这个委员会的集体决策性质基本上没有变。虽然 1999 年"外部成员"大叛乱的情况没有重演，但是一些货币政策委员会的前成员都暗示该委员会内部存在派系分别。举例来说，凯特·巴克曾在货币政策委员会担任九年委员，德高望重。2011 年 5 月，他对财政委员会说：

我觉得我们要认识到人的性格会随着时间的变化而改变，这一点很重要。这可能是董事会要扮演的角色……我认为，董事会应当对政策委员会的程序进行查问，确保每个人都能自由发表看法。平心而论，我在英格兰银行工作的那段时间，看到这方面有显著改善，能公开鼓励职员挑战现有思想。我没有思考我们应不应该那么悲哀，但是董事会可以专门问一个问题："员工们现在能不能提出不同意见？"

英格兰银行行长的王国分为五个部门，分别是货币分析和数据部、市场部、金融稳定部、银行业服务部和稍微有点麻烦的总服务部。总服务部负责英格兰银行的日常运营——按照金的话来说，从总部一直到"回形针"

（paperclips）它都负责。货币分析和数据部简称为 MA 部（所以才有了传说中的"货币分析方式"的英文，也就是"MA Way"）。这个部门仍然是五个部门中名气最大的部门，吸引了最优秀的经济学家。它直接发布货币政策委员会的讨论内容，还是英格兰银行的"大脑中枢"，其做出的经济分析和数据直接帮助英格兰银行制定货币政策。英格兰银行的货币政策所关注的核心问题就是通货膨胀目标和经济增长。经过认真研究，这些数据通常都会进入英格兰银行的《季刊》和《通胀报告》。货币分析与数据部的主管是 44 岁的斯宾塞·戴尔，他同时也是英格兰银行的首席经济学家。考虑到货币分析是金的宏伟工程，所以戴尔是他的得意门生也就不足为奇了。1997 年，戴尔是金的私人秘书。那一年对于英格兰银行和金而言都是具有重要意义的一年。戴尔从那时起就和行长一起开始塑造"新的"英格兰银行，他现在成为了货币分析方式的看家人。虽然如此，戴尔最近几年在货币政策委员会仍然不时顶撞行长，他不顾金的坚决反对，屡次提议上调英格兰银行的贴现率。此外，戴尔还做了一些提升自己声誉的事情，包括在 2011 年 5 月接受《金融时报》采访。这次采访的报道让正准备吃早餐的金不悦了片刻。除了以上事件之外，戴尔都算是一个忠心耿耿的助手。

£ £ £ £ £

虽然货币分析和数据部依然是英格兰银行的强势部门，但是金融稳定部多年来都是保罗·塔克和安迪·霍尔丹的地盘。这个部门的职能是"发现英国金融系统面临的结构风险和运行风险"。它涵盖了宏观审慎战略的方方面面，任何与"风险"有关的东西都能和它扯上关系。这个部门的部分职责就是收集并处理"市场情报"，是英格兰银行跟外界打交道最多的部门。打交道的责任主要落在塔克身上，他在伦敦金融城的圈子里如鱼得水，跟很多大银行家和金融家都很熟。霍尔丹是个勤勉的副手，他孜孜不倦地在银行风险评估委员会工作，监控遭受重创的金融机构。霍尔丹还负责监督英格兰银行控制下的庞大支付系统，这些系统是英格兰银行的主要靠山之一。48 岁的霍尔丹留着平头，倍显年轻。他 1989 年进入英格兰银行工作。在 2008 年 10 月的特殊时期，他在争取行长批准救助银行计划中扮演了重要角色。但是在 2011 年之前，金融稳定部都是一个没有委员会的部门。金融政策委员会（FPC）是后来成立的，该委员会的职责是"发现、监测，并采取行动避免或降低"英国金融系统的"系统风险"，特别是要在资产价格泡沫形成之初就及时预警。这是英国政府替换之前的三边机制的重要举措，正如财政部的《白皮书》中提到的一样，这个机构的成立是基于毋庸置疑的简单事实：

政府发现，此次金融危机爆发之前，监管系统存在一大缺陷，那就是没有一个负责维护金融系统稳定的专门机构。

《白皮书》接着说，金融稳定委员会就是要"弥补这个缺陷"。成立金融政策委员会的重要意义不亚于 1997 年成立货币政策委员会。这个委员会的职责中有一项是出版英格兰银行每年两期的《金融稳定性报告》，这是英格兰银行的重要出版物，在出版之前的几个星期要举办一系列的活动。作为主管金融稳定的副行长，塔克以为自己会担任这个委员会主席也无可厚非。但是事实并非如此。2011 年 7 月，临时金融政策委员会成立，金稳坐临时委员会第一次会议的主席席位。临时委员会仓促成立，不仅缺少两名成员，还遭到一些诟病。有人说这给了英格兰银行过多权力，而没有足够的问责制约。这也注定将引发争论。金融政策委员会的成员除了金以外，还有塔克、比恩、费舍尔、霍尔丹和赫克托·桑特等英格兰银行主要领导，此外还有金融服务监管局最后一位局长阿代尔·特纳。值得一提的是，桑特不仅是英格兰银行的副行长，而且即将出任审慎监管局（PRA）局长。除了这些人，金融政策委员会还要有四名外部委员。作为四位外部委员候选人之一的理查德·兰伯特主动放弃候选资格，他曾经担任记者，后来成为英国工业联合会主席。另外一名候选人士是在针线大街经历起起伏伏的阿里斯泰尔·克拉克，克拉克虽然获得任命，但是财政委员会判定他的独立程度不足以担任外部委员。财政委员会表示，"很难不把他当成'内部人士'来看待"。克拉克是临时委员会委员，但是没能进入正式委员会。美联储的唐纳德·科恩和德意志银行的高级主管迈克尔·科尔斯（Michael Kohrs）都被认为是适合的人员。科恩在十年前曾经撰写关于货币政策委员会的《科恩报告》，科尔斯此前曾任职于高盛集团。最后，英格兰银行敲定了两位无投票权的委员：尚未上任的金融行为监管局局长马丁·惠特利（Martin Wheatley）和财政部高级官员乔纳森·泰勒。正如戴夫·拉姆斯丹（Dave Ramsden）是财政部安排在货币政策委员会的眼线一样，惠特利是财政部在金融政策委员会的眼线。不管是出于什么原因，金融政策委员会都被认为是货币政策委员会的对等部门（不过从严格意义上讲，金融政策委员会是英格兰银行董事会的下属委员会，而货币政策委员会独立于英格兰银行董事会之外）。这样一来，就引发了英格兰银行"有两个委员会好"还是"只有一个委员会好"的问题。有的人觉得两个委员会不好。货币政策委员会前委员苏希尔·瓦德瓦尼（Sushil Wadhwani）在英国《金融时报》撰文写道，"与其两山两虎，不相往来，不如一虎多山，任其选择"。此外，他还指出成立两个委员会存在"协调失灵"的风险。虽然这次两个委员会委员每年至少要在一起开四次会，但是考虑之前三边机制的协调记录，瓦德瓦尼的担心不无道理。金融政策委员会的职权，大部分都在宏观审慎"工具箱"上，他要在英国的银行和金融服务产业的引擎盖下组装这些工具，开展工作。创立伊始，虽然金融政策委员会的工具箱可能会包括像随时间而调整的资本要求（Time-Varying Capital Requirements）这类的重型工具，但是委员会并不知道自己的工具箱里究竟有什么东西。瓦德瓦尼指出，这个工具未经实验，对宏观经济的影响非常不确定。正如量化宽松是直接从学术文献里面照搬出来的一样，这个工具似乎也能修复遭受打击的银行业。不过，货币政策委员会必须通过审慎监管委员会转达其决定和意见，由审慎监管委员会自己确定回应的时间表。金融政策委员会顺便提到了其他事情。举例而言，金融政策委员会要求英格兰银行行长每隔半年与财政大臣就金融稳定问题交换一次意见，更重要的是，它还要求英格兰银行和财政部起草一份谅解备忘录（有点像当初签订的那份并非真心实意的谅解备忘录确定三大机构关系一样），说明在发生危机的时候如何"协调应对"。

£ £ £ £ £

虽然货币分析和数据部、市场部、金融稳定部已经成为英格兰银行的三大明星部门，但是银行服务部依然在后方努力工作，管理钞票发行、每天数百万的交易和结算，还要给其他部门当勤杂工。银行服务部由金的另一位心腹克里斯·萨尔曼负责，萨尔曼曾在金融危机期间担任金的私人秘书。萨尔曼还是英格兰银行的总出纳，负责英格兰银行票据（记住，不是"钞票"）发行和流通。银行服务部还承担了一些其他功能，每一位普通"高街银行"（high street bank，也被称作"零售银行"）的账户持有者都很熟悉这些功能，但是英格兰银行的主要客户却不知道。英格兰银行的主要客户是在它那里持有"储备"账户的约 60 家银行和房产协会。英格兰银行与机构客户的关系很明显，但是与个人客户的关系却仍然鲜为人知。在针线大街工作的全职员工所能达到顶峰的标志之一就是有权持有一个英格兰银行账户，不过这个账户不能透支。举例而言，在2010年2月前的一个年度，"英格兰银行的正副行长和执行董事"在英格兰银行有46.4万英镑的存款，有2.4万英镑的贷款。至于还有没有其他人持有英格兰银行的私人账户，外界不得而知。英格兰银行于1977年成立英格兰银行代理人有限公司（Bank of England Nominees Limited，下文统称BOEN），这家公司长期以来都是好奇的议员、记者和阴谋论者不断关注的话题。他们强烈怀疑这家企业和它的姊妹公司霍布伦代理公司（Houblon Nominees）可能是国家元首（比如说女王）或者主权政府投资的匿名控股公司。霍布伦代理公司是以英格兰银行的首位行长约翰·霍布伦爵士的名字命名的。BOEN的秘密性还体现在它享有政府豁免权（根据《2006年公司法案》第796条款），这就意味着它不受"通报条例"规定限制——换言之，这家企业不用披露自己的活动、账户信息和受益人。对于BOEN，英格兰银行闪烁其词，它承认BOEN是"一家代理公司，作为某些客户的代表持有证券"，并且提到"BOEN是代理这些人持有债券的"，但是英格兰银行援引《私人银行服务条例》中关于保密的条款，拒绝披露自己对这家子公司的活动记录。有关BOEN的官方文件少之又少。少得可怜的官方文件显示，BOEN的两位持股人分别是英格兰银行和约翰·福特曼。福特曼不仅作为英格兰银行的代理人持有BOEN的股权，而且还和英格兰银行的安德鲁·贝利一道担任BOEN的董事。现任审慎监管局局长的贝利由于在金融危机中的出色表现而在伦敦金融城备受尊敬。相比而言，福特曼就没什么名气。福特曼自2003年起就一直主管英格兰银行的第五大部门，就是服务中心。2003年时，默文·金任命福特曼担任服务中心主任，这是个精明之举。金很清楚，福特曼不仅比任何人都熟稔针线大街内部的运转，而且对同事的小缺点也了如指掌。福特曼是从英格兰银行内部一步步升上来的。据他的一位前同事说，福特曼对"针线大街的所有事情都有极强的敏锐性"。他于1969年加入英格兰银行，在很多部门工作过，包括新闻办公室、行长办公室、人事部和金融服务部。除了管理服务中心之外，福特曼还是英格兰银行秘书，负责"掌管"英格兰银行宝贵的印玺。手握诸多权力的福特曼是英格兰银行名副其实的大管家，作用相当于议院的党鞭，确保管理团队协调，所有成员上下统一。福特曼曾形容自己是英格兰银行的"秘密守护者"——这些秘密包括 BOEN 和更多的其他秘密。

£ £ £ £ £

虽然福特曼和其他9名执行董事构成了英格兰银行的内部圈子，但是能够引起行长重视的还有其他人，这里面就包括格雷汉姆·尼克尔森（Graham Nicholson）。尼克尔森是英格兰银行首席律师顾问，同时兼任行长顾问，而行长顾问的作用越来越大。2009年1月1日，尼克尔森获得英格兰银行任命，离开效力37年的富尔德律师事务所——它是伦敦金融城内非常出色的律所。尼克尔森现在领导着十人的团队，这个团队不仅针对英格兰银行的内部事务提供咨询，而且对2007年和2008年英格兰银行处理金融机构危机时所面临商业性的问题提供咨询。尼克尔森的出现和他的出身彰显了英格兰银行和尼克尔森老东家的密切关系。英格兰银行和富尔德律师事务所的关系可以追溯到250多年前。1743年，富尔德律师事务所的合伙人之一塞缪尔·多德（Samuel Dodd）被任命为英格兰银行律师。从此以后，特别是20世纪90年代以来，两家机构的关系一直蓬勃发展，这种关系令富尔德的竞争对手欣羡不已。尼克尔森的老同事迈克尔·拉芬（Michael Raffan）是富尔德律师事务所的高级合伙人，主管金融服务部，英格兰银行有事的时候经常第一个给他打电话。拉芬通常和尼克尔森、安德鲁·贝利以及英格兰银行的律师团打交道。英格兰银行律师团的吉奥夫·戴维斯也是富尔德律所的明星律师，被借调到英格兰银行后留了下来。在英格兰银行的困难时期，富尔德长期为其提供咨询，特别是在国际商业信贷银行破产事件——德勤会计师事务所控告英格兰银行行为失当的案件中，富尔德律所发挥了重要作用。我们知道，在这个案件结束后，英格兰银行于2006年夏向富尔德律所支付了7500万英镑的律师费，远远高于代理国际商业信贷银行债权人的陆伟律所的3800万英镑。两年后，也就是2008年4月，富尔德律所的拉芬带领团队为英格兰银行的500亿英镑的特殊流动性计划提供法律咨询。就在同一个星期，富尔德律所还在忙着为苏格兰皇家银行发行120亿英镑股权提供法律咨询。富尔德律所不无自豪地说："在一个星期之内，富尔德在两个截然不同的事件中发挥了关键性作用，这两个事件都很好地诠释了全球信贷危机的巨大影响。"富尔德律所忙得不亦乐乎。在2008年4月30日截止的财政年里，由于英格兰银行支付的高额律师费，富尔德律所的营业收入比上个年度增加了近20%，达到118亿英镑。同年9月的最后一个星期，富尔德律所又开始就布拉德福德—宾利银行的国有化问题向英格兰银行提供法律咨询。拉芬带领约40名律师组成的律师团为英格兰银行提供咨询，其中有三位合伙人——包括尼克尔森。很显然，英格兰银行很快就发现自己离不开尼克尔森，没过几天，英格兰银行就宣布任命尼克尔森为首席法律顾问。这也就意味着英格兰银行要突然辞退朱丽叶·威尔登夫人。

朱丽叶夫人担任英格兰银行首席法律顾问两年，熟稔白厅事务，曾担任财政部律师并主管政府法律服务部（Government Legal Service）。从严格意义上讲，朱丽叶夫人是公务员，不过比较活跃，喜欢参加各种宴会社交活动。虽然她很有魅力，但是正如她的一位前同事所说，她没有"商业头脑"。接替朱丽叶的尼克尔森在伦敦金融城的法律界工作了将近40年，头脑十分精明（巧合的是，尼克尔森继承了富尔德前同事彼得·帕蒂的职位。帕蒂曾于2002年至2006年期间担任英格兰银行首席法律顾问）。英格兰银行和富尔德律师事务所之间的道路是畅通的，而且是双向的。举例而言，2001年，莱恩·贝尔科维奇从英格兰银行首席法律顾问职位上退休后马上就加入富尔德律师事务所，成为该所的高级咨询师。升级版的英格兰银行法律部除了跟伦敦金融城的金融机构加强联系外，也增强了与财政部法律部门的联系。

£ £ £ £ £

金融危机期间的痛苦经历表明，财政部缺乏应对苏格兰皇家银行和劳埃德银行等银行机构持有的信贷敞口（credit exposures）的专业能力。财政部必须提高自己的能力。与此同时，财政部与英格兰银行的关系依旧难以处理。财政部代表出席货币政策委员会和金融政策委员会的会议——通常是戴夫·拉姆斯丹（Dave Ramsden）参加货币政策的委员会会议，乔纳森·泰勒参加金融政策委员会会议——只是提醒人们英格兰银行后台老板就在身边。不管英格兰银行享有多少独立权力，财政部依然是其上级监管机构——毕竟，根据《1998年英格兰银行法案》第819款之规定，财政部有权在紧急情况下就货币政策对英格兰银行做出"指示"。在非紧急时期，财政部不是通过财政委员会的公开方式，而是通过更加不明显的方式向英格兰银行施加影响。财政委员会的主席安德鲁·泰里有几分学究气，而且口气中常带嘲讽。他和委员会的其他议员负责在财政委员会对英格兰银行的工作进行审议。英格兰银行和财政部的关系一向不怎么融洽。英格兰银行前副行长霍华德·戴维斯爵士就曾说过，二者之间的关系"是机构间的动力学"。他还毫不隐讳地写道，"财政部和央行就像猫和狗一样较劲儿"。从理论上讲，在从前的三边体系中，英格兰银行、财政部和金融服务监管局各司其职，相互配合。但在实际操作中，英格兰银行和财政部互相争夺领导权，金融服务监管局则沦为次级机构。在政府部门中，财政部通常都能坐上第一把交椅。财政部位于威斯敏斯特的核心，可以同时看到骑兵路（Horse Guards Road）和乔治大街（Great George Street），位于乔治大街政府办公楼（GOGGS, Government Offices Great George Street）内。20 世纪 90 年代中期，诺曼·拉蒙特曾经形容财政部办公大楼像"一座俄罗斯精神病院"。在工党执政时期，这座办公楼经过全面改造后看起来像是一座酒店，但是仍然弥漫着卡夫卡的氛围。财政部和英格兰银行相距数英里，二者之间有着千丝万缕的联系。从严格意义上讲，财政部是英格兰银行的出资方，而且财政部可以自行调整对英格兰银行的出资，不过最近几年以来，英格兰银行也在自负盈亏。根据普遍接受的观点，英格兰银行的利润和红利流入财政部，这在英格兰银行账户确定之前双方就已经"达成协议"了。我们都知道，近几年来的分红确实比较丰厚，但是两家机构之间的亲密关系已经所剩无几。凯恩斯时代"权力机构"之间为了公共利益而进行友好合作的理念已经荡然无存。一位英格兰银行前主管回忆说，在英格兰银行独立之前，两者之间的关系更加简单：大家都把财政部当作"高级伙伴"。在当时，别说像奈杰尔·威克斯爵士这样的财政部头面人物，连他手下的人也不可能跑到英格兰银行去开会——英格兰银行的人要往财政部跑。1997 年以来，二者之间的权力平衡，至少是受尊敬的程度悄然转变。时至今日，英格兰银行内部经常把财政部视作"敌人"，或者是重要议题讨论的窃听者。英格兰银行最重要的议题讨论就是货币政策委员会的每月例会。每次开会，财政部都会派一名"观察者"出席，最近几次出席的财政部代表都是戴夫·拉姆斯丹。虽然拉姆斯丹和委员会成员的关系都比较融洽，但是每当财政部代表团来到英格兰银行的时候，双方关系总是有些冷漠。一位英格兰银行内部人士说，"财政部独断专行惯了，他们从来都是趾高气昂"。财政部约有1400名职员，英格兰银行有1850名职员。虽然两家机构的规模差不多，但是他们在特点和等级结构方面有很大的不同。财政部的领导层都是资深的职业公务员，他们拥有丰富的从政经验，经历过各种政治风波。财政部的权力消长主要围绕三个部门：常务副大臣（PERM）、国际和金融部（IF）、宏观经济和财政政策部（MPF）。常务副大臣是尼克·马克菲尔斯，国际和金融部的领导为第二常务副大臣约翰·金曼（John Kingman），宏观经济和财政政策部的主管是财政部首席经济顾问兼英国中央经济研究中心（Government Economic Service）主任戴夫·拉姆斯丹。曾任第二常务副大臣的汤姆·斯格勒现在是唐宁街10号的欧洲问题高级顾问。马克菲尔斯和汤姆·斯格勒由于在信贷危机中的出色表现而声名鹊起。相比之下，拉姆斯丹基本上默默无闻。他依旧忙碌，从财政部跑到债务管理办公室，又从债务管理办公室跑到英格兰银行出席会议，监督各委员会工作，签署各种账户文件。马克菲尔斯是财政部的明星人物，他出身伊顿公学，获牛津大学经济学研究生学位，在财政部工作了25个春秋，是名副其实的财政部官员。财政部发生的一切都逃不过他的眼睛，但是他平时沉默寡言，至少在公共场合很少发言。阿里斯泰尔·达林曾说他"富有魅力，有一些怪癖"。从2007年起，马克菲尔斯的工作就变为跟英格兰银行和金融服务监管局打交道，不过跟后者打的交道不如跟前者多。他曾在应对信贷危机和政府庞大的融资要求方面扮演了特殊角色，这导致债务管理办公室超负荷工作。作为常务副大臣，他的影响涵盖了财政部的方方面面。他促成罗伯特·斯蒂曼出任债务管理办公室主任，推动保罗·塔克于2008年下半年被任命为英格兰银行副行长。此外，2010年7月，艾伦·巴德爵士辞去预算责任办公室主任的辞呈就是交给马克菲尔斯的。马克菲尔斯在收到辞呈后给巴德爵士写了回信。在 2009 年的新年授勋名单上出现了马克菲尔斯的名字，授勋原因是为了"表彰他在应对金融服务行业危机中所做出的卓越工作"。马克菲尔斯行事高效、为人灵活、处事一丝不苟，一般不会公开发表看法。不过，可能是因为马克菲尔斯的家族拥有位于苏格兰韦斯特罗斯的一块名叫阿特达尔的 3 万英亩土地，所以他在 2008 年接受了当地西部高地报纸（West Highland）的采访。在采访中，记者问到苏格兰偏远乡村的山丘沼泽给他带来了什么样的影响时，他说：

人们一般都会觉得，如果你在白厅工作，那么你就能够拉动杠杆，而且能均等地影响全国市场。对于这种想法，我们要做一个有益的更正："它对洛赫卡伦和阿特达尔能有什么影响呢？"

或许更具有说服力的是马克菲尔斯对财政部的决策评价。他觉得财政部的权力影响毋庸置疑：

无论是尼格尔·劳森的财政预算、汇率机制决定、1997 年的过渡还是今天面临的各种挑战，过去 25 年间影响英国的所有大事都离不开财政部。所有行动总是发生在财政部，财政部是重大讨价还价进行的地方。

这可能是关于财政部决策最简洁的描述——这是个"重大讨价还价进行"的地方。毫无疑问，这里依然是权力交易和滋生权力的地方，在跟英格兰银行相关的时候更是如此。虽然英格兰银行获得了独立，但是仍然与财政部藕断丝连，一切都在马克菲尔斯和他的同事们的掌握之中。不过，这次金融危机也让马克菲尔斯的团队感到震惊。2009 年 12 月，马克菲尔斯在牛津大学万灵学院的一次讲座中承认，在短短 18 个月时间里，财政部从一个"影响有限的政策部门"转变成为一个"具有重要执行责任和庞大资产负债表"的部门。这相当于是一份半公开的声明，十分少见：

> 财政部需要点燃所有气缸，同时应付多项任务，这成了家常便饭：在过去的一年里，财政部的每一位主管都忙得要死……财政部不得不很快适应不断变化的情况。有时候，财政部需要采取非常迅速的行动。总而言之，财政部需要在实践中不断学习。

所以，财政部和英格兰银行一样，偶尔会揭开自己的面纱，展示内部运作、缺陷和人性的脆弱。最终，在权力和政策的传输，数据、备忘录和通报相互不断流通的基础上，财政部和英格兰银行之间的关系通畅起来。英格兰银行的独立基本上依然神圣不可侵犯，而且白厅里面基本上依然觉得这是件"好事"，不过财政部和财政大臣还是时不时地想要拉动连接两家机构的纽带，提醒英格兰银行的人们不要忘记财政部在盯着他们。

"积极管理"：央行用储备金赚钱

"这可不太好。"

——安德鲁·泰里议员对保罗·塔克说

财政部特殊委员会，2012 年 7 月 9 日

　　"市场部"是英格兰银行跳动的心脏。自 2009 年 3 月以来，保罗·费舍尔就一直担任市场部的主管，他经常穿着一套灰色西装，为人固执、理智。费舍尔身居要职，英格兰银行这样形容他的重要性："他负责英格兰银行在金融市场上的所有操作，并且代表英国财政部管理银行资产负债表和官方外汇储备；还要为货币稳定和金融稳定提供市场情报。"虽然从 2009 年年初开始，这个部门负责出台了像"量化宽松"这样的重型武器，但是在日常工作中，它的主要任务是监管英镑市场，为银行系统提供稳定性保险。这个部门是最大的批发商。市场部在进行货币批发业务时，密切关注着被称为"英格兰银行收益"的资产负债表。这份资产负债表每周四上午发布，显示着英格兰银行在上个日期交易结束时的资产负债头寸。从某种程度上讲，英格兰银行的市场部具备投行的特点。不过，很难说清它的存在是仅仅为了管理资金，还是"积极地"管理资金。换言之，就是说它能不能赚钱。举例而言，市场部的主要职责之一就是代表财政部管理英国的

外汇储备。在市场部的几百名职员中有一个被称为储备管理小组（Reserves Management）的部门，这个部门的成员占据英格兰银行交易室的核心地带。他们都是高级投资经理人，组成了一个类似于投资银行内的自营对冲基金交易部。这个团队每天积极交易的财政部资金数以亿计。这群投资经理人都是专业从事债券和利率衍生品投资的。英格兰银行鼓励他们制定"Alpha组合"——也就是市场表现突出的自营交易战略——进行"长期"交易和"短期"交易。在短期交易中，采用回购市场提高杠杆率来补空头。近年来，这个小组更进一步，开始引入期货债券交易。换句话说，市场部为了对冲风险——也很有可能是为了投机——以债券期货的价格进行交易。但是和所有自负盈亏的对冲基金一样，英格兰银行市场部的汇率管理小组也有内部的收益目标和年利润目标，不过这两项内容从来都没有公开过。这个小组的成员和英格兰银行的其他员工一样也有年终奖。央行到底应不应该利用持有的储备赚钱，这是个棘手的问题。不过，英格兰银行对此态度似乎很轻松：

英格兰银行的投资经理人在一定范围内，有权以营利为目的对该行的储备进行操作。这叫"积极管理"。

曾担任英格兰银行储备总监的约翰·纳吉（John Nugee）是个令人尊敬的人，他离开英格兰银行后加入了一家投资银行。他之前在英格兰银行央行研究中心的出版物中也曾提到这个问题：

央行完全有权对其储备资金进行投资，使其收益最大化，这是广泛接受的观点。但是这并不意味着央行可以毫无限制地利用储备金牟利。

除了管理财政部的外汇储备，英格兰银行市场部还负责管理英格兰银行自身的外汇储备。英格兰银行的外汇储备库建立于1997年5月。戈登·布朗当时第一次写信给艾迪·乔治，让他建立新的货币政策架构。虽然英国政府仍然负责确定汇率机制，但是布朗在信中写道："英格兰银行要建立自己单独的外汇储备，以便支持货币政策目标而在市场干预时自行使用。"这对于英格兰银行来说是件好事，但是有一个问题：这些外汇储备从哪里来呢？问题的答案就在资本市场。2006年，英格兰银行开始了自己的债务发行项目，发行"中期凭证"，向市场销售。这些中期凭证实际上就是债券。英格兰银行的这种做法与很多商业银行和投资银行募集资金的方法没什么两样。如此一来，英格兰银行市场部就堂而皇之地开始进行债券交易，每年都向市场发售20亿美元的债务，债务形式就是以美元为主导的欧洲债券（Eurobonds）。以2011年2月为例，英格兰银行宣布第五次债务发行，形式是20亿美元的三年期欧洲债券，年收益率1.375%，2014年3月份到期。英格兰银行为这些债券发布了一份说明，委托美银美林银行、德意志银行、汇丰银行和摩根大通作为联合牵头管理人（joint lead managers），并且委任包括高盛和摩根士丹利在内的其他投行协管。这些银行在收到委托费后，将在全球发售这些债券，卖给他们的机构客户。当然，作为全球最大的央行之一的债券，有英国政府在背后担保，这些债券的评级都是最高的AAA级别。虽然收益率很低，但是有金字招牌的安全保障，所以依然不愁卖。正如戈登·布朗在信中所写道的那样，通过这些债券所筹集到的资金被用来"干预"货币市场，支持英格兰银行的货币政策目标。只有在非常时期才能利用这些资金进行市场干预。在2009年4月的一次财政委员会会议上，有人问保罗·费舍尔，财政委员会在什么情况会进行这种干预：

他们在过去考虑过这个问题。货币政策委员会的会议记录中，曾经四次提到是不是应该进行外汇干预。这四次讨论都发生在英镑汇率过高时，货币政策委员会讨论应不应该进行干预，以限制英镑汇率走高。大部分讨论的时间都不长，货币政策委员会每次都很快得出结论，认为不应该进行干预。这是一种不可忽视的政策工具，也不能说永远不会用到。

向费舍尔提问的议员好奇的是英格兰银行——具体而言就是货币政策委员会——会不会独立于政府政策之外，单独对英镑汇率进行干预。安德鲁·泰里议员问道，英格兰银行有没有可能会采取违背政府政策的汇率干预。费舍尔的回答虽然很巧妙，却也表现出这家独立的中央银行与政府之间的关系并不愉快：

汇率政策是货币政策的一部分。我们现有的货币政策框架是以通货膨胀目标为基础的。我们没有设定汇率目标。如果货币政策委员会认为对外汇市场进行干预有利于实现通胀目标的话，它会对外汇市场进行干预。这就是货币政策委员会干预外汇市场的条件，而政府本身不能对货币市场进行直接干预。

£ £ £ £ £

2013 年，英格兰银行市场部由于牵涉进伦敦银行同业拆放利率（下文中称为 LIBOR）事件中，而被推上舆论的风口浪尖，直至今日它仍刻意回避这个问题。LIBOR 是指大宗市场上，银行间相互拆借的利率。LIBOR 的重要性在于巨额的证券、债务和金融衍生品价格都与它密切相关。LIBOR 的变化对这些金融工具有着很大的影响。如果 LIBOR 被人操纵，那就意味着这些金融工具的价格也被人操纵。虽然多年来，一直负责管理 LIBOR 的是死气沉沉的英国银行家协会，但是英格兰银行保留了对 LIBOR 的督导权。英格兰银行的代表和各大主流商业银行一起出席定期的 LIBOR 工作委员会会议，从不缺席。英格兰银行似乎对各家银行的 LIBOR 报价，以及制定甚至故意操纵 LIBOR 的行为没有什么影响力。英格兰银行和 LIBOR 存在密切的关系，而且英格兰银行本身就处于市场监管的中心位置，所以英格兰银行的高层主管肯定也会跟 LIBOR 扯上关系。这些跟 LIBOR 有关的英格兰银行高层就包括保罗·费舍尔和他当时的领导保罗·塔克。根据金融服务监管局（当时还叫这个名字）的说法，2008 年 10 月 29 日，就在金融危机最严重的时候，英格兰银行和巴克莱银行之间的一次电话交谈就提到"外界对巴克莱银行 LIBOR 报价的看法"。金融服务监管局说，在这次通话过后，巴克莱银行从"一位高级管理层成员"那里接到"降低巴克莱银行 LIBOR 意见的指示"。金融服务监管局明确表示，"在这次通话中，没有任何要求巴克莱银行降低其 LIBOR 报价的指示"，但是"在巴克莱银行高层传达这次电话交谈内容的时候，发生了误解或者理解沟通错误"。金融服务监管局的结论就是，"巴克莱银行的报价员错误地认为，他们按照英格兰银行（高层）的指示进行操作，降低巴克莱银行的 LIBOR 报价"。据说这次电话通话的双方分别是保罗·塔克和巴克莱银行董事长兼巴克莱资本公司的首席执行官鲍勃·戴蒙德（Bob Diamond）。戴蒙德把这次通话做了个记录，第二天传给了时任巴克莱银行行长的约翰·华莱（John Varley）和巴克莱资本公司的杰里·德尔密斯耶（Jerry del Missier）。这份记录的标题是《英格兰银行的保罗·塔克打给鲍勃·戴蒙德的电话》。这份电话记录也体现了英格兰银行、白厅和英国各大银行高层之间的沟通渠道：

在我们最后一次电话后，塔克先生重申了他曾收到一些白厅高级官员的电话，询问巴克莱银行的 LIBOR 报价为什么总是最高的。他的回答是："你该付多少就得付多少。"我问他能不能向白厅转达一下现实的情况，并不是所有的银行的报价都能代表实际的交易情况。塔克的回答是："哦，我要是转达的话会更加糟糕。"

我又解释了我们依照市场定价的政策，根据市场实际情况，我们的价格确实是比较高，而且有时候是最高价。我同时也指出，我们发现其他银行的报价并不能代表他们实际经营中的价格。正是因为其他银行的报价过低，所以才显得我们报价过高。实际上，我们的实际价格一点都不高。

塔克先生说，他收到的电话来自白厅"高层"，而且认定我们最近的报价有超出实际需要的情况。

2012 年 6 月，英美政府以操纵 LIBOR 为名，对巴克莱银行处以 2.9 亿英镑罚款，其中金融服务监管局对其罚款 5950 万英镑。巴克莱银行是了结此案的首家银行，此案牵涉的其他银行包括花旗、苏格兰皇家银行、劳埃德和德意志银行。一个星期后，也就是 2012 年 7 月 3 日，鲍勃·戴蒙德正式从巴克莱银行辞职，他表示，"外部压力已经达到了可能破坏银行经营的程度"。虽然财政大臣乔治·奥斯本承认，戴蒙德的决定"对于国家而言是正确的决定"，但是媒体并不买账，他们认为这个巴克莱银行家只不过是银行业弊端的典型代表。实际上，这次事件的救星还是英格兰银行。默文·金召集巴克莱银行董事长魏万基（Marcus Agius）和副董事长利万基爵士（Sir Michael Rake）来到英格兰银行。魏万基说，"在谈话中，金说鲍勃·戴蒙德已经失去银行监管机构的支持"。随后，巴克莱银行非执行董事会召开紧急会议，并到戴蒙德位于伦敦的家中进行家访讨论此事。最后处理的结论就是，戴蒙德得辞职。7 月 9 日，在面对财政委员会议员的质询时，保罗·塔克对英格兰银行和巴克莱银行高级管理层之间的沟通混乱做出了冷冰冰的解释。委员会主席安德鲁·泰里议员对于英格兰银行高层竟然没有留下和戴蒙德的谈话记录显然很不满。不过，在塔克看来，发生问题的原因在于市场失灵，而不是故意"虚报低价"。塔克的话似乎并没能说服泰里，泰勒说了一句口头禅："这可不太好。"这次会议就像一场慢速的撞车事件，塔克在英格兰银行长期出色的职业生涯被撞得粉碎。双方最后没有"交火"，虽然没有证据表明塔克和他的同事知道LIBOR 受到人为操纵，但是英格兰银行在这次事件中真正扮演了什么样的角色？这个问题依旧令人深思。

这些事件结束后出版的《惠特利 LIBOR 评估报告》得出的结论证实了人们长久以来的疑虑：LIBOR 的管理和监督机制严重不足。专门为设立新的 LIBOR 管理机构而成立的委员会于 2013 年 7 月决定由洲际交易所（ICE）旗下的纽约－泛欧交易所作为 LIBOR 的管理机构。一个被称为洲际交易所基准管理有限公司（ICE Benchmark Administration Limited）的机构随之成立，其职责是"通过整合强有力的监管和治理框架以及市场领先的验证技术，恢复 LIBOR 的信誉、市场信任度和公正性"。2014 年 2 月1 日，获得金融行为监管局最终批准后，LIBOR 的管理权由英国银行家协会转移到洲际交易所基准管理有限公司。两个多星期后的 2 月 17 日，英国重大欺诈调查局（Serious Fraud Office）宣布对"与操纵 LIBOR 有关的"三名巴克莱银行前雇员进行刑事诉讼。在作者撰写本书时，全球范围内众多与操纵 LIBOR 相关的银行被判处的罚金数额达到了 65 亿美元，关于此案的调查仍在继续。

国王还是行长：最后的学者型银行家

"大多数英格兰银行行长都是小心谨慎的商人，他们对于银行也不是非常在行，他们最关心的就是保持自己任期内的经济繁荣，这样他们就能免遭指责。"

——沃尔特·白芝浩，1873 年于伦巴第大街

"如果有中央银行行长认为自己非常了解经济，想要通过货币政策调节经济，这时候听听莫扎特的音乐才是最正确的决定。"

——默文·金，2006 年 3 月于欧洲央行，
在奥玛特·伊兴举办的研讨会上的讲话。

2011 年 11 月 15 日周二，默文·金和他的妻子芭芭拉有一个重要约见，他们要去白金汉宫。这一次去白金汉宫，行长不是向女王解释英国糟糕的经济情况和支离破碎的银行系统，而是要去接受授勋。上午 11 时整，金穿着略显宽大的礼服出现在白金汉宫的大厅。大厅里放着英国国歌，金旁边还站着 94 名其他参加女王寿辰庆典的客人。这些客人既有军人和高级公务员，也有包括驯马师亨利·塞西尔和电视红人、慈善机构 Comic Relief 的主要领导人艾玛·弗洛伊德在内的一些社会名流。行长先生之前

就要求自己的授勋仪式不用录像，所以他是第一个走上台接受授勋的。金按照古老的方式单膝跪在授勋凳上，女王用先王乔治五世的宝剑为他授勋。金的爵位很高：他获得了大英帝国大十字勋章。2000年，艾迪·乔治在他退休前三年也获封该爵位。获得爵位后，金就可以穿上礼仪制服，戴上礼仪帽子，配戴金领、各种徽章和丝带。这个爵位和所有的荣誉称号一样，对他在英格兰银行的日常工作没什么影响，大家依然称呼默文·金教授为"行长先生"。金即将获得授勋的消息最早于2011年6月宣布，这个荣誉称号也就意味着结束的开始，金将于2013年6月退休，他在任时间还有最后两年。听起来还很遥远。除了获得授勋以外，金在2011年几乎没遇到什么好事。受英国经济惨淡的消息影响，英格兰银行的财富缩水。此外，英国最大的贸易伙伴欧元区的经济形势更加严峻，这对于英格兰银行而言无异于雪上加霜。在这一年，英国经济增长非常疲软，通货膨胀逐步上升，到10月份达到5.2%的峰值，比2%的通胀目标整整高了3.2个百分点。英格兰银行平时都准备着现成的信封和邮票，一旦财政大臣要求行长写信，就能派上用场。金曾经拿它们戏谑财政委员会，现在这些东西肯定已经用完了。行长在他10月6日写给乔治·奥斯本的信中重申，高通胀率是因为一次性提高增值税和能源价格上涨造成的，这两个因素的影响很快就会消退。所以，为了降低通货膨胀，货币政策委员会决定保持英格兰银行0.5%的利率不变，通过量化宽松再次向市场注资750亿英镑。

　　"考虑到风险平衡的转变，为了保持通货膨胀的中期目标，本委员会认为有必要再次进行货币刺激，向国民经济注入货币"。"风险平衡的转变"表明情况确实糟糕到了一定的境地。正在当局、媒体和公众寻思"风险平衡的转变"是什么意思的时候，英格兰银行还要面临其他的考验，特别是在威斯敏斯特。英格兰银行的"问责"问题，或者说"问责缺乏"问题贯穿了 2011 年全年。涉及的问责问题不仅包括其管理机构（也就是董事会），同时也涉及英格兰银行个性奇特的行长。政客们和其他人都认为，从 2004 年起，金一手建立起一个帝国，这个帝国的权力范围超越了针线大街，而且似乎有超越威斯敏斯特和白厅的趋势。不过，对于有人批评英格兰银行"权力过于膨胀"的说法，金似乎不以为然。金 6 月在市政大厅演讲的时候将自己和前行长约翰·桑德斯·吉里雅特（John Saunders Gilliat）做了比较。19 世纪 80 年代，当市政铁路公司想要占用吉里雅特位于乔利伍德（Chorleywood）的一部分地产时，古里雅特要求铁路公司给他专门建一个火车站，方便他去针线大街上班。金对听众们说："很遗憾，现任行长没有要求建立私人火车站的权力，即使他有这个权力，他也没有地方建。"11 月 8 日，也就是他去白金汉宫前一个星期，英国下议院财政委员会出版了《英格兰银行问责机制》报告。由于欧元区主权债务危机严重蔓延，所以这份报告几乎没有引起太大关注。这份报告呼吁对英格兰银行的治理进行"大刀阔斧的改革"，表明财政委员会认为英格兰银行的问责机制严重不足。财政委员会在报告中提议将英格兰银行行长的任期限制减为八年，"以降低行长在能力消退后仍然在任的风险"。这是近几年来从财政委员会会议厅里传出来的最尖锐的言辞。这份报告显然是针对金的，大家可以想象得到，金在办公桌上看到这份报告时会作何反应。在抨击完行长——或者说"某位"行长后——财政委员会还建议彻底撤销英格兰银行的"董事会"，代之以"英格兰银行督导委员会"。该报告建议，这个督导委员会只有 8 名成员组成（主席、行长、两位副行长和四位外部成员），而不像现在的英格兰银行董事会由 12 名成员构成。就连对英格兰银行忠心耿耿的查尔斯·古德哈特教授也严厉批评英格兰银行董事会，说它是"显赫人物俱乐部"。最后，英格兰银行接受了该报告提出的行长任期八年制。财政委员会的工作细致彻底。这份报告是从3月到7月的六场漫长的听证会提炼出来的精华。这些听证会由财政委员会主席安德鲁·泰里议员主持。泰里先前对金和英格兰银行其他人的敬意已经渐渐消退。泰里和其他议员盘问了英格兰银行董事会的大人物和老好人，包括董事会主席大卫·利兹爵士和货币委员会的前成员（古德哈特、布伊特、巴克和瓦德瓦尼），以及企业管理方面的专家学者。英格兰银行行长和他的助手比恩、塔克、霍尔丹和贝利在6月份到委员会作证。乔治·奥斯本和他在财政部的心腹尼克·马克菲尔斯在7月份最后一场听证会作证。财政委员会从这些证人那里收集到的证据中发现，现在坐在议院后排的阿里斯泰尔·达林对英格兰银行的问责机制有着强烈的看法。2011年9月，达林在宣传造势后出版了自己的回忆录。在书中，达林生动描述了自己在担任财政大臣期间与英格兰银行（以及行长）打交道过程中的失望经历。英国金融服务法案联合委员会正在审议金融服务监管法律的修改议案。达林被召集到这个委员会发表看法。达林毫不避讳地说道：

　　议院应该审议英格兰银行的管理机制，对其进行纠正。这是非常有必要的。两党在这个问题上甚至应该携手合作。实际上，虽然一路上不断小修小改，但是我们现在的机制又倒退回1946年。毫不客气地讲，我们需要对此进行纠正，因为我认为治理机制太陈旧了。英格兰银行的行长就像国王一样，整个董事会都围着他来回转。

　　在达林看来，英格兰银行这座大厦似乎已不合时宜。他对委员会毫不讳言地说："整个架构都是根本错误的。"财政委员会议员们都觉得没有理由不同意达林的看法。在金融危机初期，特别是在 2007 年 8 月份板球赛季的最火热的时期，固执的英格兰银行没有对自己的行为进行反思调查，将自己置于更加不利的地位。英格兰银行没有进行过这类调查的言论让议员们耿耿于怀。再看看金融服务监管局，它不仅于 2008 年 3 月发布内部审查报告，承认其在北岩银行情况恶化期间存在监管不力，而且还发布了一份有分量的报告，介绍苏格兰皇家银行陷入困境的情况。相反，英格兰银行对于自身的缺陷一直保持沉默。在财政委员会看来，英格兰银行在北岩银行破产之后进行的事后总结基本上就是董事会成员和行长找个下午在董事会议室聊聊天：

　　罗杰·卡尔（董事会成员）告诉我们说，"没有进行审查的必要"。在正常情况下，董事会也经常进行审查。可是，他接着对我们说，这不是一场正式的审查，只是和行长进行讨论，"这次审查不是以问答的形式进行的，而且是审查我们现有体系的优点和弱点"。我们问他为什么没有公布这次审查的记录时，他告诉我们说董事会议的会议记录里只有笼统的讨论纪要。

　　财政委员会的证人们纷纷表示，英格兰银行怎么可能没有进行正式的审查？卡斯商学院的鲍勃·加勒特就表达了自己的惊讶："我感到非常惊讶，我的很多工作都是国际化的，我所认识的国外朋友也觉得这简直不可思议，我们竟然没有对问题的原因进行调查。"相比于没有进行内部审查，更让财政委员会气愤的是英格兰银行竟然断然拒绝提交董事会在金融危机期间的会议记录：

虽然金融危机时期具有很强的特殊性，但是英格兰银行董事会仍然不愿意向我们提供会议记录。我们只是要求他们提供删减版的会议记录，他们还是不愿意，说一旦提供会议记录，董事会就会失去内部考虑空间。

在议员们看来，最令他们气愤的是，英格兰银行董事会竟然援引《信息自由法案》的条款作为拒不向财政委员会提交信息的依据。这些都没有给英格兰银行的高层带来什么好处。英国议院极富影响力的财政委员会认为英格兰银行高层态度傲慢，漠视法律程序。金越来越四面受敌，大势已去的他眼睁睁看着财政委员会对英格兰银行失去信心。没有人提到金有可能会辞职或者提前退休——之前还没有任何一位英格兰银行的行长在任期未结束前离职。现实情况是，行长和他领导下的英格兰银行都回避这个问题。英格兰银行对财政委员会的报告做出的唯一公开回应就是：

英格兰银行的态度是清楚的、一贯的：为了更好地履行本行的职责……我们的治理和问责机制有必要进行调整。

£ £ £ £ £

虽然 2011 年秋季口水战不断，行长先生还是做出了一件让自己赢得赞誉的事情。财政大臣、财政部和预算责任办公室在《财政大臣秋季报告》中对英国经济的预测不甚乐观。乔治·奥斯本在下议院提出扩大财政紧缩和大幅提高政府债务，英格兰银行没有对此做出评论。实际上，最让英格兰银行烦心的是愈演愈烈的欧元区主权债务危机。整个秋天，欧洲各国领导人一直忐忑不安，信贷市场流动性日渐萎缩。由于投资者不断削减欧元风险敞口，到了 11 月中旬，欧元兑换美元的成本攀升到 2008 年 10 月以来的最高值。英格兰银行的警钟已经敲响。金拿起电话，给经济协商委员会（Economic Consultative Committee）的其他成员打电话。这个委员会以前被叫作 10 国集团央行委员会（G10 Governors）。金是这个委员会的主席，他提醒美国、加拿大、瑞士和日本等国的央行行长，现在的情况逐渐恶化，已经再次具备了信贷紧缩的特征。11 月 30 日周三，美联储宣布将大幅度降低欧洲央行短期美元借款的利率，从 1.1% 降至 0.6%，以非常优惠的利率向资金紧缺的欧洲银行提供美元流动性。用金的话来说，其他央行也提供了援助，整个行动类似于"所有货币之间的置换协议网络"。市场对各大央行的行动表示欢迎，尽管这个行动是象征性的，不具备系统性。这表明各大央行不会坐视欧元区慢慢消亡。金用政治家的口吻一再强调，如果其他非美元货币将来也面临类似的压力，"我们也会采取这种方法"。至少在那个短暂时期，金成为时势造就的英雄。

£ £ £ £ £

等到 2013 年 6 月，也就是金的第二个五年任期快结束时，他在英格兰银行工作的时间将达到 22 年。他的前任艾迪·乔治在英格兰银行工作了 41 年。金的工作时间虽然只比乔治的一半多一点，但是也不算短。金不是从英格兰银行基层一步步爬起来的，他先后担任该行的首席经济学家和副行长，并担任 10 年行长。他掌管了这家具有传奇色彩的庞大机构，并且从很大程度上讲，在这个机构深深打上了自己的烙印。对金批判最强烈的一些人认为他"破坏"了乔治治理下具有家长式专制的英格兰银行结构，甚至有人质疑金 2009 年有没有在圣保罗大教堂举行的乔治追悼会上致悼词。实际上，金不仅参加了追悼会，而且悼词洋溢着对乔治的赞美。还有一些人为金叫好，说他精简了英格兰银行的结构，使它成为更加专注的机构。不管是褒是贬，他们都有一个共识，那就是虽然英格兰银行大楼没有什么变化，但是现在的英格兰银行和金 1990 年刚进来的时候已经截然不同。金见证并且设计的英格兰银行改革可能比它在之前 317 年历史中经历的所有变化都要多。1997 年，英格兰银行独立的时候，金就是设计师之一。随后 10 年中，英格兰银行的工作重点转向货币分析，金在其中更是发挥了主导作用。金的时机独一无二，在他的职业生涯里，他见证了英格兰银行近期历史上最主要的两大转折：1997 年获得独立，监管权被分割出去；2013 年重新获得监管权。在金任职期间，虽然有成功，但是也有失败，特别是在 2007~2009 年金融危机期间。

金表达了自己的遗憾，特别是没有在金融系统负债比率上升期间发出更有力的警告。但在很多人看来，金的这些话避重就轻，无关痛痒。维拉姆·布伊特是货币政策委员会的创始成员之一，现在是花旗银行的高级经济师。他是金最严厉的批评者之一：

我认为，英格兰银行内部都相信制定通胀目标和获得独立解决了央行一直以来所面临的问题，我们没有意识到——我当时也持有同样想法——我们非常幸运，或者非常不幸，因为我们处于全球最温和的经济环境中，这让我们拥有一种幻觉，大家相信只要实现通胀目标就万事大吉。英格兰银行通过自己的视角来看待经济，所以在危机发生时完全没有应对准备，无论是在制定流动性紧缺的应对方案时，还是在确定干预时机、与财政部协调和确定救助对象的时候都手足无措。在金融危机的将近三年里，英格兰银行都在疲于应付。

在这三年里，行长先生一直把在老家小学操场学到的"道德风险"一词挂在嘴边。他带领一家严重准备不足的机构应对了一场——事实上是一系列严重的金融危机。后来，他引入了巨额的财政刺激计划，计划规模超出同辈人的想象，他之前的行长就更不敢想象了。英格兰银行对这个刺激计划的处理稍欠妥当（时至今日，量化宽松计划仍然是个不解的难题，将留待历史的判断。事实上，正如财政部最高层的某位官员所言，英国的中央银行"不应该购买这么多国债"）。还有，无论是金本人还是英格兰银行整体都从没有正式反思自身的错误。在历史上，英格兰银行有一段时期名声特别不好，时任行长蒙塔古·诺曼就算旅行也要偷偷摸摸，偶尔使用化名克拉伦斯·斯金纳教授出行。金出门从来都没有感到不好意思。他丝毫没有愧疚可言，他是政府机构谦逊的公务员，他在财政委员会听证会上和议员的争辩中话不多，基本上就是："要么支持我，要么解雇我。如果你们不喜欢我们做事情的方式，完全可以改变规则。"听到这里，议员们基本就无言以对了。金要比财政委员会那些质询他的人聪明很多。金对英格兰银行货币市场操作和量化宽松计划无微不至的介绍让议员们云山雾罩，连问题都问不出来。有些时候，议员们会提出一些特别敏感的问题。不过行长总是能够小心措辞，给出十分巧妙的回答，总能比提问者更高一筹。当然了，议员们来了又走。可是，对于"当局"的一些官员和货币政策委员会有资本市场经验的成员而言，英国央行行长竟然如此鄙视这些市场，让他们也感到为难。从骨子里讲，金是个不折不扣的经济学家。每当这些人想要干预英格兰银行的决策时，他总是给人留下非常傲慢无礼的印象。货币政策委员会的前成员苏希尔·瓦德瓦尼在提交给财政委员会的一份报告中也提到了这个事情：

在过去十年间，英格兰银行犯的很多错误都是由于它坚信金融市场能够自我调节。我在英格兰银行工作期间，如果有人质疑"市场自我调节"理论的话，都会遭到严重的抵制。英格兰银行不应该想当然地把某一理论奉为圭臬，它要避免再犯这类错误，这很重要。

大家都认为，金的离开对于英格兰银行而言标志着一个时代的结束。《金融时报》编辑莱昂内尔·巴伯曾说金眨眼睛的动作很有标志性。有些人表示，他们会怀念金"标志性的眨眼表情"，其他人则为一个"金式王朝"的结束而舒了口气。至于"当局"——英格兰银行、财政部和金融服务监管局——还有上下两院，对金的离去有着复杂的感情。在当局工作的一位非常高层的人士曾经和金一起共事很多年，他深思熟虑后给金做出了一个评价，可能很多人都会认同他的评价："默文·金教授是才华横溢的经济学家，但不是出色的央行行长。"金对于自己在英格兰银行的职业生涯作何评价呢？2008 年，在他获得第二个任期的任命时，约翰·麦克福尔议员问他希望人们怎么评价他在新任期的工作，金这样答道：

我主要有两点希望。首先，我希望人们能够意识到，同时也希望我们能够做到，那就是我们非常接近于实现通胀目标，而且我们为实现通胀目标采取了一切合理手段设定利率，金融系统可信度得以维持下去……第二，我希望我能够给（货币政策）委员会，为整个英格兰银行，特别是给未来到英格兰银行工作的年轻人留下一个可以接手的工作架构，到我退休的时候能够实现无缝交接，大家在我离开的时候不会感到任何变化。

金的回答表明，他和前任艾迪·乔治一样务实，都知道英格兰银行的工作要有持续性。他的主要贡献在于货币或者价格的稳定架构。这是他在英格兰银行工作期间的核心，也是他的指导原则。1996年，金在《货币稳定：原因何在？》（*Monetary Stability: Rhyme or Reason?*）的演讲中指出：

> 套用安迪·沃霍尔的一句话，在我们这个时代，所有的政策都只有15分钟的热度。一个国家的中央银行必须有摆脱干扰的勇气，一心一意地抓好价格稳定的问题。

这是金最关注的理念。在同一个演讲中，他还同情地引用 T.S. 艾略特（他本人在成为作家之前也是银行家）的《磐石》里面的几句话，来说明货币稳定神圣不可侵犯：

> 思想与行为的无尽循环，无尽的发明，无尽的实验，带来"动态"而非"静态"的知识；带来"言论"知识，而非"沉默"知识……遗失在知识中的智慧到哪儿去了？遗失在信息中的知识到哪儿去了？

金把对价格稳定的不懈追求比作一场"永无休止的马拉松"。正如艾伦·格林斯潘所言："你永远都不可能大功告成，关上店门，打开香槟庆贺。你也不应该停。"这个突然当上英格兰银行行长的书生气学者究竟是个什么样的人呢？金有些时候也会吐露自己的心声。2004 年 6 月，金向《机构投资者》杂志创始人、业余乐队指挥家吉尔伯特·卡普兰（Gilbert Kaplan）透露了自己的音乐偏好。金选择了几首贝多芬、布鲁克纳、威尔第（《茶花女》）和莫扎特的曲子。他还选择了伊迪丝·琵雅芙的《不，我一点都不后悔》，向自己一无所有的剑桥青春致敬。卡普兰问金有没有想过做一名音乐家而不是经济学家，金说：

可能想过吧。我想我应该先从小提琴家做起，然后再当乐队指挥。我觉得我会很享受乐队指挥的工作，乐队指挥需要有自由的精神和丰富的想象力，还得做研究，而我大部分时间都在做研究。我只是在过去的13年才到英格兰银行工作。一个指挥家需要指挥乐队，让整个乐队为你演奏。我在英格兰银行的工作就是这个，我觉得如果做了音乐指挥家，我也会非常享受。当然了，乐队指挥的好处就是你可以一直干下去。

英格兰银行行长和乐队指挥一样，都要学会默默离开舞台，不要有太多动静。有些时候，英格兰银行的行长在谢幕之后还会被请回去。2008年9月金融危机最严重的时候，金在英格兰银行设宴邀请乔治爵士和金斯顿（Kingsdown）爵士。不过，大多数情况下，谢幕的英格兰银行行长都不会再干预继任者的工作。金从英格兰银行行长的职位上退下来的时候只有65岁。

前几任行长艾迪·乔治、罗宾·利·彭伯顿、戈登·理查森、莱斯利·奥布莱恩都是在退休时如期获得授勋，成为贵族。金和他们一样成为贵族，被封为乐伯里的金勋爵（Lord King of Lothbury），这也是英格兰银行行长的最终归宿。他进入上议院，成为中立议员。他还重返学术界，成为纽约大学的客座教授。在未来几年，他还有可能成为剑桥大学圣约翰学院的院长候选人，或者成为母校国王学院的院长（毕竟，金是从国王学院走出的第一个英格兰银行行长，并且读完了学位，曾经出任英格兰银行行长的蒙塔古·诺曼和卡梅伦·科博尔德实际上都没有毕业）。金肯定想要写书。不过根据英格兰银行长久以来的原则，行长和副行长都要保持沉默不出自传，所以金可能只能把书的内容限制在货币政策、税收和计量经济学方面。退休之后，他还可以追求更多的业余爱好，包括他深爱的伍斯特郡板球俱乐部和阿斯顿维拉足球俱乐部，读读威斯登（Wisden）和白芝浩的书。虽然金在某种程度上是英格兰银行的外部人士，但是他很想在英格兰银行的历史上留下自己的地位，称自己在任的这几年"具有重要的历史意义"。金煞费苦心地想要记录英格兰银行的历史，而且至少要在获得英格兰银行批准的情况下记录。2004 年，金邀请卡斯商学院经济历史系教授弗雷斯特·卡派（Forrest Capie）撰写 20 世纪 50 年代至 1979 年的英格兰银行历史。金为这部严谨的学术著作撰写了序言。在序言中，金说这段时期是英格兰银行"政策失败"的时期，也是"现代英格兰银行的雏形初现期"。金所说的"现代英格兰银行"当然有一部分是他的功劳。金在措辞中有一些颇为得意的语句：

当英格兰银行努力挣扎着，试图整合四分五裂的体系时，有些人专注于建设一个合理稳定的体系，明晰货币政策的目标，确定央行的职责。

虽然金的这篇序言写于 2009 年，讲的是 20 世纪 50 年代末到 70 年代末的事情，但是他可能也在影射近些年的情况，特别是 2007 年和 2008 年。当时英格兰银行处于一场风暴的风眼，这场风暴险些吞噬金从 2003 年 6 月以来努力构建的"合理稳定的体系"。虽然金本人安然无恙，但这场风暴确实很猛烈。

6 月份金最后一次参加市政厅宴会。他那天中午还和《金融时报》资深记者马丁·沃尔夫（Martin Wolf）在诺丁山餐厅共进午餐，这是一顿漫长的告别午餐。沃尔夫问金在即将离任前心情有没有感到放松：

我的感情很复杂。我知道我会非常怀念处于权力中心的日子。离开后，我会很难适应……不过，我不会怀念工作中累人的东西，比方说坐在办公室开几个小时无聊的会议。

2013 年 6 月 28 日星期五，默文·金爵士最后一次关上了行长办公室的大门。他可能会想，正如他自己所说，"人来人往，机构不变"。基本上没有哪家机构能够像英格兰银行这样屹立不倒。

金可能是他这类人中最后一位担任英格兰银行行长的人。他告别他的"同事"，可能还跟大堂的"服务生"握了握手，走上等在外面的奔驰汽车，最后一次离开"老妇人"。

PART **5**

第五部分

外部人士：跨国行长的诞生

"人不能忘本，不能忘记流淌在自己血液里的价值观。如果一生都能坚持自己的价值观，你就会成功。"
——马克·卡尼，接受《埃德蒙顿日报》采访，2012 年 11 月

2012 年 9 月 26 日，星期一，早上 9 点，保罗·塔克在办公室接到了财政部打来的电话。寒暄过后，坏消息降临了，下一任英格兰银行行长不是他。电话那头继续说道，当然了，他还是非常重要的副行长。一直以来，塔克都被认为是默文·金的最佳候选人，现在看来，一切都画上了句号。颇具讽刺意味的是，他在英格兰银行多年的工作经历——32 年——现在反倒成了劣势：白厅渴望注入新鲜血液，他们不赞成让"银行内部人士"接任，因为很多人都觉得他们当选后可能阻挠本已姗姗来迟的彻底改革。除此之外，伦敦银行间拆放款利率调查也给英格兰银行蒙上了一层挥之不去的阴影，有可能让央行再次处于尴尬境地。五个小时后，乔治·奥斯本在下议院宣布了金的继任人选——加拿大银行行长马克·卡尼的名字让一些听众大跌眼镜。在随后财政部的官方正式声明中，奥斯本意味深长地强调说，之所以做出这个决定，是因为英格兰银行迫切需要"强有力的领导和全新的视角"：

马克·卡尼是担任英格兰银行行长并帮助英国渡过当前经济难关的出色人选。他是全球能够担任此职的能力最出色、经验最丰富和最有资质的人选……我期待和马克一起工作，继续促进经济平衡发展，完善债务处理，提高英国的国际竞争力。我们需要最优秀的人才——马克·卡尼就是我们最优秀的人选。

想要说服卡尼接受这份工作并不容易，经过一番讨价还价后，他最终接受了奥斯本的邀请。卡尼的工资是62.4万英镑，住房补贴为25万英镑，很少有人注意到这样一个事实，虽然财政部委员会积极游说马克，希望他干满八年任期，但他并没有答应，只承诺五年任期。虽然如此，任命马克依然是财政大臣的得意之举。针线大街也将燃放烟花庆祝。

£ £ £ £ £

说马克是空降行长一点都不为过。1965年3月16日，马克·卡尼出生于加拿大的西北偏远地区史密斯堡，斯雷弗河从城镇流过，当地人过去主要以毛皮交易为生。甚至到今天，小镇也仅有2500名人口。20世纪60年代中期，卡尼的父亲罗伯特担任当地一所高中校长，卡尼的母亲弗丽是同所学校的教师，一有空闲时间，弗丽就会做衬毛皮的派克大衣，抵御当地严寒。零下的温度让热粥成为这里人们生活中的必需品，卡尼回忆说："如果我母亲在煮粥，那就说明外面的温度肯定低于零下25摄氏度。曾经有段时间，一听到粥，我就会产生条件反射。对我来说，粥就意味着极度寒冷。" 回想起来40年前的田园生活，马克依然历历在目：

我对田园生活最初的印象就是钓鱼,我记得应该是在斯雷弗河或者是派恩湖上,我看到父亲和其他男人们一起,将渔线甩得老远,远得让我惊讶。感觉他们好像把渔线扔到了大洋彼岸。我那时候很小,只能勉强站立。

四岁半的时候,卡尼和哥哥西恩、弟弟布莱恩、妹妹布兰达还有父母离开史密斯堡,搬到了当时依然是主要金矿中心的首府黄刀镇。2年后,也就是1971年,卡尼一家搬到了18小时车程之外的南部城市埃德蒙顿,卡尼的父亲在艾伯塔省政府印第安及北部事务局内任职;接着,卡尼的父亲成为艾伯塔大学教育学院基础教育系教授(后来他担任首席教授)。卡尼家位于埃德蒙顿劳雷尔高地社区,坐落在北萨斯喀彻温河的拐角处。卡尼进入了离家较近的圣罗斯天主教初中部学习。毕业后,他开始了圣弗朗西斯塞维尔高中的学习生涯,圣弗朗西斯塞维尔高中在当地以"圣FX"而闻名,卡尼对这所学校的形容是"水准高、氛围好、充满挑战",金在高中最喜欢英语、物理和数学课。在上学、做功课以外,卡尼对曲棍球也很在行,卡尼还是埃德蒙顿职业冰上曲棍球队埃德蒙顿油人队的球迷。除了曲棍球相关的讨论,卡尼家则散发着浓浓的书卷气,是个典型的知识分子家庭。2012年,面对《埃德蒙顿日报》的采访,卡尼这样说道:

家父是一名学者,因此我对学术界抱有兴趣……我一直对公共政策很感兴趣,我想某一天,我可能会以某种方式从事学术或者政策类的工作。但是我毫无疑问地坚信自己将效力于冰球联盟,不过这一愿望并没有成真。

1984年,卡尼考入哈佛大学,他离开埃德蒙顿,来到位于马萨诸塞州的剑桥市,在这里,获得部分奖学金的卡尼开始攻读英语和数学专业。

不过,进入哈佛后,卡尼对经济学也产生了浓厚的兴趣:

很幸运的是，在哈佛学习期间，我听了约翰·凯尼斯·加尔布雷斯的课，加尔布雷斯毕生执教于哈佛，他的那种早期行为主义经济历史研究法影响了我。另外，理查德·库珀是我的论文指导老师，他是顶尖的贸易理论家和国际货币经济学家，他曾在上世纪七八十年代的美国政府担任副部长职位，拥有广泛的影响力。

哈佛大学的学习奠定了卡尼的教育基础。同时，这份经历也让他学到了惨痛的一课，那就是要做好财务管理。就像他后来提到的，哈佛大学的生活让他"背负了巨额的学生债务"：

（债务）逼着我找了份有可能还清债务的工作，这是我最后去位于伦敦金融城的一家华尔街企业工作的部分原因，当然部分原因是出于兴趣。从这份工作开始，再加上我对经济学抱有一定的兴趣，后来的发展就自然而然了。

卡尼提到的华尔街企业就是高盛。1988 年底，卡尼进入高盛工作，当时的高盛虽笼罩在 1987 年股市大崩盘的阴影之中，但依然以一种积极的态度，野心勃勃地准备打入新市场。就在这个时候，卡尼被派到伦敦工作，当时的高盛已经成功打破了英国银行在伦敦金融城的垄断地位。1986 年，高盛的名字第一次出现在英国并购顾问十强的名单里。高盛决定趁热打铁。1991 年，高盛进行整合，搬进了舰队街低调的伦敦总部大楼。新入职的员工就在零星散落在金融城里的破旧办公室里工作，公司提醒他们只有努力奋斗才能进入伦敦总部。在伦敦工作的前两年，卡尼在信用风险管理部担任分析员。一直埋头苦干的他在 1990 年被派往东京工作，摆脱了分析员的苦差事。东京的经历对卡尼的成长来说非常重要：

我到日本时，日本房地产和股票市场泡沫刚刚破灭。在后来发生的美国互联网泡沫破灭和 2008 年 10 月的金融危机中，我发现了一些共同点，那就是民众一开始都否认泡沫破灭，他们需要很长时间理解，慢慢才能接受这场灾难的规模。很幸运当时我能在日本亲眼目睹这一切，这对我后来应对类似情况有很大的帮助。

虽然卡尼在高盛风头正盛的时期加入了这家传奇投行，而且还在伦敦和东京两地任职，但是卡尼一直没有放弃对学业的追求。他成功申请到了到牛津大学进修的奖学金。1991 年秋，卡尼到牛津大学圣彼得学院报到，开始攻读硕士学位。经过两年的硕士研究生学习后，他进入纳菲尔德学院攻读博士学位。卡尼在非常短的时间内获得了硕士学位和博士学位。他的两位导师都明白，卡尼去华尔街或者伦敦金融城不过是为了谋生，他真正的志向在政策和公共服务方面。牛津大学给他提供了他所期望的所有学术上的鼓舞。后来，他回忆了对他的影响深刻的两位导师（后来，他找过这两位导师咨询意见）：

有两位教授对我的影响非常大。一位是詹姆斯·莫里斯，他是我的论文指导老师之一，思想非常深刻。后来，他因为在委托代理理论（principal agent theory）方面的成就而获得诺贝尔经济学奖。在眼下的金融危机中，该理论在很多情况下都有用武之地。另一位就是经济学家约翰·威克斯。威克斯后来成为英格兰银行的首席经济学家，他和以前一样兴趣广泛，我一直与他保持密切联系。

在牛津大学学习期间，卡尼邂逅了后来成为他妻子的戴安娜·福克斯。福克斯出身农民家庭，毕业于莫尔伯勒中学，在牛津大学完成了哲学、政治学和经济学课程，正在攻读农业经济学硕士学位。由于出色曲棍球水平，卡尼担任了牛津大学校队的守门员，成为学校的风云人物。巧合的是，福克斯也是曲棍球迷。共同的爱好让两个人走到了一起，在毕业前夕步入婚姻殿堂。卡尼在牛津大学获得了硕士学位和博士学位，毕业论文的题目是《竞争的动态优势》（The Dynamic Advantage of Competition）。在研究生期间，卡尼是没有任何收入的学生，所以他很难抵挡住重回高盛工作的诱惑。1995 年夏末，卡尼接受了老东家的聘请，成为高盛银行欧洲、非洲和中东主权风险部联席主管。卡尼在高盛工作的时间一共只有 3 年，能够获得这个职位已经很不容易。这个职位的顾客主要是主权国家政府，它的主要职责是为顾客参与国际债务资本市场提供咨询。3 年后，也就是 1998 年，卡尼再次跨越太平洋，去高盛的纽约部门工作。又过了 2 年，他进入高盛的多伦多部。卡尼终于实现了长久以来的愿望，重新回到加拿大（实际上，牛津奖学金的要求之一就是让受奖者回自己的祖国工作）。2000 年，高盛在多伦多的业务部表现非常一般，虽然名声很大，但其实是失败的。很多加拿大企业都愿意找位于多伦多金融街（Bay Street）的投行合作。这些投行提供的咨询建议一般较为保守，高盛给出的咨询意见则比较开放。2002 年 10 月，卡尼在高盛的付出有了回报，他成为 160 名"受邀"成为高盛银行董事总经理（Managing Director）的人之一。虽然距离成为高盛"合伙人"还有很远的距离，但是这也是很高的荣誉。同一天，有 78 个人受邀成为高盛银行合伙人。

£ £ £ £ £

这时候的卡尼刚 37 岁，成为高盛银行董事总经理对于他的发展非常重要。不过，卡尼无暇享受。没过几个月，加拿大银行对他进行了深入的讨论，原来他已经引起了时任加拿大银行行长的大卫·道奇的注意。虽然投行的收入诱惑很大，但是卡尼还是非常渴望公职，而且追求高位——高盛绝对具备这两个特点。从高盛走出去担任政府高职的人不在少数，美国财政部的罗伯特·鲁宾和汉克·鲍尔森都是这些人的代表。虽然卡尼比这些前辈的资历浅，手中拥有的财富也没前辈们多，但是在很多人看来，卡尼也是个愿意做出改变的富人。在高盛工作期间，他曾经与加拿大财政部的高层接触，为安大略省 1 号水电站（Hydro One Inc.,）重组和私有化提供咨询。他的观点获得道奇的欣赏，道奇邀请他出任加拿大央行的副行长。经过一番考虑后，卡尼接收了邀请。据说，道奇曾对一位朋友说："我刚把我的接班人招过来。" 2003 年 8 月，卡尼在加拿大银行的渥太华总部走马上任。可是没过一年，他就被借调到财政部担任高级副部长。时任财政部长的加拿大自由党人葛代尔（Ralph Goodale）需要一位优秀的投资银行家，出售政府在国营企业加拿大石油公司 19% 的股份。2004 的大部分时间里，卡尼的主要注意力都集中在这件事情上。政府在这次股权出售中获利 32 亿美元，而且成功避免了此类出售活动经常出现的争议。次年，加拿大成立政策小组，起草提高加拿大企业生产力和平衡气候变化与经济扩张的规划。卡尼成为该小组的核心成员。在接下来的几年时间里，卡尼主要忙于这些细致而有价值的项目，避开了金融危机前不断积聚的风暴。在此期间，加拿大的金融行业也面临了严重考验。2007 年 9 月，规模达到 320 亿美元的非银行财产支持商业债券(non-bank Asset-Backed Commercial Paper，下文简称 ABCP) 市场冻结，即将到期的债务无法兑现。市场冻结实际上使加拿大的消费贷款证券瞬间蒸发，很有可能会诱发一连串的银行和养老基金危机。这种动荡危险情况好转是长期而复杂的，直到 2009 年初这个问题才得以解决。这次危机也给卡尼提供了机会，他巧妙处理，促成在加拿大 ABCP 市场敞口很大的外国银行和资产提供者达成协议。虽然他没有出现在最终的协议谈判上，但是这场谈判是在他的批准和促成下进行的。卡尼在 ABCP 危机中大胆而艰难的处理为他赢得了声誉。2007 年 11 月，他被任命为加拿大银行行长。虽然卡尼的声望日增，但是任命他出任央行行长还是出乎了一些人的预料。大家普遍认为高级副行长保罗·詹金森（Paul Jenkins）最有可能出任行长，卡尼虽然聪明但是资历尚浅。卡尼马上返回加拿大银行，担任马上就要退休的行长道奇的"顾问"，不久后于 2008 年 2 月 1 日正式出任加拿大银行行长。加拿大银行确认卡尼的任期为七年，可是不安分的卡尼只完成五年任期。

£ £ £ £ £

加拿大银行的新行长是八国集团，乃至 20 国集团中最为年轻的央行行长。面临日渐增加的经济不确定性和疑虑，他要做的事情还有很多。他出任行长后的第一个举动很有先见之明。2008 年 3 月，加拿大银行把隔夜利率削减 50 个基点（即 0.5%），虽然很有预见性，但是不符合当时的潮流。四个月后，欧洲央行上调了利率。加拿大银行的这一举动为资金短缺的金融机构，更广义地讲也为加拿大整体经济提供了急需的流动性。这次干预和之后的"条件性投入"——也就是"前瞻性指导"的前身——通过长期低利率帮助加拿大市场在金融危机最严重的时候维持信心。加拿大比 7 国集团中其他国家的表现都要好。人们都觉得卡尼在加拿大的危机管理中表现出色。加拿大的银行系统安然无恙，没有出现雷曼兄弟那样的大冲击。在住房市场繁荣和坚实的商品基础支撑下，加拿大是七国集团在危机中经济表现最好的国家。2012 年 8 月份，在回顾金融危机时，卡尼对自己的"政策刺激"表示满意：

　　在有效的金融系统下，加拿大银行对经济进行了非常好的政策刺激。这种刺激不仅符合经济和就业增长趋势，而且有利于实现我们的通胀目标。

　　卡尼积累了良好的工作记录，把自己在渥太华的声望推向了国际舞台，在新成立的金融稳定委员会兼任职务。金融稳定委员会成立于 2009 年 4 月在伦敦举行的 20 国集团峰会。这个委员会最后设立在瑞士的巴塞尔，取代之前的金融稳定论坛，吸纳了更多成员，获得了更大的影响力和执行力。2011 年 11 月，卡尼被任命为该委员会的主席，进一步巩固了他"央行行长中的行长"的声誉。

　　加拿大银行和英格兰银行关系密切，特别是在金融危机最严重的时候，两家央行采取一致行动，降低利率，为资金短缺的市场提供流动性。即便如此，让一国央行行长担任另一国的央行行长似乎很不可能。在 2012 年 8 月的一次采访中，卡尼似乎表示不可能参加默文·金继任者的竞选。在被问到是否愿意接替默文·金的职位时，他说"我很关心他们最后选谁，但是我最关心的还是我在加拿大银行的工作"。提问者又问这是不是说"永远不可能"，"永远不会。"卡尼的明确回答使他的名字从候选人名单上消失。财政部按照惯例在《经济学人》上公开招募英格兰银行行长，伦敦金融城的撰稿人依旧认为副行长保罗·塔克是最有可能的人选，他马上就能熄妇熬成婆。不过，在乔治·奥斯本看来，卡尼仍然是最佳人选，所以他继续对卡尼进行游说。双方经过一番讨价还价，终于达成协议，卡尼的任命得到确认。

　　很难说这次人事选择不是出于政治目的。奥斯本已经对金独断专行的管理风格失去了耐心。他在寻找经济复苏道路上忙得焦头烂额，想要找个富有同情心的央行行长，而不想再看到一个冷漠的人来管理央行。此外，新扩权的英格兰银行在干预市场时不仅需要创新，更需要谨慎。为此，

2013 年 3 月 20 日，财政大臣乔治·奥斯本亲笔给再过几个月就要退休的默文·金爵士写信。在信中，奥斯本明确列出了货币政策委员会的新职责权限。这相当于是政府对即将上任的英格兰银行行长的"前瞻性指导"。奥斯本列出了政府"经济战略"的"四大核心支柱"，第一条就是"货币政策行动主义"（monetary activism）。要知道，自从 1997 年以来，货币政策就一直是英格兰银行的专属领域。奥斯本的措辞非常巧妙。在财政大臣和行长的书信往来中，特别是近期以来，两人的措辞都经过精心考量。这封信的政治意味浓厚——奥斯本最近几个月的目的既是为了找寻新的行长，也是为了把这个重要的职位重新控制在自己手中。"货币政策行动主义"可以大致理解为公开干预货币政策。英格兰银行自从 1997 年 5 月独立以来，就一直坚决抵制财政部干预货币政策。如果金不是马上就要退休的话，他可能会对财政部干预英格兰银行事务提出抗议，强调货币政策和财政政策不能混淆。不过，奥斯本这封信是针对金的继任者的，想要为英格兰银行和白厅的管理定下新的基调。奥斯本在下议院公布卡尼将出任英格兰银行行长的消息后，媒体一片骚动，候任的新行长可能会重新考虑自己的决定。媒体认为卡尼是个"摇滚明星"，不仅具备超强的决策能力，而且还具备好莱坞演员乔治·克鲁尼一样俊朗的面庞和魅力。卡尼必须做好准备，迎接新闻记者进入他的个人生活和家庭生活。2013 年 1 月，在媒体的聚光灯之外，他开始准备对下议院财政委员会给他的问卷做出书面答复。这份问卷很长，涉及的问题很广，其中包括卡尼对灵活设定通胀目标的态度，对欧元区前途和量化宽松的看法。这个书面问答和 2 月 7 日在财政委员会的口头问答无异于一场"入学考试"。卡尼的回答洋洋洒洒 26000 个字，措辞非常小心。出于对现任行长的尊敬，卡尼把自己对英格兰银行的大部分看法都藏在心里，不过这份回答中还是有一些打破前任传统的地方。问卷中有一个敏感的问题：英格兰银行是否应该对财政政策做出评价？他的回答是这样的：

倘若财政政策公开透明，具备可持续性，中央银行没有必要对财政政策的整体情况做出评论，而且应该尽量避免评论。英格兰银行不是财政监督机构——财政监督机构是预算责任办公室。但是，财政政策有可能会削弱中央银行实现目标的能力。在极端情况下，不可持续的财政政策可能会引发人们对政府维持低通胀努力的质疑，从而导致维护市场价格稳定的难度和成本上升。此外，由于银行和主权之间的密切联系——欧元区的情况将这种联系展现无遗——所以不可持续的财政政策可能会导致主权债务市场动荡，从而威胁金融稳定。如果出现这种情况，央行不能坐视不管，必须发表看法——央行有责任就财政政策向议院发表看法。

卡尼描述了一个独立有力，又敢于直言的央行，央行需要向议院负责，不向政客负责。在这一点上，他和默文·金不谋而合。除此之外，二人几乎没有别的相似之处。等到财政委员会听证的那一天，卡尼镇定自若，表示上任后将进行革新，几乎没有提及金留下的遗产。卡尼也没有对量化宽松发表实质性见解，但在以后的任期里，他的全部精力都放到了这个计划上。虽然在听证会上所言甚少，但是他之前的言论很值得玩味。在担任加拿大银行行长时，他顶住诱惑，没有实施量化宽松。2009 年 4 月（英格兰银行推出量化宽松一个月后），卡尼在接受《斯来夫河日报》采访的时候被问："为什么加拿大政府不能从加拿大银行借款？"卡尼表现得很平淡，他说：

政府借款是通过市场，直接向终端投资者借款，这些投资者为政府债务设定市场利率，这是一项非常重要的原则。我们暂且说到这里。现在政府的债务需求非常大。加拿大银行可以购买国债，但是我们没有这么做，如果有需要，也只能在经过慎重考虑之后才能购买。

6月30日，卡尼在伦敦准备就任时接受了热情奔放的加拿大高级专员戈登·坎贝尔的宴请，在可以俯瞰特拉法尔加广场的加拿大屋（Canada House）度过了最后一个自由的夜晚。参加宴会的几百个客人主要是旅居英国的加拿大人，他们齐唱加拿大国歌《哦，加拿大》，然后开始就餐，享用了来自阿尔伯塔省的上等牛肉。卡贝尔和客人们纷纷向卡尼新官上任表示祝贺。本文作者也出席了这次宴请，卡尼向本人表示在他任职期间，不会做太出人意料的事情。次日清晨，新行长早早起床，准备就任。他打破传统的第一件事情就是没有乘坐官方配备的专用轿车，至少那天没有坐。他和伦敦金融城其他早起的通勤者一样，乘坐地铁上班，上午7点半在英格兰银行站下地铁，向新的办公室走去。这一天是7月1日：加拿大国庆日。

繁荣的基石：价格稳定和金融稳定

"我们现在的问题是如何运用权力、履行职责。"

——马克·卡尼在伦敦卡斯商学院的演讲

2014 年 3 月 18 日

　　"叫我马克吧。"简单的一句话，"行长先生"办公室的氛围就变得没有那么森严了。虽然称呼上亲切了，但是他可是出了名的难伺候的领导。上任伊始，他就明确表示英格兰银行要看到更多新面孔，执行一个类似于五年计划的规划，整合央行在货币政策和金融稳定方面的多重职能，重塑市场部的声誉，管理英格兰银行新的监管职能。卡尼从加拿大银行带来一个助手，这个人就是加拿大银行新闻发言人吉拉米·哈里森。实际上他是卡尼从加拿大银行借调到伦敦的，借调期限为两年。卡尼任命的第一个央行系统外部人员是夏洛特·霍格（Charlotte Hogg），霍格成为英格兰银行历史上第一个首席运营官，也成为为数不多的女高管之一。霍格是英国最有名的政治世家的后代，拥有完美的履历表，研究生期间在英格兰银行实习，后来先后在麦卡锡、摩根斯坦利和西班牙国家银行工作。对她高贵出身和政治关系的报道屡见不鲜。举例来说，《卫报》就曾指出："夏洛特·霍格在深宅大院长大，每天晚上都要跟到访的内阁高级官员就撒切尔私有化政策、经济政策，甚至欧洲农业问题进行辩论。"没过多久，拉道夫·克茨加入英格兰银行，成为新的金融部主管。他的银行和会计界的工作背景远远逊色于霍格。他们的首要任务之一就是进行"资金核算"。他们选择德勤会计师事务所对英格兰银行的账户进行核查，经过全面的核算后，英格兰银行最终节省了约 1800 万英镑。虽然说霍格和克茨给英格兰银行阴沉的官僚机制带来了新鲜的思维，不过卡尼上任初期几个月的最大人事任免并不是他们。2013 年 11 月，卡尼任命乔恩·坎利夫爵士（Sir Jon Cunliffe）为英格兰银行主管金融稳定的副行长。坎利夫是卡尼的老朋友，二人经常一起跑步。他不仅成为副行长，而且还同时成为金融政策委员会、货币政策委员会、英格兰银行董事会和审慎监管局理事会等多家机构的成员。

新人到位后，卡尼开始进行人们期待已久的政策调整。他在加拿大曾成功引入"前瞻性指导"，管理市场上关于维持长期低利率的预期。现在轮到英国了。2013 年 8 月，卡尼在他上任后的首期《通货膨胀报告》中宣布，在失业率降低到 7% 之前，央行绝对不会提高利率。宣布这个消息的时候英国失业率为 7.7%，英格兰银行预计在经济复苏的带动下，失业率将在未来三年逐渐降低到 7%。出乎预料的是，仅过了六个月，失业率就达到了英格兰银行设定的目标。这已经不是英格兰银行第一次预测失误了。2014 年 2 月，卡尼宣布在经济"空闲产能"（spare capacity）完全释放之前，英格兰银行不会提高央行利率，这种情况在 2015 年之前不大可能发生。此外，在货币政策委员会做出决定之前，还需要考虑失业率之外的其他经济指标。从 2009 年 3 月以来，央行利率就一直维持在 0.5% 的历史最低位。就算央行上调利率，也会采取渐进的方式。卡尼也开始处理另外一个难题：英格兰银行手中持有的 3750 亿英镑国债怎么办？他宣布英格兰银行将继续持有这些国债，至少在第一次上调利率之前不会出售。这次前瞻性指导是为了宽慰投资者和公众，让他们相信央行不会大幅提高利率，因为提高利率有可能会影响经济复苏，浇灭房产市场繁荣的小火苗。卡尼对修改自己的标准性政策毫不感到愧疚。毕竟，这次预测失误的结果是现实情况好于预期。即便是最愤世嫉俗的英国记者也不能否认失业率大幅下降是好消息。

£ £ £ £ £

在给货币政策戴上"紧箍咒"后，行长可以腾出手来处理英格兰银行内部错综复杂的构架了。2014年3月19日，在财政大臣做年度预算报告的前一天，卡尼提出了他的"同一家央行"构想。这个计划到处可见麦肯锡咨询公司的印迹，里面随处可见"打破内部藩篱""协同"，甚至还有"互补性"等词语。"同一家央行"的说法并不新鲜，在私营领域曾多次被提到，最近一次是在巴克莱银行。但是在针线大街，这个提法绝对具有革命性。这个构想的目标是打破英格兰银行内部根深蒂固的森严等级结构，协调各个部门，整合其在货币政策、金融稳定的监管职能以及在市场监管方面的职能。当然，卡尼上台以后也做了一些门面工作，发布了新的央行宗旨声明：今后，英格兰银行的宗旨就是"通过维护货币稳定和金融稳定，促进联合王国的人民福祉"。这个声明与英格兰银行1694年的最早宪章有异曲同工的地方。1694年宪章里面说道："现在你们知道，我们渴望推动公众福祉和人民利益……"

英格兰银行还进行了一系列新的人事任免。首先，英国在国际货币基金组织的最高级别官员内马特·莎菲克（Nemat Shafik）被任命为副行长，主管银行部和市场部，他的任命书中简单提到要有序"退出"量化宽松计划。另外一个获得提升的人员是 2011 年就成为货币政策委员会外部成员的本·布罗德本特（Ben Broadbent），他替代了快到退休年龄的查理·比恩。布罗德本特也出身高盛，受到由尼克·马克菲尔斯爵士、大卫·利兹爵士和令人尊敬的戴夫·拉姆斯组成的特别委员会的青睐，被视为英格兰银行未来行长候选人之一。加上主管金融稳定的乔恩·坎利夫和代表审慎监管局的安德鲁·贝利，英格兰银行现在共有四位副行长。就在不久之前，英格兰银行还只有一个行长、一个副行长。现在英格兰银行拥有一位行长、四位副行长，再加上首席运行官夏洛特·霍格，最高领导层的会议桌上都显得有些拥挤，但是这个领导层更加坚强有力。值得注意的是，默文·金的得力干将霍尔丹、戴尔和费舍尔都没有进入最高层，他们的工作都被调动，英格兰银行首席经济学家霍尔丹和金融稳定部的戴尔对调工作。费舍尔没过多久便被撤出货币政策委员会，调到"专家监督管理部门"，显然是被降了职。费舍尔手下有人被指责在收到可能有人操纵外汇基准利率的信息后没有采取行动，导致他也被牵连。在本书撰稿时，该案仍在调查中。最后，英格兰银行苟延残喘的管理委员会，也就是董事会来了一位新主席，安东尼·哈博古特（Anthony Habgood）。哈博古特曾在本泽（Bunzl）、惠特布雷德（Whitbread）和里德爱思唯尔（Reed Elsevier）等大型企业集团担任董事，是个强有力的资深人物。

卡尼在接受任命时被问到这样的问题："未来五年，你作为英格兰银行行长将面临的主要挑战有哪些？你希望人们在评价作为行长的业绩时参照什么标准？"卡尼回答说："我希望 2018 年离任的时候不像我入职的时候那么引人注意。"他接着说，如果英格兰银行现存的职能和新的职能完全融合，而且拥有"有力的领导"和"可靠性"，那么"（如果）大家就会逐渐认识到，虽然英格兰银行的行为是为英国的繁荣奠定基石——价格稳定和金融稳定——但是这并不是实现经济增长的充分条件"。卡尼的任期还有四年——我们不要忘记，四年时间相对于"老妇人"的历史而言不过是沧海一粟，但对于卡尼来说，四年的时间将会见证他是否是英国繁荣基石的保护者。我们拭目以待。

致 谢

在本书的研究与写作过程中，受到众多人的帮助，尤其是英格兰银行和英国财政部现任或已经离任的员工，可惜他们大多数人的名字无法出现在本书中。此外，威斯敏斯特、白厅、伦敦金融城以及其他领域的相关人士在本书创作过程中提出了他们独到的见解，而他们的姓名也一样不为世人所知，我向他们表示深深的感谢。而像让–克洛德–特里谢和查尔斯·古德哈特这样德高望重的人士也为此书贡献了宝贵的时间。还有很多热情的人士积极促成见面并且组织会谈。英格兰银行新闻办公室、财政部、英国债务管理办公室以及欧洲中央银行则为本书解答了许多相关问题。我也要感谢我的经纪人詹姆斯·威尔斯以及他在沃森里特尔出版经纪公司（Watson, Little）的同事曼迪·里特尔和艾莉森·萨顿的热情和努力工作；同时，我也要感谢我的编辑山姆·卡特以及他的同事。我还要向我的表兄安德鲁·泰勒表示我的谢意，如果没有他，本书就不会出版。同时，我也要向以下人士表达我的谢意，感谢他们的帮助和支持，谢谢他们一如既往的鼓励，他们是：安东尼娅·奥尔德斯、查理·巴顿、马修·卡斯和约翰娜·卡斯、吉娜·克拉丹杰诺、纳迪亚·克兰德尔、大卫·坎宁安和潘妮·坎宁安、尼古拉斯·坎宁安和尼古拉·坎宁安、艾伦·达比和梅格·达比、亚历克莎·费兰蒂、克劳迪娅·唐斯、杰奎琳·邓肯、大卫·邓斯摩尔、菲林·欧拉·罗尔·杜木巴、奥兰多·费尼兹、维奥莱·弗雷泽、娜塔莎·佳妮特、艾伦·海沃德和露易丝·海沃德、汉娜·海沃德、肖恩·休里斯和加布里埃尔·休里斯、马克·英格菲尔德、雷德·约翰逊、阿里斯泰尔·金、乔纳森·金、罗伯特·卡比、汤姆·理伍德、格雷姆·麦克唐纳、杰克·米宁、凯瑟琳·米尔勒、鲁伯特·蒙塔古－斯哥特和玛丽·蒙塔古－斯哥特、托比·莫特、杰伊·帕特尔、克里斯托夫·皮考克、尼克·派德格里夫特、詹姆斯·夸特梅因、帕特里克·罗伯茨和艾莉森·罗伯茨、蒂姆·罗宾逊和弗朗西斯·罗宾逊、杰米·罗斯、弗洛伦丝·查尔斯、理查德·夏皮罗、汤姆·斯汤顿和苏珊娜·斯汤顿、理查德·赛明顿、希瑟·泰勒、格拉福克斯·汤姆鲍里斯、莫妮卡·沃格尔以及本·韦格－普洛瑟。